Zu Gast bei Kleopatra und Robin Hood

Hans-Peter von Peschke
Werner Feldmann

Zu Gast bei Kleopatra und Robin Hood

Eine kulinarische Zeitreise

Artemis & Winkler

Bibliographische Information Der Deutschen Bibliothek
Die Deutsche Bibliothek verzeichnet diese Publikation
in der Deutschen Nationalbibliothek; detaillierte bibliographische Daten
sind im Internet unter http://dnb.ddb.de abrufbar.

Artemis & Winkler Verlag, Düsseldorf und Zürich

Satz: KompetenzCenter, Mönchengladbach
Druck und Verarbeitung: fgb freiburger graphische betriebe
ISBN 3-7608-2301-7
www.patmos.de

Inhalt

Vorwort

*»Die Entdeckung einer neuen Speise
ist für die Menschheit wertvoller
als die Entdeckung eines neuen Sterns.«*
(Anthelme de Brillat-Savarin)

Der Anstoß zu diesem Buch kam von außen. Immer wieder wurden wir von Freunden und Bekannten angerufen, wann wir denn endlich wieder »Testessen« machen würden. Offenbar hatten die mehr als 50 »Vorkoster« unserer nach Rezepten aus dem alten Rom und der Renaissance zubereiteten Speisen die langen Menü-Folgen und -Abende nicht nur »überlebt«, sondern sogar genossen. Auf jeden Fall schrieen sie nach einer »Fortsetzung«.

Also setzten sich die beiden Autoren zusammen und überlegten, ob und wie sie den Erfolg der beiden ersten Bücher wiederholen könnten. Sollte es wieder eine Epoche sein, ein Kochbuch des Rokoko, des Biedermeier? Oder eine Sammlung von Gerichten, die berühmten Persönlichkeiten zugeordnet waren? Oder noch weiter zurück in der Geschichte, nach Athen, Mesopotamien oder Alt-Israel?

Irgendwie befriedigten uns solche Überlegungen nicht. Über die Zeit nach 1600 gibt es eine Reihe von ansprechenden Büchern, auch wenn sie meist nicht unserem Anspruch »gut nachkochbar, geschmacklich angepaßt und trotzdem typisch« entsprechen und auch die historische Einordnung nicht immer stimmt. Vor allem, wirklich spannende, von der heutigen Kochkunst unterscheidbare und dazu noch gut schmeckende Speisen fanden wir nicht in der Zahl, wie sie für ein solches Kochbuch nötig wären. Angesichts der Quellenlage wäre es ein leichtes gewesen, etwa 200 Rokoko-Rezepte aufzutreiben und zu kochen. Das kulinarische Ergebnis hätte aber wenige Aha-Erlebnisse ausgelöst. Umgekehrt wäre es bei einem Ausflug in die Küche Altgriechenlands, Altägyptens oder des Zweistromlandes gewesen. Bei der schwierigen Quellenlage – sehr vage und wissenschaftlich fragliche Rezeptangaben – hätten wir, wenn überhaupt, nur wenige Seiten eines Buches füllen können. Und die Speisen wären entweder wenig originell oder zu exotisch – alle möglichen Fleischsorten am Spieß, Insekten aller Art – gewesen.

Wenn wir, und das war die zündende Idee, für jeden Abschnitt der Kochgeschichte nur ein einziges Menü zu finden brauchten, dann könnte es sowohl typisch als auch wohlschmeckend sein. Mit vier bis fünf Gerichten beispielsweise wie Salomo speisen, aus der an sich wenig ansprechenden frühmittelalterlichen

Küche eine doch überraschende und wohlschmeckende Speisenfolge zu finden, ein im Normalhaushalt nachkochbares Menü aus der Märchenküche Ludwigs II. zusammenzustellen, das erschien eine mögliche und lohnende Aufgabe. Wir teilten also die Kochgeschichte in 30 Abschnitte ein, wobei wir uns – mit Ausnahme des letzten Kapitels – auf die abendländische Geschichte und ihre mediterranen Wurzeln beschränkten. Die Einteilung in 30 Kapitel ist bei aller Überlegung nicht frei von Willkür, und wir haben uns natürlich auch von faszinierenden Personen und spannenden Entwicklungen verleiten lassen, diese oder jene historische Zäsur zu setzen. Und weil die Autoren aus Bayern bzw. der Schweiz stammen, haben wir als Beispiele unterschiedlicher Entwicklung von Regionalküchen diese beiden Länder gewählt und andere nicht berücksichtigt.

In jeder dieser Epochen kam kulinarisch – bei der Zubereitung, den Nahrungsmitteln, dem Ambiente – etwas Wesentliches hinzu, bis dann zu Beginn des 20. Jahrhunderts die große europäische Küche in all ihren Schattierungen entstanden ist. So erschien es uns sinnvoll und wichtig, jedem der 30 Menüs auch einige wesentliche Fakten der für das Kochen relevanten Entwicklungen der jeweiligen Zeit hinzuzufügen.

Neben diesem sachlichen Zugang wollten wir aber zusätzlich zum eigentlichen Kochen noch einen sinnlichen Zugang bieten. So haben wir jeder Speisefolge eine kleine Geschichte vorangestellt, die ein wenig in den Geist der Epoche einführen soll. Wir wollten unsere Leser mitnehmen zu einem Dinner mit Kleopatra, zu einem Arbeitsessen mit Karl dem Großen oder sie einen Blick in die Küche des Märchenkönigs werfen lassen. In all diesen kleinen Erzählungen kommt das dazugehörige Menü irgendwie vor, manchmal spielt das Essen aber nur eine Nebenrolle. Es geht uns oft auch um das kulturelle, das geistige Umfeld, das natürlich eine wichtige Rahmenbedingung der kulinarischen Entwicklung darstellt. Manchmal besteht lediglich die Absicht, ein interessantes, bezeichnendes, ja verblüffendes Schlaglicht auf die jeweilige Epoche zu werfen, eine bekannte Person in einem etwas anderen Licht zu zeigen oder eine relevante geistesgeschichtliche Entwicklung zu schildern. Vor allem sollen die kleinen Geschichten unterhalten und beim Lesen Spaß machen.

Die historischen Einzelheiten, die in den größtenteils erfundenen Geschichten vorkommen, sind allerdings nach bestem Wissen und Gewissen recherchiert. Technische oder kulturelle Details stimmen ebenso wie die »harten« geschichtlichen Facts und natürlich das kulinarische Ambiente. Was so entsteht, ist eine Art Geschichtsmosaik, aus dessen einzelnen farbigen Steinen ein natürlich unvollständiges Bild der kulinarischen Entwicklung des Abendlandes entsteht. Wer Lust hat, kann von den Knotenpunkten der kulturellen, manchmal geschichtlichen Entwicklung, die den Ausgangspunkt vieler Erzählungen bilden, längerfristige gesellschaftliche Tendenzen und deren historischen Zusammenhang erkennen.

Eine Hauptperson in der einen Story kann als Nebenperson in einer anderen auftauchen, was in der einen eine Vision war, figuriert in der anderen als Wirklichkeit oder als enttäuschte Hoffnung.

Wir haben die kleinen Geschichten manchmal vor oder während unseren Testessen vorgelesen und hoffen, daß die dort erfahrene Zustimmung nicht nur Höflichkeit war. Unsere Hoffnung ist, daß sie zusammen mit der Speisenfolge und den kulinarischen Fakten ein stimmiges Ganzes bilden, daß die Gerichte anregen, die Geschichten zu lesen und diese umgekehrt nach dem Lesen dazu verführen, das Menü zu kochen.

Bei der Auswahl der Rezepte haben wir uns wie in unseren anderen Büchern um historische Genauigkeit bemüht. Daß dies bei biblischen und homerischen Gerichten, wo wir meist nur Nahrungsmittel und vielleicht Gewürze, nicht aber Zubereitung und Mengenangaben hatten, schwieriger ist als bei den schon in Büchern publizierten Rezepten für Ludwig II. von Bayern, liegt auf der Hand. Und natürlich haben wir uns oft und gern auch von Sekundärliteratur – wir führen sie in unserer Bibliographie ausführlich auf – anregen lassen. So weit möglich sind wir zu den Quellen zurückgegangen und haben uns diese von Fachleuten erläutern lassen. Wie schon in unseren beiden anderen Büchern konnten wir so einige kulinarische (Vor-)Urteile präzisieren oder leicht korrigieren. Unsere Hauptintention aber war und ist es – bei möglichst großer wissenschaftlicher Exaktheit –, die vergangenen Epochen nicht nur vor Augen, sondern auch auf der Zunge wiedererstehen zu lassen.

So haben wir uns bei unseren Menüs nicht nur bemüht, sie historisch zu rekonstruieren, sondern sie auch so auszuwählen und zusammenzustellen, daß sie wie weiland bei Henriette Davidis »auch für die ungeübtere Hausfrau nachkochbar« sind. Vieles erfordert Geduld, das Ergebnis lohnt die Zeit, und wir haben vor allem bei Suppen und Gemüsen so positive Erfahrungen gemacht, daß wir sie auch im ganz normalen Kochalltag weiterverwenden. Dies ist vor allem deshalb möglich, weil wir – dies wird im Text erklärt – die Rezepte so angepaßt haben, daß sie auch im 21. Jahrhundert funktionieren. Bei Gewürzen und Nahrungsmitteln, die nicht mehr oder schwer zu beschaffen sind, haben wir einen möglichen, zumindest in Delikateßläden zu kaufenden und finanziell erschwinglichen Ersatz angegeben. Wir haben uns auch erlaubt, dort, wo es heute geschmacklich gleich gute Fertigprodukte oder Essenzen gibt, diese neben oder sogar anstelle eines höchst langwierigen Vorbereitungs- oder Kochprozesses anzugeben. Kurz: Wir haben alles angegeben, was den nicht immer einfachen Arbeitsprozeß vereinfacht, ohne allerdings Abstriche an der historischen Authentizität zu machen und vor allem ohne Kompromisse, was den Geschmack betrifft.

Allerdings müssen und wollen wir auch hier eine Einschränkung machen. Zubereitungsmethoden und Würzen hatten auch mit den maroden Zähnen und Geschmacksnerven – beide waren früher zumeist bereits mit 20 Jahren ruiniert – zu tun. So mußte das Fleisch eines zähen Ackergauls, der nach getaner Lebensarbeit beim Metzger endete, anders behandelt werden als die heutigen nur auf den Konsum hochgezüchteten Fleischteile. Wenn in diesem Fall die im Mittelalter wie in der Renaissance oft vorgeschlagene Methode: erst kochen, dann braten, bei unseren heutigen Filetstücken ein fades Ergebnis erzielte, das der begeisterte Koch nur als Mißhandlung bezeichnen kann, haben wir auf moderne Methoden zurückgegriffen. Wobei wir manchmal auf alte Weise auch verblüffende Ergebnisse erzielten und sie dann beibehielten.

Womit wir wieder am Anfang der Geschichte und dieses kleinen Vorworts sind. Wir haben wieder jedes Gericht gekocht und der kritischen Testgemeinde serviert. Das Ergebnis waren wenn nicht Lobeshymnen, so doch klare Urteile darüber, wo wir verändern mußten, um unserem Anspruch »gut nachkochbar, geschmacklich angepaßt und trotzdem typisch« gerecht zu werden. Am Ende stehen – so hoffen wir – 30 Menüs, die gut schmecken und uns zusammen mit den Geschichten in vergangene Zeiten zu den Großen, Mächtigen und Schönen entführen.

Werner Feldmann und Hans-Peter von Peschke

Im Land, wo Milch und Honig fließt

»Und die Königin von Saba kam nach Jerusalem mit sehr vielem Volk, mit Kamelen, die Spezereien trugen und viel Gold und Edelsteine … Als sie aber alle Weisheit Salomos sah und das Haus, das er gebaut hatte und die Speisen für seinen Tisch, da konnte sie nur noch staunen.«

(1. Könige, 10. Kapitel)

Die Königin klatscht in die Hände. Zehn Kinder mit glatten, dunklen Haaren betreten den goldgetäfelten Saal, ihre langen, fließenden Gewändern reichen fast bis zum Marmorboden. »Sie sehen völlig gleich aus, mein königlicher Bruder«, erklärt die hochgewachsene Frau mit dem funkelnden Diadem auf der Stirn. »Und?« fragt Salomo und schiebt ein Feigenstückchen in den Mund. »Sie sind unterschiedlichen Geschlechts. Finde doch heraus, wer die Mädchen und wer die Knaben sind!« Der Israelit zieht eine Augenbraue hoch und schiebt sich eine Feige in den Mund. »Könnten wirklich Zehnlinge sein«, murmelt er undeutlich vor sich hin. Plötzlich huscht ein Lächeln über sein Gesicht, er nimmt die Schale mit kandierten Datteln vor sich und wirft sie den Kindern vor die Füße.

Einige bücken sich, greifen nach den süßen Früchten und stecken sie in den Mund. Andere hocken sich hin und sammeln die Datteln in ihrem Gewand. »Die vorwitzigen Nascher, das sind die Knäblein«, behauptet Salomo, »und ihr fleißiges Sammeln verrät die Mädchen.« – »Eine gute Lösung für mein Rätsel«, nickt die Königin von Saba zustimmend, »aber ehrlich gesagt, als Kind hätte *ich* die Süßigkeiten auch in den Mund gesteckt.« – »Du warst sicher auch schon als Mädchen etwas ganz Besonderes«, lacht Salomo, »mehr Königin als Weib ...«

»Ich weiß, du giltst als Frauenkenner ...« fällt ihm die Königin leicht spöttisch ins Wort, »mußt es ja mit deinen 700 Haupt- und 300 Nebenfrauen auch sein.« – »Auf diese Weise bin ich eben mit jedem Nomadenhäuptling oder kleinem Fürsten der Gegend verschwägert«, erklärt Salomo, »und wer führt schon gegen Verwandte Krieg?« – »Ich habe mir den Thron gegen ein Dutzend Geschwister und Vettern erkämpfen müssen. Aber jetzt sollte ich dein Rätsel lösen, Salomo. Wenn du deine Kenntnis der weiblichen Seele einmal einsetzt, dann ist das Problem gar nicht so schwierig!«

Der König fährt sich durch die parfümierten Locken: »Aber sie behaupten doch beide, die Mutter des Kindes zu sein, und beanspruchen es für sich. Und ich war bei der Geburt nicht dabei!« – »Dann schlag doch den beiden vor, das Kind mit dem Schwert zu teilen, so daß jede eine Hälfte erhält.« Salomo schüttelt den Kopf: »Meinst du das im Ernst?« – »Natürlich. Überleg doch einmal, was die richtige Mutter tun wird!« Sie sieht den König an, in dessen Kopf es sichtbar arbeitet. Dann nickt er zustimmend: »Die richtige Mutter wird, ja sie kann das nicht zulassen!«

»Du siehst, ich habe mein Versprechen gehalten und für dein Problem eine geradezu ...« die Herrscherin aus dem fernen Saba verzieht ihre Mundwinkel »... salomonische Lösung gefunden. Jetzt halt auch dein Versprechen und zeige mir ein wenig mehr als diesen zweifellos beeindruckenden Palast. Ich möchte einmal etwas anderes sehen als Gold, wertvolle Hölzer, stilisierte Palmen und Blumengewinde, bevor ich den langen Weg zurück zum Roten Meer antrete.« – »Du hast

Mahl des Königs Salomo mit seinen Frauen

recht, laß uns statt gläsernem wieder einmal richtigen Boden unter den Füßen spüren. Ich werde dir das Paradies zeigen …« – »Ist das nicht der Ort, an dem nach dem Glauben deines Volkes die Rechtgläubigen nach ihrem Tode weiterleben?« Salomo schüttelt den Kopf. »Das auch, aber laß mich dich zu einem ganz irdischen Paradies führen, unerkannt und ohne Gefolge. Du solltest dir aber etwas anderes anlegen, so daß wir nicht ständig von einer Schar Neugieriger umschwärmt werden.«

Wenig später erscheint eine verschleierte Frau im Gewand einer Dienerin im Vorhof des Palastes. Ein Krieger im schäbigem Umhang und mit tiefgezogener Lederkappe hilft ihr auf eines der bereitstehenden Pferde und reitet mit ihr zum Stadttor Jerusalems. Von dort geht es weiter an einem Flüßchen mit hohen Eichen entlang bis zu einem kleinen Tal. Zypressen, Wacholder und immer mehr wilde Ölbäume säumen den Weg, der Duft von Ginster, Myrte und wilden Gewürzen liegt über dem Land. In einem Feld von Purpurgladiolen und roten Anemonen hält Salomo an, nimmt den Helm ab, hängt ihn an den Sattel und streicht sich über die schwarzen, von einigen weißen Strähnen durchzogenen Locken. »Das, Königin, ist unser Garten Eden. Als wir vor drei Jahrhunderten hierher nach Kanaan kamen, da war es für uns wie die Rückkehr ins Paradies. Aus der Wüste, aus der Not, aus der Gefangenschaft in ein Land, wo Milch und Honig fließen. Und in dieses Tal nahm mich mein Vater schon mit, als ich noch ein Knabe war.«

Salomo reitet auf eine Ansammlung von Hütten zu, die inmitten von Akazien und Tamarindenbäumen liegt. Ein stämmiger alter Mann mit Narben im Gesicht eilt herbei und nimmt die Zügel der Pferde. »Gottes Segen für dich, mein König. Es ist lange her, daß du uns besucht hast!« Er dreht sich um und ruft zu seiner Frau: »Schnell, misch drei Maß feines Mehl, knete und backe einen Kuchen!« Salomo steigt ab und hilft der Königin aus dem Sattel.

»Das ist auch mein ganz persönliches Paradies. Wenn mir der Palast mit den Streitereien der Höflinge und Priester unerträglich wird, dann flüchte ich hierher ...«

»Nehmt ein gutes Stück Fleisch, Herr, und auch Ihr, Herrin«, sagt der Mann und schneidet Stücke von einer großen Keule, die seine Frau gebracht hat. »Lamm mit viel Knoblauch, das kann ich jederzeit essen. Im Grunde unseres Herzens«, sagt Salomo schmatzend, »haben wir uns in den letzten 300 Jahren kaum geändert. Wir haben uns an der Fülle, die uns dieses Land bieten kann, erfreut, aber was unsere Kochkunst betrifft, sind wir bis heute Nomaden geblieben. Sieh den Hof dieses Bauern, eines alten Veteranen meines Vaters David. Seine Frau verarbeitet das Korn noch mit der Handmühle und backt das Brot, indem sie die Teigfladen nach Altvätersitte auf Steine legt, eine Tonform darüber stülpt und außenherum Feuer macht ...«

»Aber habe ich auf dem Weg nicht Mühlen gesehen, die von Eseln getrieben werden, und die riesigen Öfen im Palast ...« – »... habe ich von erfahrenen Bäckern aus Ägypten bauen lassen. Natürlich, fast alle meine Gefolgsleute sind stolz auf das Erreichte, daß Israel nun auch zu den großen Zivilisationen gehört und daß unser und unseres Gottes Ruhm auch an fernen Gestaden bekannt wird ...« – »... sogar in Saba ...« – »... aber die meisten von uns lieben neben der neuen Raffinesse auch die alten Speisen unserer Jugend. Ich erinnere mich, wie ich mit meinem Vater im Feldlager frisches Brot aß mit Knoblauch und Zwiebeln, Gurken und Melonenscheiben. Oder eben eine Lammkeule wie diese, mit Knoblauch gefüllt, einigen wenigen frischen Kräutern gewürzt …«

Der Veteran reicht dem König eine Trinkschale. Salomo nimmt einen Schluck und gibt ihn der Königin: »Roter Wein mit wildem Honig versetzt. Trink auf unsere Freundschaft!« – »Auf die Freundschaft unserer Länder oder auf die von uns beiden?« fragt sie mit einem Augenaufschlag.

Salomo seufzt: »Du hast mir das Herz genommen, meine Freundin. Du hast mir das Herz genommen mit einem einzigen Blick deiner Augen!« – »Hast du mit 1 000 Frauen nicht genug?« neckt die Frau, »und versprühst deine Worte, die dir wie Honig von den Lippen kommen, jetzt an eine Fremde?« Salomo schüttelt seine gekräuselten Locken. »Laß uns für ein paar Stunden vergessen, wer wir sind, hier im Paradies!«

Während Salomo Wein nachschenkt, kommt die alte Frau mit einem duftenden, frischen Kuchen. »Datteltorte! Oh, ich liebe das Süße! Traubenkuchen, Feigenkuchen, Dattelkuchen mit wildem Honig, das regt mich mehr an als süßer Wein, das ist wie die Lippen eines jungen Mädchens.« Salomo schiebt der Königin ein Stück in den Mund, nimmt ihre Hand und geht mit ihr zu den blühenden Obstbäumen, deren Duft schwer über dem Tal liegt. »Dieses Tal und du, beides ist unvergleichlich!« Er beginnt zu deklamieren: »Eure Brüste sind wie Weintrauben, Euer Atem ist wie der Duft frischer Äpfel, und Euer Mund wie guter Wein, Milch und Honig sind unter Eurer Zunge. Hochgewachsen wie ein Palmbaum seid Ihr. Laßt mich Eure Zweige ergreifen!« Die Königin wehrt mit einem Lächeln ab: »Wenn du mein Bruder wärst, der meiner Mutter Brüste gesogen, so wollt' ich dich küssen und niemand dürfte uns schelten!« Salomo erstarrt und sagt irritiert: »Diese Zeilen kenne ich doch?« – »So wie ich die deinen. Deine Liebeslieder werden inzwischen auch in Saba gesungen, vor allem das berühmte Hohe Lied der Liebe. Deshalb fällt es mir natürlich schwer zu glauben, daß ich dich gerade eben zu diesen Versen inspiriert habe.« Die Königin lacht glockenhell, Salomo sieht sie leicht verlegen an. »Verzeih, daß mir keine besseren Verse für dich einfielen, aber …« – »Psch …«, die Königin von Saba legt ihm zwei Finger auf die Lippen, »kein Wort, kein Lied, kein Psalm mehr. Wir wollten doch für einen Tag vergessen, wer wir sind!«

(Die offizielle Version, die im ganzen Mittelmeerraum bekannten Liebeslieder Salomos seien Ausdruck seiner Liebe zu Gott und der Mutter Kirche, erscheint bei dem Sinnes- und Genußmenschen Salomo eher unwahrscheinlich.)

Ein einfaches Menü für Salomo und die Königin von Saba

Gefüllte Tauben oder Wachteln für die Königin von Saba

Vorbereitung: *25 Min.*
Backzeit: *15 Min.*

Für vier Personen:

4	Tauben oder Wachteln	50 g	Weizen-Vollgrieß
	gemahlener Rosmarin	500 ml	Gemüsebouillon
	Meersalz, Olivenöl	1 EL	Pinienkerne
1	Frühlingszwiebel	1 EL	Rosinen
		2 EL	grüne Erbsen
		200 ml	Hühnerbouillon

Zubereitung: Die Vögel innen und außen sparsam mit Rosmarin und Salz würzen, im heißen Olivenöl anbraten und auf einem Küchenpapier abtropfen lassen. Den Weizengrieß in der Gemüsebouillon aufkochen, vom Herd nehmen und 10 Min. aufquellen lassen. Die Zwiebel fein hacken und zusammen mit den Erbsen im Öl andämpfen. Den Grieß, die zerdrückten Pinienkerne und die Rosinen beifügen, alle Zutaten gut vermischen, mit Salz abschmecken und die Vögel damit füllen. Die heiße Hühnerbouillon in eine Kasserolle gießen, die Vögel dazulegen und zugedeckt im vorgeheizten Backofen bei 220 Grad ca. 15 Min. garen.
Falls Sie die mosaischen Speisegesetze einhalten möchten, legen Sie das Geflügel vor der Zubereitung eine halbe Stunde in kaltes Wasser, salzen es und beizen alles Blut während einer Stunde aus dem Geflügel. Dann das Salz abwaschen und das Fleisch sorgfältig mit Küchenpapier trocknen.

Gurkensalat an Joghurtsauce

Vorbereitung: *10 Min. + 1 Std. kühl stellen*

Für vier Personen:

1	Gurke	180 g	saurer Halbrahm
180 g	Naturjoghurt (griechische Art)	1 TL	Meersalz
		1 EL	Dill
		2	zarte Minzeblätter
		8	Pitah (Fladenbrot)

Zubereitung: Joghurt, saurer Halbrahm und Salz mit dem Schwingbesen verrühren. Die Gurken schälen und nicht zu grob raffeln. Mit der Sauce mischen und für 1 Std. kühl stellen. Den Dill von den Stängeln zupfen und die Minze in feine Streifen schneiden. Vor dem Servieren über den Salat streuen und zusammen mit den Pitah auftragen.

Lammkeule für David

Vorbereitung: *10 Min.*
Bratzeit: *100 Min.*

Für vier Personen:

1	Lammkeule (Gigot)	1 EL	Meersalz
4	Knoblauchzehen	2 EL	Senf
		100 ml	Olivenöl
		2	Thymian-Zweige
		100 ml	Rinderbouillon
		5	Rosmarin-Zweige

Zubereitung: Die Knoblauchzehen der Länge nach halbieren und zwischen Fleisch und Knochen schieben. Die Keule mit Olivenöl und Senf einreiben und mit Salz und Thymian würzen. Auf den Grillspieß stecken und auf dem sehr heißen Holzkohle-Grill ca. 90 Min. braten. Immer wieder mit Rinderbouillon übergießen und Rosmarin-Zweige in die Glut legen. Vor dem Aufschneiden in Alu-Folie einwickeln und ca. 10 Min. an der Wärme ruhen lassen. – Dazu paßt ein kräftiger, erdiger Rotwein.
Falls Sie die mosaischen Speisegesetze einhalten möchten, muß das Fleisch von einem geschächteten Lamm stammen. Vor der Zubereitung die Lammkeule eine halbe Stunde in kaltes Wasser legen, danach salzen und alles Blut während einer Stunde aus dem Fleisch beizen. Dann das Salz abwaschen und das Fleisch sorgfältig mit Küchenpapier trocknen.

Boulgour (Hartweizen-Schrot)

Vorbereitung: *5 Min.*
Kochzeit: *20 Min.*
Für vier Personen:

250 g	Boulgour oder Couscous
2	Zwiebeln
	Olivenöl
1 l	Rinderbouillon

Zubereitung: Eine Zwiebel fein hacken und im Olivenöl andämpfen. Das Boulgour zugeben, umrühren und die heiße Bouillon dazu gießen. Aufkochen und ca. 15 Min. quellen lassen. Die zweite Zwiebel in Ringe schneiden, im Olivenöl anbraten und über das fertige Boulgour geben.

Feigenkompott

Vorbereitung: *5 Min. + 6 Std.*
Kochzeit: *10 Min.*
Für vier Personen:

500 g	getrocknete Feigen
200 ml	Wasser
50 g	Rosinen
1 EL	Honig (z. B. Rhododendronhonig)
5	Blätter Zitronenminze

Zubereitung: Die Feigen in vier Teile zerschneiden und Stiele entfernen. 6 Std. im Wasser einweichen, hie und da umrühren; zusammen mit den Rosinen aufkochen und 5 Min. köcheln lassen. Mit einer Gabel zerdrücken, mit Honig und gehackter Zitronenminze abschmecken. – Das Feigenkompott kann kalt oder warm gegessen werden.

Datteltorte

Vorbereitung: *25 Min. + 30 Min.*
Backzeit: *45 Min.*
Für vier Personen:

300 g	Datteln
300 g	Mandeln gemahlen
200 g	Honig (z. B. Akazienhonig)
8	Eier
10 g	Hefe
500 ml	saure Buttermilch

Zubereitung: Die Datteln entsteinen und fein schneiden. Die Eigelbe mit dem Honig schaumig rühren. Die Hefe mit etwas Honig verrühren und alle Zutaten gut vermischen. Das Eiweiß zu Schnee schlagen, vorsichtig unter die Masse ziehen, in eine Tortenform geben und im vorgeheizten Backofen bei ca. 180 Grad 45 Min. backen. Kalt oder lauwarm servieren. – Dazu paßt ein Glas saure Buttermilch.

Die ersten (Koch-)Kulturen

In den ersten Jahrzehntausenden seiner Geschichte stand für den Homo sapiens das nackte Überleben im Vordergrund. Ständig befand er sich auf Nahrungssuche, besonders die harten Winter machten ihm zu schaffen, was er einerseits mit ersten Versuchen, Erjagtes und Gesammeltes zu konservieren, und zum anderen mit dem Drang kompensierte, in wärmere Gefilde zu ziehen. Vermutlich war ihm ein Stück junges Reh lieber als ein zähes Mammut oder gar ein Käfer, aber er hatte nur selten den Luxus der Speisenwahl. Vielmehr verfügte er über die – übrigens bis ins späte Mittelalter zu beobachtende – Fähigkeit, sich den Bauch für Wochen und Monate vollschlagen zu können. Gerade weil die Aufbewahrungsmöglichkeiten so begrenzt waren, mußte alles möglichst schnell verzehrt werden.

Eine Änderung zeichnete sich mit den ersten Ansätzen von Überschußproduktion ab. Mehrere Faktoren trugen dazu bei. Zunächst war es der Übergang vom reinen Jagen und Sammeln zum Nomadentum, bei dem Nutztiere wie Rinder, Schafe oder Ziegen domestiziert wurden. Diese wandernden Stämme nahmen ihre Nahrung sozusagen mit, wobei weniger das Fleisch – dazu wuchsen die Herden zu langsam – als die Milch im Vordergrund stand. Mit den Nomaden verbreitete sich die Kenntnis der Viehhaltung.

Die ersten europanahen Hochkulturen entstanden in einem schmalen Vegetationsgürtel entlang von Euphrat, Tigris und Nil. Vom 5. vorchristlichen Jahrtausend an gab es eine landwirtschaftliche Revolution, in der sich verschiedene Entwicklungen gegenseitig anstießen. Getreide- und Hülsenfrüchte wurden systematisch angebaut, mit der Zeit kamen Gemüse, Obst und schließlich Gewürze hinzu. Letztere wurden vermutlich erst zu Heilzwecken gesammelt und angebaut, bis zu den medizinischen Erwägungen, sie Speisen beizugeben, dann auch genußorientierte kamen.

Die Seßhaftigkeit bot vor allem neue Methoden, kleinere Tiere zu halten, zu milchgebenden Schafen und Ziegen kamen nun Geflügel und damit das Ei als wichtiges Grundnahrungsmittel hinzu, ebenso wie der Honig durch die aufkommende Bienenzucht.

Mit der Entwicklung von Hausbau und Töpferei entstanden zugleich neue Möglichkeiten, Nahrung aufzubewahren, zu konservieren und zu kochen. Wir finden – vor allem in den Palästen der Oberschicht – zahlreiche Keramikgefäße, Kamine zum Räuchern und gemauerte Kochherde.

Die Menschheit hatte also wie das Volk Israel das »Land, wo Milch und Honig fließen« entdeckt. Gekocht wurde meist noch wie am Hordenfeuer und in den Nomadenzelten, aber das Potential zum verfeinerten Eßgenuß war nun vorhanden.

Im Zelt des Odysseus

»Freude mit Euch! Willkommen Ihr Teuersten!
Also sprach und führte hinein der edle Achilleus,
Setzte sie dann auf Sessel und Teppiche, schimmernd vor Purpur.
Selbst nun stellt er die mächtige Bank im Glanz des Feuers,
legte darauf den Rücken der feisten Geiß und des Schafes.
Legt auch des Mastschweins Schulter darauf voll blühenden Fettes …«

(Homer, Ilias)

»Und wieder ein nutzloser Tag vor den Mauern Trojas!« Odysseus wirft den schweren Schild auf den Boden des Vorzeltes und läßt sich auf das runde Sesselkissen fallen. Während er den Helm mit dem wallenden Roßschweif abnimmt, löst hinter ihm eine Sklavin die Riemen des bronzenen Brust- und Rückenpanzers, ein Diener schnallt die Beinschienen aus schimmerndem Erz ab. »Füllt die Wannen mit heißem Wasser«, ruft der bärtige Ithaker, »wir bekommen Gäste: Ajax und Diomedes. Bereitet ihnen ein würdiges Abendmahl. Und reichlich, auch vergeblicher Kampf macht Hunger!«

Odysseus lehnt sich zurück, schließt die Augen und denkt an die vergangenen 24 Stunden. Zusammen mit seinem Freund Diomedes hatte er sich – als Bettler verkleidet – nach Troja eingeschlichen, und sie hatten im Schutz der Nacht das Palladion aus dem Tempel der Athene gestohlen. Dieses goldgetriebene Bild einer kämpfenden Jungfrau, das Zeus und Athene vor langer Zeit den Trojanern geschenkt hatten, schützte die Stadt vor allen Angriffen, hatte zumindest der Priester Kalchas verkündet. »Unser Schwarzseher hatte wieder einmal unrecht«, reißt eine rauhe Stimme den erschöpften Helden aus seinen Gedanken, »wir haben das Bild des Frauenzimmers geraubt, und trotzdem war unser heutiger Sturm auf die Mauern umsonst!« Odysseus nickt Ajax, der das Zelt mit einem weiteren Krieger betreten hat, zu: »Na ja, wir wissen alle, was wir von solchen Prophezeiungen zu halten haben. Aber ich hatte gehofft, der Raub des Palladions hätte wenigstens die Moral unserer Feinde geschwächt!« – »Im Gegenteil«, erwidert Diomedes, »das hat ihre Kampfwut erst recht angestachelt.«

»Kommt, wir haben etwas Entspannung verdient«, meint Odysseus und geht in einen durch Felle abgetrennten Raum des Zeltes, in dem eine große bronzene Wanne steht. Knechte schleppen Kessel herbei mit warmen Wasser, das über einer Feuerstelle vor dem Zelt erhitzt wurde und in das eine Dienerin aus einem Holzkästchen getrocknete Lavendelblüten streut. Als die müden Krieger planschend und ächzend ihren Platz gefunden haben, wäscht das Mädchen sie mit einem seifegetränkten Schwamm. »Wir führen uns schon auf wie Trojaner«, grunzt Ajax, »ein warmes Bad mit Blüten und ätherischen Ölen, wenn ich das bei meiner Rückkehr erzähle!« – »Na ja, irgend etwas muß uns dieser Krieg schon bringen«, wirft Odysseus ein, »wenn wir die schöne Helena nicht bekommen, dann doch wenigstens heiße Bäder, Parfum, geraubte Sklavinnen und Köche!«

»Wein!« ruft der Ithaker und klatscht in die Hände. Sofort bringt die Dienerin einen blaulasierten Pokal, der zur Hälfte mit Wasser gefüllt ist. Dann öffnet sie einen Schlauch und gießt Wein dazu. »Junger Wein aus Lemnos«, erklärt Odysseus, »nichts Besonderes, aber gut genug dazu, den ersten Durst zu löschen. Später habe ich etwas Besseres!« Reihum wandert der Pokal und ist schnell geleert. »Ich komme gerade von Kalchas«, berichtet Diomedes, »wißt ihr, was er gesagt hat?« – »Will ich gar nicht wissen!« knurrt Ajax. »Unser Seher meint, wir sollten jetzt

Fischer – Wandgemälde (um 1500 v. Chr.)

nicht mehr kämpfen, sondern uns auf eine List besinnen. Wie der Habicht, der sich vor der Taube im Dickicht verbirgt.« – »Das sagt er auch nur, weil er mit seinem letzten Rat so daneben gelegen hat«, meint Odysseus, »wenn der Kampf nichts fruchtet, dann bleibt nur die List ... oder die Abfahrt. Und das nach zehn Jahren!«

Mit einem Lendenschurz bekleidete Sklavinnen trocknen die Helden ab, salben sie mit duftendem Öl und legen ihnen frische Leinengewänder an. Dann reichen sie ihnen Schalen aus getriebenem Silber, in denen sie sich die Hände waschen können. Schließlich gehen die drei zum Hauptraum des Zeltes, wo entfernt vom Feuer, dessen Rauch durch eine Öffnung nach oben abzieht, drei Stühle aufgestellt sind. Odysseus geht lächelnd zu einer armlangen Amphore und entfernt deren Siegel: »Das ist einer der letzten Weine, die ich noch aus Ithaka mitgebracht habe. Mehr als zehn Jahre alt!« Einer seiner Knechte nimmt das Gefäß und gießt den Wein in drei zu einem Drittel mit Wasser gefüllten Holzkrüge. Dann fügt er einen kleinen Löffel Honig hinzu, mischt das Ganze und reicht ihn den drei Griechen.

Nach einem tiefen Zug klatscht Odysseus erneut in die Hände, die Diener tragen die »erste Tafel« auf, einen kleinen Tisch, den sie zwischen die Helden stellen. In kleinen Schalen sind frische Feigen, Äpfel, Birnen, Nüsse sowie Schaf- und Ziegenkäse. »Der Käse erinnert mich an die Heimat, der zergeht auf der Zunge«, sagt Diomedes, »wo hast du den her?« – »Einige meiner Männer verstehen sich auf die Landwirtschaft«, erklärt Odysseus, »statt sie kämpfen zu lassen, erlaube ich ihnen, eine Wegstunde von hier einen kleinen Hof zu bewirtschaften. Dort wird auch der Käse gemacht. Die Milch von Ziegen oder Schafen sauer werden lassen, auspressen und in Weidenkörben hart werden lassen. Ganz wie in Ithaka! Nehmt etwas Gerstenbrot dazu, dann schmeckt er noch besser!« – »Hast du nicht das neue, das weiße Brot der Trojaner?« fragt Ajax, »du hast denen doch einen Koch geraubt!« – »Ja, er kennt das Geheimnis des gesäuerten ägyptischen Teigs, Penelope wird Augen machen, wenn ich ihn mitbringe. Aber heute ist er mit anderen Gerichten für euch beschäftigt, Freunde!«

Wieder klatscht der Gastgeber in die Hände, die erste Tafel verschwindet zugunsten einer neuen, in deren Mitte eine dampfende Schüssel steht. Ajax schnuppert und rümpft dann die Nase: »Fisch! Du wagst es, uns die Speise der Armen, des Elends vorzusetzen?« – »Laß uns doch erst einmal probieren, mein Freund«, meint Diomedes begütigend, schöpft sich mit einer großen hölzernen Kelle ein Fischstück heraus, bläst etwas und nimmt ein Stück des Ragouts in den Mund. »Nicht schlecht«, sagt er schließlich, »da ist ja Wein dran.« Nach dem ersten Bissen läßt sich dann auch Ajax zu einem anerkennenden Brummen herab, beginnt aber dann genießerisch zu schnuppern. »Fisch mag ja so ganz gut schmecken, aber an ein gebratenes Schwein kommt das alles nicht heran.« – »… legte des Mastschweins Schulter aufs glühende Feuer … », beginnt Diomedes zu deklamieren. »Mächtige Glut entflammte Laertes' göttlicher Sohn itzt. Als nun die Loh' ausbrannt und des Feuers Blume verwelkt war, breitet er hin die Kohlen und richtet darüber die Spieße, sprengte mit heiligem Salz und dreht' auf stützende Gabeln, und sie erhoben die Hände zum lecker bereiteten Mahle …«

»Hör auf mit deinen Hexametern, Diomedes!« lacht Odysseus, »du hast unserem blinden Sänger zu lange zugehört. Du kannst schon fast so gut reimen wie er!

Außerdem«, fügt er mit geheimnisvoller Stimme hinzu, »bekommt ihr diesmal nicht das übliche Schwein am Spieß und ich werde es auch nicht selbst zerteilen, wie es sich für einen anständigen Gastgeber gehörte.«

Nun wird die dritte Tafel aufgetragen, in deren Mitte zwischen drei Schüsseln dampfenden Erbsbreis ein pralles Spanferkel zu sehen ist. Dann kommt – obwohl an der Kleidung als Sklave erkennbar – mit sichtbarem Stolz ein Mann mit zwei Messern. Mit dem einen fixiert er das Ferkel, mit dem anderen beginnt er es aufzuschneiden, bis aus dem Bauch ein Getreidebrei quillt. »Habt Ihr die Sau nicht ausgenommen?« fragt Ajax kopfschüttelnd. »Nein, das ist ein Weizenbrei mit Pistazien, Mandeln und Rosinen«, erklärt der Koch mit schwerem Akzent. »Ein Tier mit einer überraschenden Füllung«, meint Diomedes nach dem ersten Probieren anerkennend. »Manchmal verbergen sich hinter den Dingen ganz andere Sachen, als man erwartet. Sag, was ist mit dir Odysseus? Schmeckt es dir nicht?«

Seit einigen Minuten sitzt der Ithaker still und in sich versonnen da. »Ein Tier, das etwas ganz anderes verbirgt«, murmelt er, »Überraschungsfüllung. Das könnte gehen!« – »Komm, nimm einen Schluck und laß das Grübeln«, fordert Ajax ihn auf. Odysseus kommt der Aufforderung nach und wischt sich ein paar Weintropfen vom Bart. »Ich weiß, wie wir auch den Trojanern eine Überraschung bereiten können …« – »Willst du sie mit einem gefüllten Schwein vergiften?« fragt Diomedes zweifelnd. »Nein, mit einem gefüllten Pferd. Stellt euch vor, wir bauen ein riesengroßes Pferd aus Holz und füllen seinen Bauch mit den edelsten Griechenhelden. Der Rest des Heeres verschwindet samt den Schiffen; die Trojaner denken, wir sind abgezogen. Und irgendein schlauer Fuchs von uns baut sich neben dem Roß auf und erzählt ihnen, das sei ein Opfer für Pallas Athene. Ich bin sicher, daß sie dieses ›Danaer-Geschenk‹ in die Stadt bringen werden. Und dann sind wir in der Stadt und werden, während sie den vermeintlichen Sieg feiern, über sie kommen …«

»Das könnte klappen, schon weil es sich völlig verrückt anhört«, Diomedes nimmt einen tiefen Zug puren Rotwein. »Unmöglich, was unserem ›Listenreichen‹ wieder eingefallen ist, und das«, Ajax lacht und verschluckt sich, so daß ihm die Diener mit kräftigen Schlägen auf den Rücken helfen müssen, »beim Verspeisen eines gefüllten Spanferkels. Wir Griechen als Überraschungsfüllung in einem Holzschwein!« – »In einem hölzernen Pferd«, korrigiert ihn Odysseus mit einem Augenzwinkern, »und natürlich kein Wort von unserem Spanferkel. Die Göttin Athene hat mir den Gedanken im Schlaf eingegeben …«

(Die Idee des Odysseus hatte Erfolg, wenn wir Homer glauben wollen. Daß sie ihm im Schlaf von Athene eingegeben wurde, hat mindestens dieselbe Wahrscheinlichkeit wie unsere Geschichte …)

Menü für Odysseus

Matelotte (Ragout von Süßwasserfischen)

Vorbereitung:	*10 Min.*	3	Knoblauchzehen
Kochzeit:	*30 Min.*	$5^1/_2$ EL	Butter
Für vier Personen:		1	Griechisch Heu oder Liebstöckelzweig
(als Vorspeise die halbe Menge)		2	Petersilienstengel
1,5 kg	Süßwasserfisch (z. B. Lachsforelle)	1	Lorbeerblatt
2	Karotten	700 ml	leichter Rotwein
4	Frühlingszwiebeln	100 g	Steinpilze frisch, oder 25 g getrocknet
3	Lauchstengel	1 EL	Mehl
100 g	Speck gepökelt		Meersalz

Zubereitung: Die geschälten Karotten und die Frühlingszwiebeln in Scheiben, das Weiße der Lauchstengel in Ringe und den Speck in kleine Würfel schneiden und zusammen mit den ganzen Knoblauchzehen in 2 EL Butter anziehen lassen. Die Kräuter dazu geben, mit dem Wein ablöschen und 10 Min. köcheln lassen. Die vorbereiteten Fische in Stücke schneiden und in 2 EL Butter ca. 5 Min. braten. Die Fischköpfe und -schwänze entfernen, die in Scheiben geschnittenen Pilze zugeben und nochmals 5 Min. ziehen lassen. Das Fischragout mit Salz würzen, zur Weinsauce geben und 5 Min. weiter kochen. Das Mehl mit der restlichen Butter verkneten, zur Sauce geben, vorsichtig umrühren und bei kleiner Hitze kochen, bis die Sauce etwas gebunden ist. Evtl. mit Salz abschmecken.

Gerstenbrot

Vorbereitung:	*90 Min. + 12 Std.*	350 g	Vollkornmehl
Backzeit:	*30 Min.*	2 TL	Salz
Für vier Personen:		100 ml	Milch
150 g	Gerstengrieß	20 g	Hefe
250 ml	Wasser	1 TL	Honig

Zubereitung: Gerstengrieß über Nacht im Wasser einweichen. Die Hefe mit der lauwarmen Milch und dem Honig verrühren und mit dem Salz, dem Mehl und dem Gerstengrieß zu einem Teig kneten, bis der Teig nicht mehr klebt. Mit einem feuchten Tuch zugedeckt an einem warmen Ort ca. 1 Std. aufgehen lassen. Den Teig in 8 Portionen teilen, gleichmäßige Kugeln formen und nochmals 20 Min. gehen lassen.
Mit Milch bepinseln, mit einem scharfen Messer kreuzweise einschneiden und im vorgeheizten Backofen bei 220 Grad ca. 30 Min. backen.

Spanferkel

Vorbereitung:	*30 Min.*	$2^1/_2$ l	Salzwasser
Grill-/Garzeit:	*130 Min.*	2	Zwiebeln
Für 20 Personen:		2 EL	Olivenöl
8 kg	Spanferkel	100 g	Mandelsplitter
1 EL	Koriander gemahlen	150 g	Pistazien gehackt
2 EL	Griechisch Heu oder Liebstöckel	150 g	Rosinen
4 EL	Salz	Salz	
100 ml	Zwiebelsaft	Faden	
1 kg	Hartweizen	Alufolie	

Zubereitung: Das Spanferkel innen und außen waschen, sorgfältig trocknen und innen und außen mit den Gewürzen und dem Zwiebelsaft einreiben. Den Hartweizen nach der Packungsangabe kochen. Die Zwiebeln hacken, im Olivenöl glasig dünsten, zusammen mit den Nüssen und den Rosinen unter den Hartweizen ziehen und mit Salz abschmecken. Das Spanferkel mit der Mischung füllen und alle Öffnungen mit starkem Faden zusammennähen. Das Fleisch auf einen Spieß stecken und auf dem Holzkohlengrill ca. 2 Std. rösten. Sobald das Fleisch knusprig genug ist, mit Alufolie umwickeln und fertig garen. Vor dem Aufschneiden ca. 10 Min. ruhen lassen.

Erbsenbrei

Vorbereitung:	*10 Min. + 12 Std.*		
Kochzeit:	*50 Min.*	$^1/_2$ EL	Schweineschmalz
Für 4 Personen:		100 g	Speckwürfelchen
300 g	Erbsen getrocknet	1 EL	Mehl
1 l	Wasser	1 TL	Salz

Zubereitung: Die Erbsen über Nacht in Wasser einweichen, im Einweichwasser ca. 40 Min. kochen, abgießen und durch ein Passevite treiben. Den Speck im Schweineschmalz anbraten, Mehl und Erbsenpüree beifügen, salzen und nochmals ca. 10. Min. kochen.

Zum Dessert gibt es appetitlich auf Holzplatten angerichtet:
Frische Feigen, Äpfel, Birnen, Nüsse, Schaf- und Ziegen-Käse

Küche im archaischen Griechenland

»Mächtige Könige, die ihr das herrliche Troja zerstörtet! Euer Ruhm wächst von Geschlecht zu Geschlecht, doch eure Tafel war jammervoll. Rindsschlegel und Schweinrücken! Aber ewig bleibt euch verschlossen der Reiz einer Matelote und die Erleuchtung eines Frikassee vom Huhn. Wehe Euch!« schrieb der erste Gourmet-Papst Brillat-Savarin in seiner »Historischen Elegie« und hat nicht ganz unrecht.

Dabei war und blieb Fleisch Luxus und bis auf Festtage – wo das Fleisch der geopferten Tiere auch dem gemeinen Mann gegeben wurde – den Reichen vorbehalten. Rinder wurden, nachdem sie ihren Dienst als Zugtier getan hatten, geschlachtet, dazu kam das Fleisch der in eingehegten Waldstücken freilaufenden hochbeinigen Schweine, das in den östlichen und südlichen Mittelmeerländern allerdings verpönt war. Umgekehrt bei den Fischen: Während sie in Galiläa oder Ägypten bei arm und reich höchst beliebt waren, galten sie im homerischen Griechenland als »Speise der Armen«. Hirsche, Rehe, Hasen, Eber und Wildvögel sind willkommene, aber seltene Delikatessen. Das Fleisch von Schafen und Ziegen kam ebenso selten auf den Tisch, weil diese Tiere vor allem Milch liefern sollten, aus der man Hart- und Weichkäse gewann. Auch das Huhn hielt man in erster Linie wegen der Eier.

Das wichtigste Korn war die Gerste, dazu kamen Dinkel und Hirse, in fruchtbareren Gegenden wurde mit Weizen experimentiert. Die häufigste Speise war der Getreidebrei, vor allem aus Gerstenkörnern, die im Mörser zerstampft und deren Hülsen abgelöst wurden. Aus Gerste entstanden auch die »Graupen«, die von Homer als »Mark der Männer« bezeichnete Mischung aus Getreidekörnern und Hülsenfrüchten.

Systematisch angebaut wurden Bohnen, Erbsen, Gurken, Zuckermelonen, Kürbisse, Lattich, Endivien, Porree, Kohl, Steckrüben, Paprika und Rettich. Dazu kamen Zwiebeln und Knoblauch, einige Salatsorten, Oliven und Feigen als Beilage. Wilde und in Ansätzen angepflanzte Kräuter dienten zum Heilen und Würzen, der Honig zum Süßen. An Obst gab es Birnen, Äpfel, Granatäpfel, Johannisbrot, Feigen, Datteln, Nüsse und natürlich Weintrauben, der mühsame Weg zur Kultivierung der Rebstöcke begann.

Auch die Kochkunst des homerischen Griechenland befand sich in einem Übergangsstadium. Die Zubereitungsart war eigentlich noch nomadisch, es wurde gekocht und gebraten, bei zähem Fleisch manchmal hintereinander. Die Hausfrau oder Mägde bzw. Sklavinnen bereiteten die Mahlzeit zu, der Herr war am Schlachten, Zer- und Verteilen beteiligt, Berufsköche waren unbekannt. Und doch war schon eine kulinarische Morgenröte sichtbar: In Ägypten wurde der Sauerteig entdeckt, andere Hochkulturen experimentierten mit neuen Formen der Konservierung, wie Einlegen von Gemüse, mit Marinieren und Würzen.

Zu Gast bei Perikles

»Jetzt aber nahm Perikles Athen samt allem, was zum Staat der Athener gehörte, in seine Hände … Und da er in seiner Politik mit unbeugsamer Festigkeit dem Wohl des Staates diente, vermochte er das Volk meist ohne Widerstand durch die überzeugende und belehrende Kraft seines Wortes zu lenken. Zuzeiten bekam er auch den Zorn der Masse zu spüren …«

(Plutarch, Perikles 15)

Herodot blickt über die flachen Dächer der Häuser hinauf zur Akropolis, wo die goldene Lanzenspitze des Athene-Standbildes im Licht der untergehenden Abendsonne blitzt. Gerade noch rechtzeitig! Auf Sonnenuntergang ist er eingeladen und er weiß, wie sehr die Athener auf Pünktlichkeit achten. Vor allem ein Mann wie Perikles, dessen Gast der Gelehrte heute ist. Endlich steht er vor dem Haus des »Olympiers«, wie ihn seine Landsleute nennen. Für einen bedeutenden Staatsmann ist das ockerfarbene zweistöckige Haus mit einem kleinen Säulenvorbau eigentlich recht bescheiden, denkt Herodot, gerade jetzt, wo Athen sich zur Weltstadt entwickelt.

Ein Sklave, der hinter den Zinnen die Straße beobachtet, meldet den Gast über einen Klingelzug dem Türsteher, der sofort das Tor öffnet. Herodot reicht ihm seinen gefältelten, grauen Überwurf und streicht ihm über das Haar: »Was für ein hübscher Knabe du bist!« Dann betritt er den lichten, von einem Säulengang umgebenen offenen Innenhof. Dort steht neben einem anderen Mann der erste Bürger und Stratege Athens. Perikles streicht sich den Chiton, ein aus feiner Wolle und mit dünnen Farbstreifen versehenes Obergewand, zurecht und eilt auf den Neuankömmling zu. »Es ist schön, dich nach deiner langen Reise wohlbehalten zu sehen. Ich bin gespannt, was du aus Sizilien zu berichten hast.« Herodot lacht und umarmt den Strategen: »Wenn Perikles ruft, komme ich, wie sich's geziemt: Sauber gewaschen, mit feinen Wohlgerüchen parfümiert und pünktlich.«

Ein Sklave reicht Herodot einen Becher verdünnten Wein, während Perikles den anderen Gast vorstellt: »Das ist Lysikles, Schafzüchter, erfolgreich im Anknüpfen neuer Handelsbeziehungen und vor allem ein treuer Freund der Familie ...« – »Ich habe von dir gehört. Du bist also einer der Männer, die mit Gold und guten Worten mehr bewegen als andere mit Waffen.« Der Schafzüchter wehrt geschmeichelt ab: »Der Mann der Worte bist du, Herodot ...«

Er beendet den Satz abrupt, als, von einer sanften Duftwolke begleitet, die Frau des Hauses erscheint. Aspasias hellblaues, in enge Falten gelegtes Untergewand wird durch einen vergoldeten Gürtel unterbrochen, darüber hat sie kunstvoll einen wollenen Mantel drapiert. Sie trägt für eine athenische Frau vergleichsweise wenig Schmuck, nur zwei schmale Ohrringe und eine feine Goldkette. Dafür glänzt ihr hennagefärbtes rotgoldenes Haar, das nach hinten gezogen und zu einer Art Helmbusch getürmt ist, aus dem links und rechts zwei durch Brennscheren gekräuselte Zöpfchen herunterhängen.

Lysikles schaut sie mit unübersehbarer Begeisterung an: »Wenn eine Göttin den Raum betritt, dann schweigen die Männer!« Aspasia lächelt: »Du übertreibst wie immer. Schönheit mögen die Götter gewähren, aber die Zeit zerstört ihrer beglückenden Blüte Gunst ...« – »Um bei Sprichwörtern zu bleiben«, begrüßt nun auch Herodot die Frau: »Es ist kein größerer Schatz als eine edeldenkende Gattin zu finden! Sagt schon Euripides. Wo ist er überhaupt?« – »Ich habe ihm eine Einladung zukommen lassen«, erwidert Aspasia.

In diesem Moment erscheint der Dichter ein wenig atemlos. »Verzeih die Verspätung, Perikles. Der übliche Streit unter den Schauspielern. Und das so kurz vor einer Premiere.« Euripides sieht Herodot und legt die Hände auf seine Schultern: »Selig der Mann, der sein Leben der Forschung weiht, der nicht auf Schaden der Bürger und nicht auf Frevel sinnt ...«

Aspasia klatscht in die Hände: »Wir sind vollzählig und wie es athenische Sitte gebietet: Die Anzahl der Gäste darf die Zahl der Grazien nicht unter- und die der Musen nicht überschreiten. Gehen wir in den Speiseraum!«

In einem kleinen Salon stehen hufeisenförmig drei Liegen, Perikles und Aspasia legen sich auf die mittlere, Lysikles bekommt die rechte, während sich die zwei Künstler die linke teilen. Dienerinnen kommen mit kleinen Holztrögen und Karaffen mit lauwarmem Wasser und waschen allen die Füße. Währenddessen tragen zwei Sklaven ein langes Brett herein und stellen es auf zwei kleine, kniehohe Marmoruntersätze genau zwischen die Liegen. Perikles rafft sein Gewand zusammen, taucht zwei Finger in eine Trinkschale und verspritzt etwas Wein über die Tafel: »Dank allen Göttern und vor allem unserer Schutzherrin Athene«, murmelt er automatisch. »Greift zu«, fordert Aspasia die Gäste auf, »und wenn ihr etwas lydische Brühe möchtet, die Sklavinnen bringen auf einen Wink eine Schnabeltasse.« – »Mir reicht, was ich auf der Tafel sehe«, erwidert Euripides, »Streifenbarben von Hymettos, Zitterrochen, Barsch, Tintenfischarme, Aalköpfe, Rochenrücken, Schollenfilets und Meeräschen.«

»Aber vielleicht ist das bescheidene Mahl nicht genug für unseren Herodot«, spottet Perikles, »er hat jetzt in Sizilien und speziell Sybaris die wirklich feine Küche kennengelernt.« – »Es gibt dort Muscheln mannigfachster Art und Schnecken, die sich an Felsen saugen, unermeßlich große Austern und dann Purpurschnecken, Krabben, Hummer, Muscheln, die verschlossen sind. Schwer ist's sie zu öffnen, doch leicht, sie zu verspeisen«, erinnert sich der Schriftsteller genießerisch. »Am überraschendsten fand ich die Schwertmuscheln, deren Inneres teils süß ist, was man sofort verspeist, teils scharf, was man gelieren läßt. Aber bei all den Leckereien fehlte mir kräftige, bodenständige Kost wie gute Katillos.«

Aspasia versteht den Wink und klatscht in die Hände. Schon eilen zwei Diener herbei und tragen die Holzplatte weg. Kaum ist die Tafel aufgehoben, kommt schon die nächste mit der von Herodot so gepriesenen Fleischpastete. »Ich nehme immer zuerst die kalten Speisen«, erklärt Lysikles schmatzend, »bei den warmen verbrennt man sich am Anfang nur die Finger.« – »Hier ist ja genug da, und wir können uns Zeit lassen. Im Theater ist das ganz anders«, wirft Euripides ein, »da sind die Tafeln, die zwischen den Akten gereicht werden, binnen Minuten leer. Und was die warme Speisen betrifft: Gierige legen ihre Hände immer wieder in heißes Wasser, um sich so abzuhärten und den anderen beim Greifen der Nahrung voraus zu sein. Mmmh, das Myama und besonders der Hase sind köstlich!«

»Es ist ein Rezept, das Lysikles meinen Köchen beigebracht hat«, sagt Aspasia. »Die beste Art, den Hasen zuzubereiten, ist diese: Man brät ihn, nimmt ihn vom Spieß, solange er noch ein wenig roh ist, salzt ihn und setzt das Fleisch den hungrigen Gästen vor«, erklärt der Schafzüchter. »Vor dem noch etwas blutenden Fleisch soll man kein Gesicht schneiden, sondern es gleich essen. Alle anderen Zubereitungsarten sind absurd.« – »In Sybaris dürfte dieses Gericht in Eurem Hause gar nicht gekocht werden«, wirft Herodot ein und erklärt dann auf die fragenden Blicke der anderen: »Wenn dort ein Koch eine neue Mahlzeit erfindet, dann darf ein ganzes Jahr lang nur er sie kochen. Wenn aber ein anderer Küchenchef dieses Gericht nachkocht, muß er ein paar Talente Geld zahlen.« – »Das ist ja absurd«, lacht Euripides, »das wäre ja so, als ob mir jemand Geld zahlen müßte, wenn er eines meiner Theaterstücke aufführt.« – »Wäre doch gar nicht so schlecht«, meint Perikles, »aber sind die Sybariten wirklich so seltsame Leute? Hier sagt man ja, wenn sie das Wort Arbeit hören, bekommen sie einen Leistenbruch.« – »Und die Sybariten behandeln ihre Sklaven so mild«, fügt Lysikles lachend hinzu, »weil sie keine Schmerzensschreie aushalten …« – »Aber ist das Essen wirklich so gut?« fragt Aspasia.

»Mir läuft noch immer das Wasser im Munde zusammen, wenn ich an die Gastmähler in Sizilien und speziell Sybaris denke«, erwidert Herodot. »Es ist eine Komposition aus Bekanntem und Unbekanntem, Griechisches paart sich mit Phönizischem oder Ägyptischem. Ich habe nie gedacht, daß Essen eine Kunst, eine Komposition wie ein Theaterstück unseres Freundes Euripides sein kann …« – »Komödie oder Tragödie?« unterbricht ihn spöttisch der Dichter. »Eine Mischung aus beidem gelegentlich. Natürlich ist es ein wenig lächerlich, wenn der Hausherr einen Leckerbissen mit den Worten vorlegt, es sei von einem Mastschwein, das wegen Überfütterung an Herzschlag gestorben sei. Das gilt in Sizilien als besonders gutes Fleisch. Und Omelette aus Pfaueneiern sind groß, aber nicht sonderlich gut, oder leicht angefaulte Eier von Nilgänsen schmecken vor allem ein wenig faul. Zusammen mit unbestreitbar hervorragenden Gaumengenüssen gibt es natürlich auch viel Prahlerei. Und die Köche versuchen, sich im Verfälschen der Speisen zu übertreffen, einen Fisch aus Hasenfleisch zu formen. Da ist mir das athenische Essen dann doch lieber. Trotzdem bleibe ich bei meinem Entschluß: Ich werde meinen Lebensabend nicht in Sybaris, aber doch in Sizilien verbringen und das dortige Essen genießen …«

Perikles fährt sich durch das wellige, dünn gewordene und mit grauen Strähnen durchzogene Haar: »Ich hoffe, daß wir dir hier auch etwas Gutes bieten können, was athenischen Werten entspricht. Ich denke, wir sind anders. Zwar lieben auch wir die Schönheit, aber bleiben doch einfach. Wir lieben die Weisheit und werden doch nicht schlaff und weichlich. Unser Reichtum dient der raschen Tat, nicht der prahlenden Rede ...« – »Damit hast du das Thema für unser Symposion vorgegeben. Aber ohne daß ich meine Kehle anfeuchte, kann ich darüber nicht reden ...« leitet Euripides gekonnt zum Höhepunkt des Abends über.

Zwei Knaben in kurzen Leinenröckchen gehen herum und füllen aus Krügen Wasser und Wein in die Silberbecher, die jetzt vor allen stehen. »Ich hoffe, du bleibst uns erhalten, Aspasia«, fragt Herodot. Perikles nickt. »Selbstverständlich bleibt sie und nicht nur, weil wir unter uns Freunden sind. Ich werde es jedem sagen, daß meine Frau an unseren Gesprächen teilnimmt, auch wenn nach alter Väter Sitte Frauen bei Symposien nichts zu suchen haben.« Perikles streichelt über ihre Hand. »Ich weiß schon, was dann unsere guten Athener sagen werden«, Aspasia fächelt sich etwas Luft zu und sagt dann sarkastisch: »Hetären seien als eine Art Bereicherung zu Symposien zugelassen, nicht aber ehrbare Frauen.«

»Ich mache mir Sorgen um euch, die ihr doch meine Gönner und Freunde seid«, erklärt Euripides. »Überall in den Straßen ziehen sie über euch her. Sie meinen dich und deine Frau, auch wenn sie von Zeus oder Herakles, Hera oder Deianira reden.« – »Manche vergleichen uns gar mit Paris und Helena, für mich weniger schmeichelhaft als für Aspasia«, erwidert Perikles und blickt seine Frau liebevoll an.

»Nimm das nicht auf die leichte Schulter, mit solchen Gehässigkeiten begannen auch die Angriffe auf Themistokles oder Miltiades ...« warnt Herodot, aber Perikles winkt ab. »Die Geschichte wiederholt sich nicht, die Athener werden kein Scherbengericht über mich halten. Jahr um Jahr wählen sie mich mit großer Mehrheit zu ihrem Strategen, sie werden doch nicht über mich oder meine Frau Gericht halten ...« – »Wenn du dich da nur nicht täuschst«, orakelt Herodot.

(Perikles täuscht sich. Seine Feinde bringen es fertig, seine Frau Aspasia wegen Gotteslästerung und Sittenlosigkeit anzuklagen. Nur mit dem Einsatz aller Mittel – Perikles bricht bei seiner Verteidigungsrede in bittere Tränen aus – gelingt es ihm, die Verurteilung und Verbannung zu verhindern.)

Menü für Herodot

Katillos (Fleischpastete)

Vorbereitung: *40 Min. + 2 Std.*
Back-/Abkühlzeit: *90 Min. + 12 Std.*
Für vier Personen:

250 g	Hühnerfleisch
250 g	Schweinefleisch
250 g	Hammelfleisch
400 g	Mehl
2	Eier
50 g	Butter
100 ml	Wasser
2	Zwiebeln
100 g	Champignons
1 EL	Schweineschmalz
40 g	Rindermark gehackt (5 Knochen)
1 Bund	Schnittlauch
2	Eier
1 TL	Thymian
1 EL	Basilikum
1 EL	Kerbel
1 TL	Rosmarin
1 EL	Salz
	Pfeffer
200 g	Speckstreifen
1	Eigelb
evtl.	Johannisbeer- oder Quitten-Gelee

Zubereitung: Das Fleisch vom Metzger sehr fein hacken lassen. Aus Mehl, Eiern, weicher Butter, einer Prise Salz und Wasser einen Teig kneten und 2 Std. ruhen lassen. Die Zwiebeln hacken, die Champignons in Scheiben schneiden und im Schweineschmalz andämpfen, Rindermark und in Ringe geschnittenen Schnittlauch zugeben und alles gut mit dem Fleisch, den Eiern und den gehackten Kräutern und Gewürzen mischen. Zwei Drittel des Teigs auswallen und eine ausgefettete Pastetenform damit auslegen, Boden und Wände mit Speckstreifen bedecken, die Füllung dazugeben und gut andrücken. Mit Speckstreifen abdecken, aus dem restlichen Teig einen Deckel formen, auf die Pastete legen und die Ränder mit Wasser zusammenkleben. Den Deckel mit Eigelb bepinseln, mit einer Gabel mehrmals einstechen und im vorgeheizten Backofen bei 180 Grad ca. 90 Min. backen. Nach der halben Backzeit mit Folie oder Deckel zudecken. 12 Std. abkühlen lassen, aus der Form heben, in 1cm dicke Scheiben schneiden und zusammen mit Johannisbeer- oder Quitten-Gelee servieren.

Lydische Brühe nach Herakleides

Vorbereitung: *10 Min.*
Kochzeit: *15 Min.*
Für vier Personen:

250 g	Hühnerfleisch
2 EL	Olivenöl
1 l	Hühnerbouillon
50 g	Vollkornbrot
50 g	Schafskäse
	Salz und Pfeffer
1 EL	Dill

Zubereitung: Das geschnetzelte Hühnerfleisch im Olivenöl kräftig anbraten und in die heiße Hühnerbouillon geben. Das Brot und den Käse fein hacken, zur Brühe geben und 15 Min. kochen. Mit Salz und Pfeffer abschmecken und mit Dillspitzen bestreuen.

Myama nach Epainetos (Rindfleischragout)

Vorbereitung:	*15 Min.*		
Kochzeit:	*10 Min.*	1 EL	Honig
Für vier Personen:		2 EL	Granatapfelkerne
1	Frühlingszwiebel	1 EL	Weinessig
1	Lauchstengel	600 g	Rinderfilet
	Olivenöl	150 g	Rinderleber
1 TL	Thymian	40 g	Feta-Käse
1 TL	Koriander		Salz und Pfeffer

Zubereitung: Den Granatapfel aufbrechen und die Kerne herauslösen. Die gehackte Frühlingszwiebel und den in feine Ringe geschnittenen Lauch in Olivenöl andämpfen. Die gehackten Kräuter, den Honig, die Granatapfelkerne und den Weinessig zugeben, mit Salz und Pfeffer würzen und 5 Min. kochen. Rinderfilet und -leber in Streifen schneiden und in Olivenöl rasch anbraten. Am Schluß den gehackten Käse beigeben, alles zusammen aufkochen und mit Salz und Pfeffer abschmecken.

Gerstenbrei

Vorbereitung:	*5 Min.*		
Kochzeit:	*30 Min.*	1 l	Gemüsebouillon
Für vier Personen:		1 EL	Distelöl
250 g	Gerstengrieß		Salz und Pfeffer

Zubereitung: Den Gerstengrieß unter beständigem Rühren in die heiße Gemüsebouillon einrühren und 30 Min. zu einem Brei kochen. In einer Bratpfanne das Distelöl erhitzen und den Brei darin anbraten. Mit Salz und Pfeffer abschmecken.

Nußkuchen nach Chrysippos

Vorbereitung:	*40 Min.*	120 g	Mandeln geschält
Ruhezeit:	*2 Tage*	125 g	Honig kristallisiert
Für vier Personen:		60 g	Sesamsamen
60 g	Haselnüsse geschält	2 EL	Mohnsamen
60 g	Walnüsse geschält	1 EL	flüssiger Honig

Zubereitung: Die Nüsse und Mandeln im Backofen bei ca. 180 Grad für 10 Min. rösten und danach im Mörser grob zerstoßen. 100 g Honig in einer Pfanne vorsichtig erwärmen, anschließend wieder erkalten lassen, die Nüsse dazu geben und sehr gut mischen. Zwei flache Teller mit Mehl bestäuben und die Masse zu zwei Kuchen verstreichen. Den restlichen Honig ebenfalls erwärmen, die Sesamsamen beigeben und ebenfalls zu einem Kuchen formen. Den Sesamkuchen rundum mit Mohnsamen bestreuen, zwischen die beiden Nußkuchen legen und gut andrücken. Ca. 2 Tage erhärten lassen, mit halben Walnüssen verzieren und mit wenig flüssigem Honig übergießen.

Kochkunst im klassischen Griechenland

Entscheidend für die Weiterentwicklung der Kochkunst in Griechenland war der Kontakt mit Völkern, die das Essen bereits zur Kunst verfeinert hatten. So schwärmte man plötzlich von der lydischen Brühe, dann ahmte man die Perser nach: Nicht mehr mittags war die Hauptmahlzeit, sondern man lag des Abends bei »Symposien« zu Tische.

Schließlich wurden die griechischen Kolonien zum Ausgangspunkt einer raffinierten »nouvelle cuisine«. Besonders berühmt war die Stadt Sybaris im Golf von Tarent.

Athen entwickelte mit seinem Reichtum und seiner Macht auch Anziehungskraft für Köche aus fremden Ländern und den Kolonien. Berufsköche aus Sizilien, aber auch aus Ägypten und den im persischen Einflußbereich liegenden ionischen Städten kamen, wobei sich ihre Aufgabengebiete zunehmend spezialisierten: Es gab Fisch-, Fleisch-, Saucen- und sogar Diätköche und die dazu gehörige Literatur.

Als Frühstück gab es einen Getreidebrei oder ein in Wein getauchtes Brot, tagsüber verpflegten sich die Griechen mit mitgenommenen kalten Speisen wie Brot, Oliven oder Käse oder an einem der zahlreichen Schnellimbißstände in den Straßen und auf Märkten.

Die Abendmahlzeit der kleinen Leute war meist vegetarisch. Grundnahrungsmittel war Getreide, es gab vorwiegend Gerstenbrei, Gerstenpaste, Gerstengrütze oder Gerstengraupen. Ansonsten kam Brot, Ziegenkäse, Linsen- oder Erbsenbrei, Kohl und Rüben, Schwertlilienwurzeln, Bucheckern, Lupinensamen, gelegentlich auch ein paar Heuschrecken, gesalzener oder eingepökelter Fisch auf den Tisch.

Ganz anders lebten die Begüterten, wo sich das Essen zur Zeremonie entwickelte. Sie konnten unter sehr unterschiedlichen Weich- und Hartkäsesorten auswählen, zunehmend kamen zum einheimischen Obst und Gemüse auch Importe wie Kürbisse, getrocknete oder eingelegte Pilze, Palmenmark und Trüffel sowie der als Aphrodisiakum geltende Spargel. Die in der archaischen Zeit vorherrschenden Trauben wurden nun durch Granatäpfel, phönizische Datteln, persische Nüsse oder eingelegte Quitten aus Korinth (in Athen galten sie als die »goldenen Äpfel der Hesperiden«) ergänzt. Fisch war nicht mehr eher verachtete »Armenspeise«, sondern auf dem Markt in Athen wurden Thunfisch, Muränen, Schwertfisch, Rochen und natürlich Tintenfisch angeboten. Ebenso reichhaltig das Fleischangebot: Neben den gewöhnlichen Hühnern gab es nun Enten, Gänse, Fasane, Perl- und Rebhühner. Ansonsten gab es alle Sorten Fleisch von Vierfüßlern, thessalische Rinder und Spanferkel galten als besondere Leckerbissen.

Auch die Kunst des Würzens feierte erste Triumphe. Hatten die Griechen zunächst nur gesalzen, kamen Dill, Koriander, Fenchelsamen, Thymian oder Kümmel hinzu, wobei wie später in Rom gelegentlich zu sehr überwürzt und verfremdet, also des Guten zu viel getan wurde.

Das letzte Mahl des Hannibal

»Es ist nun an der Zeit, die Angst der Römer zu beenden. Sie sind nicht in der Lage, länger auf den Tod eines alten Mannes zu warten, der ihnen so viele Sorgen bereitet hat.«

(Plutarch)

»Alt ist er geworden, mein Herr«, denkt Belikar, als Hannibal den Raum betritt. Wie jeden Morgen hat er sich nach den Waffenübungen den Bart stutzen lassen. Auch hier im Exil, am Hof des Prusius von Bythinien, legt der Punier Wert auf tadelloses Aussehen. »Sie werden meine Auslieferung verlangen«, sagt er. Belikar muß nicht fragen, wer gemeint ist: Natürlich die Römer! »Ich glaube, ich habe sie wieder zu sehr geärgert. Aber ich mußte Prusius doch gegen Pergamon beistehen ...« – »Und Pergamon ist mit Rom verbündet, Herr. Außerdem hat es Euch gereizt, es der Welt wieder mal zu zeigen!« – »Hast ja recht. Aber es war auch zu schön, als wir die Tontöpfe auf die gegnerischen Schiffe schleuderten. Erst lachten die Krieger aus Pergamon, bis sie entdeckten, daß wir in jedes der Gefäße ein Dutzend Giftottern gesteckt hatten. Auf jeden Fall gerieten sie so in Panik, daß sie keinen Widerstand mehr leisteten.« – »Und die Römer so in Wut, daß sie jetzt Eure Auslieferung verlangen. Wir müssen also wieder einmal packen.«

Hannibal schüttelt den Kopf: »Ich habe keine Lust mehr, ewig davonzulaufen. Tyros, Ephesus, Armenien, Kreta, Bythinien! Es ist genug. Aber laß uns heute nicht darüber nachdenken. Ich habe eine Bitte an dich. Koch mir heute abend genauso wie damals im Felde. Ich will noch einmal wie ein Krieger essen, mich gemeinsam mit dir erinnern.« – »Habt Ihr besondere Wünsche?« – »Nein, überrasch mich! Es kennt ja niemand meine Vorlieben besser als du, alter Elefantentreiber!«

Belikar geht selbst auf den Markt, um Speisen und Zutaten einzukaufen. Mancher Verkäufer sieht ihn seltsam an, wenn er die Leckerbissen und Besonderheiten liegen läßt und statt dessen gewöhnlichen Fisch, ein einfaches Huhn, Kichererbsen, Dinkel oder Kohl kauft.

Am Nachmittag scheucht der Karthager den vom König gestellten Koch aus der Küche von Hannibals Zimmerflucht und beginnt, nur von einer Sklavin unterstützt, die Speisen zuzubereiten. Während er die Gewürzmischung für den Barsch stampft und mischt, denkt er an den Tag, als das ganze Heer in Spanien damit verpflegt wurde. Damals hatte er Hannibal zum erstenmal gesehen. 38 000 Fußsoldaten und 8 000 Reiter hatten begeistert der Rede des jungen Feldherrn gelauscht, er selbst hatte auf einem der 34 Kriegselefanten gesessen. Noch heute ist ihm jedes Wort gegenwärtig:

»... werden wir zurückschlagen. Die Römer glauben, sie könnten uns ungestraft provozieren und gleichzeitig ihre Truppen gegen uns sammeln. Aber das läßt Karthago sich nicht bieten, und diesmal werden wir das Gesetz des Handelns bestimmen. Wir werden die Römer dort treffen, wo sie am empfindlichsten sind, wir werden den Krieg in ihre Heimat tragen ...« Wie alle anderen hatte auch Belikar »Nach Rom! Nach Rom! Nach Rom!« gerufen, bis Hannibal sich wieder Ruhe verschafft hatte. »Die Römer erwarten uns bei Massilia [Marseille]. Sie glauben, daß wir im Tal der Rhone bleiben und den Weg am Meer entlang nehmen wollen. Aber wir werden sie enttäuschen. Wir werden über die Berge gehen;

Hannibal

ungeschützt wird Italien vor uns liegen, die von Rom unterjochten Völker werden uns unterstützen und dann werden wir Rom erobern.«

Belikar freut sich, als er sieht, wie genußvoll Hannibal den Würzbarsch verzehrt. Sie sagen beide kein Wort, denn sie sind in ihren Erinnerungen gefangen. Die Zuversicht, mit der er auf seiner Elefantenkuh Dido die Rhone überquert und auf die mächtigen Berge zugeritten war, verflog, als es immer kälter und der Proviant knapper wurde. Bergbewohner bewarfen das Heer von oben mit Steinbrocken und dann kamen die Gletscher. Es fehlte die Zeit und das Material, eine Brücke aus Baumstämmen zu bauen. Und plötzlich gab das Eis unter ihm nach und er stürzte samt seinem Elefanten in eine Spalte. Dido war nicht mehr zu retten, ihm selbst aber warfen die Kameraden ein Seil zu. Und der Mann, der ihm vom Rand der Gletscherspalte die Hand reichte und ihn endgültig hochzog, war Hannibal. »Oft habe ich gesehen, wie sorgsam du dich um deinen Elefanten gekümmert hast. Aber kannst du dich auch um einen Menschen kümmern? Ich brauche nämlich einen neuen Burschen ...« Das war natürlich nicht nur Menschenfreundlichkeit, sondern ein geschickter Schachzug. Schnell sprach sich in der Armee herum, wie Hannibal ihn gerettet und getröstet hatte. Und das hob die Moral, und die hatten alle verdammt nötig ...

Belikar sieht, daß Hannibal aufgegessen hat und bringt ihm eine dampfende Schüssel. »Kichererbsensuppe! Du denkst an die Zeit vor Cannae!« Der Diener nickt. Kichererbsen waren mit die einzigen Vorräte gewesen, die nicht irgendwo in den Alpen verlorengegangen waren. Und so füllte diese Suppe vor den Siegen an der Trebia und am Trasimenischen See die Mägen der übriggebliebenen Soldaten. Aber trotz der Siege war Schmalhans Küchenmeister, denn Hannibal stand mit dem Römer Fabius Maximus ein fast gleichwertiger Stratege gegenüber. Dieser ließ sich auf keine weiteren Kämpfe mehr ein, aber tat alles, das karthagische Heer von jedem Proviant und Nachschub abzuschneiden. Durch einen Machtwechsel in Rom freilich wurde dieser »Cunctator« [Zögerer] abgelöst, der neue Konsul, der Schlachtersohn Varro, lief Hannibal sprichwörtlich ins offene Messer. 60 000 Römer, aber auch 6 000 Karthager verloren das Leben. Erst danach kam wieder Nachschub, freilich nicht der gewünschte ...

»Numidisches Huhn«, freut sich Hannibal, »das gab es damals, als die Gesandtschaft aus Karthago eintraf. Einerseits endlich wieder etwas Vernünftiges zu essen mit Pinienkernen, Datteln, Koriander ... Aber andererseits, so enttäuscht wie an diesem Tag war ich selten.«

Nicht nur enttäuscht, erinnert sich Belikar, er hatte den Feldherrn selten so wütend gesehen. »Nach jedem Sieg erhalte ich pflichtschuldigst die Glückwünsche Karthagos«, hatte er mit kaum verhaltenem Zorn geschnaubt, »aber ich brauche Männer, Waffen und Geld.« – »Aber jetzt laufen doch viele italische Städte zu uns über«, warf einer der Gesandten ein. »Erstens warten die meisten noch ab«, erwiderte Hannibal, »und wenn, das sind doch nur Hilfstruppen, die sie schicken, ich brauche erfahrene Söldner!« – »Aber jetzt könntet Ihr doch Rom angreifen, jetzt sind die Römer demoralisiert!« – »Das weiß der Rat von Karthago offenbar besser als ich. Immerhin stehen noch 15 000 Mann zwischen uns und Rom. Und dort herrscht allgemeine Wehrpflicht. Wir brauchen Belagerungsmaschinen und Experten dafür, wir brauchen einen Seehafen, wir brauchen Nachschub, nicht nur große Worte ...«

In der Folgezeit versuchte Hannibal alles, zog sogar vor Rom, ohne aber die Stadt belagern zu können. Die Römer wichen dem Kampf aus, nun stellten sie die Fallen. Nur einmal noch, so entsinnt sich Belikar, hatte Hannibal Hoffnung. Sein Bruder Hasdrubal hatte mit einem zweiten Heer die Alpen überquert. Aber statt daß es zur herbeigesehnten Vereinigung mit dem immer kleiner werdenden Heer Hannibals kam, warf eines Tages ein Römer das abgeschlagene Haupt Hasdrubals ins Lager. Also kehrten wir zurück nach Karthago, als Geschlagene und fast wie Fremde in der eigenen Heimat. Und dort: Unbekannte Gesichter und Bürger, die nicht schlecht gelebt hatten, während wir für sie Krieg führten. Immerhin, die Speisen waren heimisch ...

»Puls Punica«, freut sich Hannibal, »das haben wir der römischen Delegation vorgesetzt, die mit uns den Frieden aushandelte.« – »Und Ihr habt Euch dafür eingesetzt, diesen Frieden, der doch eher ein Diktatfrieden war, zu akzeptieren, Herr?« Der Feldherr lacht bitter. »10 000 Talente, Verbot des Haltens von Elefanten, Verlust aller Kolonien und Gebiete außerhalb Karthagos, Auslieferung unserer Flotte, keine Kriegsführung ohne Zustimmung Roms ... Ja, es war ein, wie man heute schon sprichwörtlich sagt, karthagischer Frieden. Aber er gab uns die Chance zum Neuaufbau, und die haben wir dann doch genutzt. Aber wußtest du, daß unser Puls Punica inzwischen Rom erobert hat?« Belikar schüttelt den Kopf, und Hannibal erklärt schmunzelnd: »In einem Lehrbuch über gute Haushaltsführung wird er mit Rezept als Beispiel schmackhaften, aber einfachen Essens aufgeführt. Der Verfasser ist übrigens ein gewisser Marcus Portius Cato.« – »Doch nicht der, der jede seiner Reden mit der Forderung nach der endgültigen Zerstörung Karthagos schließt?« – »Genau der ... Aber zeig, was ist dein letzter Gang?«

»Kohlklöße, die habt Ihr immer geliebt.« Hannibal nickt versonnen: »Es war das Lieblingsgericht meiner Jugend und es war die Speise, die wir auf unserer Flucht aufs Schiff mitnahmen.« Belikar erinnert sich nicht gerne an diese dramatischen Tage, als sich die Schlinge um den Hals Hannibals, der eigentlich nominell immer noch Suffet, also Regierungschef Karthagos war, immer enger zusammenzog. Sein Herr war zu erfolgreich gewesen, für die Römer wie für viele Kaufleute. Durch seinen Kampf gegen korrupte Geschäftsleute verschaffte er sich viele Feinde, und seine Wirtschafts- und Finanzreformen hatten zu einem Handelsaufschwung geführt, der in Rom Neid und alte Ängste schürte. Einige Karthager behaupteten in Rom, Hannibal plane einen neuen Krieg, und sofort setzte man dort eine Untersuchungskommission, die aus alten Gegnern des Karthagers bestand, in Marsch.

Vor dem Verfahren, in dem er von vornherein keine Chance hatte, floh Hannibal. Erst jetzt wurde er wieder aktiv gegen Rom, indem er dessen Gegner beriet, freilich ohne Erfolg. Zwölf Jahre reiste er von Land zu Land, entging oft nur um Haaresbreite seiner Auslieferung …

»Meine Flucht ist zu Ende, Belikar«, sagt Hannibal und schüttet in den Weinpokal vor sich etwas Flüssigkeit aus einer Phiole. »Ist das Gift, Herr?« fragt der Diener. Hannibal nickt: »Ich will nicht wie ein Tier als Trophäe durch Rom gezerrt werden. So nehme ich wenigstens den Römern ihre Angst vor einem alten Mann!« – »Ich will mit Euch sterben«, entfährt es Belikar spontan. »Das wäre dumm und ich wünsche es nicht«, widerspricht Hannibal. »Bring meine wenigen Habseligkeiten zu meiner Familie und grüße all die, die mich noch in ihrem Herzen bewahrt haben. Und du, Belikar, nutze doch meinen letzten Erfolg als Politiker aus. Die Römer haben es wieder erlaubt, Elefanten zu halten und zu dressieren. Du hast dich lange genug um einen nicht immer einfachen Menschen gekümmert, jetzt sorge dich lieber wieder um andere Dickhäuter …«

(Der Freitod Hannibals wird den Römern letztendlich nicht die Angst vor der großen Rivalin nehmen, Marcus Portius Cato wird seinen Reden so lange das »Carthaginem esse delendam« anfügen, bis die Stadt völlig zerstört wird.)

Eine letzte Mahlzeit für Hannibal

Würzbarsch

Vorbereitung: *10 Min.*
Schmorzeit: *30 Min.*
Für vier Personen:

1 kg	Seebarsch
1 TL	Meersalz
	Pfeffer
5	Knoblauchzehen
1 EL	gehackte Petersilie
1 TL	Kreuzkümmel
1 EL	Olivenöl
1	Lorbeerblatt
1	Thymianzweig

Zubereitung: Die feingehackten Knoblauchzehen, Petersilie, Kreuzkümmel, Meersalz, Pfeffer und Olivenöl mischen und den vorbereiteten Seebarsch innen und außen damit würzen. Eine feuerfeste Form mit Öl bestreichen, den Barsch hineinlegen, Lorbeerblatt und Thymian dazugeben und zugedeckt im Backofen bei 200 Grad ca. 30 Min. schmoren. Für die letzten 5 Min. abdecken und den Fisch etwas bräunen lassen.

Kichererbsensuppe

Vorbereitung: *15 Min. + 12 Std.*
Kochzeit: *120 Min.*
Für vier Personen:

300 g	Kichererbsen
400 g	Lauch
1	Zwiebel
200 g	grüne Bohnen
1 EL	Meersalz
50 g	Mandelscheiben
1	Apfel
2	Knoblauchzehen
1 EL	Paniermehl
2 EL	Olivenöl
	Pfeffer
4	Minzenblätter

Zubereitung: Die Kichererbsen ca. 12 Std. in Wasser einweichen. Das Wasser abgießen und die Kichererbsen in 1½ l frischem Wasser 1½ Std. kochen. Den Lauch und die Zwiebel in feine Scheiben, die Bohnen in Stücke schneiden, zusammen mit dem Salz zu den Kichererbsen geben und nochmals 20 Min. kochen. Die Mandeln, den geschälten und klein gewürfelten Apfel, die gehackten Knoblauchzehen und das Paniermehl im Olivenöl hellbraun anbraten, zur Suppe geben, evtl. etwas Wasser zugießen und 10 Min. bei geringer Wärmezufuhr kochen. Vor dem Servieren mit Pfeffer abschmecken und die in feine Streifen geschnittene Minze darüber streuen.

Huhn auf numidische Art

Vorbereitung: *20 Min.*
Kochzeit: *110 Min.*
Für vier Personen:

3 l	Wasser
2 EL	Olivenöl
50 g	Pinienkerne
½ TL	Kümmel

$1^1/_2$ EL	Meersalz	$^1/_2$ TL	Koriandersamen
1	Zwiebel	1	Zwiebel
1	Lorbeerblatt	4	Datteln
2	Nelkenköpfe	$^1/_4$ TL	Raute oder 1 EL Cynar
1	Karotte	1 EL	Weinessig
1	Rosmarinzweig	1 TL	Honig
1	Huhn (Poularde)	4 EL	Sojasauce
1 Msp	Asant oder Schalotte	2 EL	Distelöl
1 Msp	Pfeffer	1 TL	Maispulver oder 1 EL Mehl

Zubereitung: Aus Wasser, Salz, einer mit Lorbeer und Nelkenköpfen besteckten Zwiebel, der Karotte und dem Rosmarinzweig einen Sud herstellen und das Huhn darin ca. 90 Min. kochen. Danach abkühlen lassen, zerschneiden, mit Asant oder einer sehr feingehackten Zwiebel und Pfeffer bestreuen und im Olivenöl braten. Für die Sauce die Pinienkerne zerstampfen, Pfeffer, Kümmel und Koriandersamen mahlen, die gehackte Zwiebel andämpfen und die Datteln entsteinen und klein schneiden. Mit der Raute oder dem Cynar, Essig, Honig, Sojasauce, Distelöl und 100 ml Wasser verrühren und 10 Min. kochen. Die Sauce mit Maispulver oder Vollkornmehl binden und zum Huhn servieren.

Puls Punica (Getreidebrei)

Vorbereitung: *5 Min.*
Kochzeit: *20 Min.*
Für vier Personen:

250 g	Dinkelgrieß	1 l	Gemüsebouillon oder Salzwasser
		100 g	Hüttenkäse
		1 EL	Honig (z. B. Kastanienhonig)
		1	Ei

Zubereitung: Den Dinkelgrieß mit der heißen Gemüsebouillon übergießen und unter stetem Umrühren 15 Min kochen lassen. Den Hüttenkäse, den Honig und das verrührte Ei darunterziehen. Unter kräftigem Rühren nochmals aufkochen und heiß servieren.

Kohlklöße

Vorbereitung: 10 Min.
Kochzeit: 40 Min.
Für vier Personen:

750 g	Weißkohl	3	Eier
2 EL	Geflügel- oder Schweinefett	1 EL	Olivenöl
		5 EL	Roggenvollkornmehl
		1/2 TL	Kümmel
		1 EL	Honig (z. B. Wiesenhonig)

Zubereitung: Den Weißkohl in Scheiben schneiden, im Fett andämpfen und in wenig Salzwasser ca. 20 Min. kochen. Gut abtropfen und etwas auskühlen lassen, fein hacken und mit den restlichen Zutaten gut vermengen, evtl. etwas mehr Mehl zugeben. Die feste Masse mit Hilfe eines Teesiebs zu Klößen formen und in einer großen Pfanne im heißen Salzwasser (das Wasser darf nicht kochen) ca. 20 Min. ziehen lassen.

Phönizisch-numidische Küche

Der wichtigste Beitrag der Phönizier und ihrer erfolgreichsten Kolonie Karthago zur Kochkunst lag im Handel. In ihren Schiffen transportierten sie Getreide- und Gemüsesorten vom Zweistromland bis zu den Säulen des Herkules. Mit ihnen begann überhaupt erst ein »internationaler« Nahrungsmittelhandel. Nun erst konnten Feinschmecker sagen, daß sie die Streifenbarben aus Hymettos, Rinder aus Thessalien oder Schnecken aus Massilia bevorzugten. Wichtiger als solche »Luxusgüter« aber waren die Grund- und Massennahrungsmittel. So besaßen die Karthager rund um ihre Stadt riesige Weizenfelder, an die sich von Eseln oder Sklaven betriebene Mühlen anschlossen. Und auch als die Römer nach dem 3. Punischen Krieg von der Stadt Karthago keinen Stein auf dem anderen ließen, an die fruchtbaren Weizenfelder und Gemüseplantagen legten sie keine Hand.

Weil die Römer die karthagische Kultur aber bewußt auslöschten, wissen wir wenig über deren Küche, obwohl sie in der antiken Welt einen sehr guten Ruf besaß. Mit Sicherheit spielte Getreide eine wichtige Rolle. Ironischerweise überlieferte der Karthagohasser Cato eines der wenigen numidischen Rezepte, nämlich das eines süßen Breis, des »Puls Punica«. Solche süßen Breie bildeten damals und bilden noch heute – etwa in der Form von Cous-cous – die Grundlagen der einfachen nordafrikanischen Küche.

Hauptnahrungsmittel neben dem Getreide waren, wie bei einem Seefahrervolk zu erwarten, Fische aller Art. Schweinefleisch war wie bei vielen Mittelmeervölkern verpönt, dagegen verspeisten die Karthager Hunde, was die Römer abscheulich fanden. Das wichtigste Gemüse war der Kohl, zum ersten Mal finden wir auch Artischocken und Kichererbsen erwähnt.

Zahlreiche Amphorenfunde weisen darauf hin, daß die Punier fröhliche Zecher waren, uns ist sogar ein Rezept zur Zubereitung des schweren Weins überliefert: »Man pflücke sehr gut gereifte Trauben, entferne die verdorbenen Beeren. Dann pflanze man in vier Fuß Abstand Pfähle in die Erde, die man mit Stangen verbinde und lege Schilf darüber. Darauf breite man die Trauben aus, um sie von der Sonne trocknen zu lassen. ... Die gedörrten Beeren werden abgelesen und in einen großen, irdenen Krug getan. Nun gebe man vom besten Traubenmost darüber, bis sie bedeckt sind. Wenn die Beeren am sechsten Tag die ganze Flüssigkeit aufgenommen haben, trage man sie zur Presse und fange den Saft auf. Über die Treber schütte man dann, während man sie tritt, neuen Most und Trauben, die drei Tage an der Sonne waren. Das Ganze wird gut gemischt und wieder unter die Presse gegeben. Den Saft der zweiten Kelterung fülle man sofort in Gefäße und verkitte sie, damit er nicht sauer wird. Wenn nach zwanzig oder dreißig Tagen die Gärung beendet ist, wird der Wein in anderen Gefäßen geklärt.«

Das einfache Mahl des Marcus Portius Cato

»Wenn man aber sah, wie die anderen durch Anstrengungen erschöpft wurden und durch Genüsse erschlafften, bewunderte man Cato, dem beides nichts anhaben konnte … Denn niemals, so sagte er, habe er ein Kleid getragen, das mehr als 100 Denare gekostet hatte, auch als Prätor und Konsul habe er denselben Wein getrunken wie seine Landarbeiter und Zukost zum Mahl vom Markte für dreißig Asse kaufen lassen und zwar dem Vaterland zuliebe, damit sein Körper kräftig bleibe …«

(Plutarch, Cato)

Titus Maccius Plautus zügelt sein Pferd. Endlich hat er das Landgut des Altkonsuls in Tusculum gefunden. Der Komödiendichter reitet an den Feldern entlang, wo sich zahlreiche Männer mit Sicheln abmühen, das reife Getreide zu schneiden. Zwischen Haupthaus und den Sklavenbaracken registriert er eine der neumodischen, von Eselsgespannen betriebenen karthagischen Mühlen. »Wenn es um seine ganz persönliche Landwirtschaft geht, hat er offenbar weniger Mühe mit Neuerungen und Karthago«, denkt Plautus belustigt, wird dann aber sofort wieder ernst.

Zu einem »schlichten Mahl« hat ihn Marcus Portius Cato eingeladen, der, auch wenn er nicht mehr Konsul der römischen Republik, doch einer der einflußreichsten Männer der Stadt ist. Und deshalb ist selbst für einen bekannten Dichter wie ihn diese Einladung ein Befehl. Er reitet auf einige Sklaven zu und fordert sie mit einem schnellen Handwedeln auf, ihn durchzulassen. Während die meisten von ihnen zur Seite treten, geht ein kräftiger Mann barfuß und in einer groben ärmellosen Tunika auf ihn zu. »Willkommen, Herr Dichter, auf dem Lande, dort wo Ursprung und Wurzel der Stärke Roms sind!«

Plautus könnte sich ohrfeigen. Warum hat er Cato trotz dessen sprichwörtlicher »einfacher« Kleidung nicht erkannt? Immerhin gibt es wenig rothaarige Römer mit blitzenden blauen Augen. Aber der Zensor der Republik scheint seinen Fauxpas gar nicht bemerkt zu haben. »Wir sind Gutsherren gewesen und sollen es bleiben. Wer sich von der Scholle löst, wer unsere ländlichen Wurzeln aufgibt und nicht mehr ein Hausvater auf eigenem Grund und Boden ist, wird bald nicht mehr Herr im Staatshaus sein. Aber folgt mir doch, Titus Maccius.«

Als sie das Atrium betreten, läßt Cato sich von einer Sklavin die Füße waschen und eine frische Tunika reichen. »Mindestens zweimal im Jahr bin ich für mehrere Wochen auf meinem Landgut, um nach dem Rechten zu sehen«, erklärt er, »ein Verwalter, mag er noch so gut sein, ersetzt den Herren nicht! Meiner zögert, alte Sklaven rechtzeitig zu verkaufen. Aber wie alte Ochsen kann ich sie doch nicht unnütz durchfüttern!« Plautus nickt und zeigt eine verständnisvolle Miene, während er denkt, daß es eigentlich nicht recht ist, einen alten Ochsen zu verkaufen, noch weniger, einen alten Sklaven, der jahrzehntelang seinen Dienst getan hat, aus dem Haus zu jagen …

Vom Atrium aus geht Cato mit seinem Gast zur Gutsküche, einem rauchgeschwärzten Raum mit einem nach oben offenen Viereck. An den Seiten einige Backöfen und kleinere Feuerstellen, in der Mitte steht ein großer Herd mit einem kupfernen Kessel über dem Feuer.

Der Hausherr winkt Plautus, ihm in den Nebenraum zu folgen, wo ein einfacher Tisch mit zwei Holzbänken steht. Die beiden setzen sich, Cato nimmt ein frisches Roggenbrot aus einem Korb und gibt Plautus ein Stück.

»Noch einmal willkommen in meinem bescheidenen Heim! Ich bemühe mich, wie die Vorväter zu leben: unter Schindeln und Stroh. Aber darunter wohnte auch die Tugend. Heute lebt unter den Dächern Roms die Verschwendung!«

Plautus, der solche Reden nur allzu gut vom Führer der konservativen Fraktion in Rom kennt, wird immer nervöser. Was will der Zensor von ihm? Hat ihm in irgendeinem seiner Stücke etwas mißfallen? »Eigentlich, mein lieber Plautus, prangern wir doch dasselbe an! Auch Ihr macht Euch in Euren Satiren über Prahlhänse, Verschwendungssucht und schlechte Sitten lustig!« – »So könnte man es sehen«, erwidert der Dichter zögernd. »An Euren Komödien schätze ich, daß Ihr die Verlogenheit unserer sogenannten Politiker anprangert und dem schönen Schein die Verderbtheit der Sitten entgegenstellt.«

Plautus schluckt. »Und es stört Euch nicht, daß all meine Theaterstücke in Griechenland spielen, ja zum Teil Übersetzungen aus dem Griechischen sind?« Cato lacht: »Es ist bekannt, daß ich diese Schwätzer und Sittenverderber nicht sonderlich liebe. Aber das Volk liebt es, wenn ihm seine Schwächen nicht so direkt, nicht in der eigenen Toga, sondern im ›pallium‹, im griechischen Mantel vorgeführt werden. Nein, mit euren ›Palliata‹ versteht Ihr die Leute auf andere Art anzusprechen als ich. Ich weiß, wie schwer es ist, zu einem Bauch zu reden, der keine Ohren hat.« Also nicht der befürchtete Tadel, sondern ein Auftrag, denkt Plautus erleichtert. »Aber wozu braucht Ihr mich, einen Komödiendichter, wo Euch doch alle den römischen Demosthenes nennen?«

Cato schiebt Plautus einen Holzteller mit Früchten hin. »Greift zu und begreift, wenn Ihr eine Aprikose eßt, was ich will. Ich bin durchaus nicht gegen Neuerungen. Ich habe als erster Römer Aprikosen und Feigen anbauen lassen und propagiere dies auch in meinen Schriften. Aber ich möchte, daß wir nicht die süßen Früchte in den Mittelpunkt unseres Lebens stellen, sondern uns auf unsere traditionellen Werte besinnen. Deshalb, lieber Plautus, serviere ich Euch eine Gerstensuppe, wie sie schon unsere Vorväter gegessen haben. Sie ist die Grundlage!«

Nachdem er eine Weile diese »Grundlage« genossen hat, wagt Plautus einzuwerfen: »Aber man sagt, daß Ihr doch auch den ›Puls Punica‹ liebt?« – »Man kann die Speisen eines Feindes schätzen, ohne dabei Landesverrat zu begehen. Nein, der süße punische Getreidebrei ist empfehlenswert und gesund. Und auch wenn ich die Parther nicht liebe, so schätze ich doch die Art, wie sie ihr Huhn zubereiten. Rom kann von seinen Feinden lernen, aber es darf sich nicht von denen, die es eigentlich besiegt hat, erobern lassen.« – »Wie meint Ihr das?« fragt Plautus, obwohl er die Antwort eigentlich schon aus vielen Reden Catos kennt.

»Sicher, im Felde sind wir unbesiegt, und ein neuer Hannibal ist nicht in Sicht, vor allem, wenn wir Karthago endgültig zerstören. Aber der Sieg über Pyrrhus hat sich als Katastrophe für die altrömische Kultur erwiesen. Senator Metellus holt griechische Baumeiser in die Stadt, die neuen Tempel der höchsten römischen

Götter Juno und Jupiter werden von einem Architekten aus Salamis gebaut. Vornehme Römer hoffen auf ein einträgliches Kommando im Osten und lernen die griechische Sprache. Ha!« Cato schnaubt, beißt ein Stück von einem Hühnerschenkel ab und lacht. »Ich habe in Athen kein Wort Griechisch gesprochen und mich höchstens gewundert, daß mein Dolmetscher aus einem kurzen Satz von mir eine halbe Rede gemacht hat. Aber es geht noch weiter. Jeder vornehme Römer läßt heute seine Kinder durch einen griechischen Sklaven erziehen, die sogenannte Philosophen wie Sokrates, einen Schwätzer und Aufrührer, preisen. Aber Kindererziehung ist doch keine Sklavensache. Ein Sklave kann doch meinen Sohn nicht an den Ohren ziehen oder ihn schlagen. Wer anders als der Vater soll ihm Gesetzeskunde beibringen? Ich habe meinen Sohn persönlich Speerwerfen und Schwertfechten, Reiten und Boxen, das Schwimmen in reißenden Flüssen und durch Strudel, das Ertragen von Hitze und Kälte gelehrt ...«

Cato bricht mitten im Satz ab. »Entschuldigt, ich bin in Feuer geraten. Aber sagt selbst, dünkt Euch dieses einfache Mahl schlecht?« Plautus schüttelt den Kopf. »Sogar der Brennesselauflauf ist hervorragend, ganz anders als der Gemüsebrei meiner Jugend. Das war ein Futterhaufen, Gras mit anderem Kraut vermengt und mit Koriander, Fenchel, Knoblauch und Petersilie gewürzt; dazu Sauerampfer, Kohl, Lauch und Mangold. Das Ganze gemischt mit zerstoßenem Senf, einem scheußlich giftigen Zeug. Das alles paßt besser zu Ochsen als zu Menschen.« – »Aber letztlich hat es uns nicht geschadet«, kontert Cato. »Heute aber gilt das einfache Essen nichts mehr. Da schicken wir eine Studienkommission nach Griechenland, um die dortige Kultur und Literatur zu untersuchen. Und was bringt sie neben Unmengen von Schriftrollen mit? Einen Haufen Schöngeister und Köche!« – »Na ja, so schlecht kochen die ja auch nicht, und ...« – »Darum geht es doch überhaupt nicht«, unterbricht ihn Cato, »aber diese Griechen vernebeln unseren Geist. Bei manchem Senator habe ich den Eindruck, daß er zwischen Haaren und Hoden nur noch den Bauch hat. Die merken gar nicht mehr, daß etwas faul in der Republik Rom ist, wenn ein Meerfisch mehr gilt als ein Ochse! Nicht mehr die Tugend, die Disziplin gilt etwas in Rom, sondern Schmuck, schöne Kleidung, prächtige Häuser und möglichst teures Essen!« – »Aber Ihr selbst habt doch eine Luxussteuer eingeführt«, wirft Plautus ein, »jetzt muss jeder, der einen Wagen, Schmuck oder Tafelgerät teurer als 1500 Denare hat, dafür sehr viel Geld zahlen.«

Cato nimmt einen Löffel Weizenbrei, schluckt ihn herunter und sagt dann: »Der Erfolg solcher Steuern ist begrenzt. Die ganz Reichen zahlen die Steuern und holen sich den Verlust auf ihren Feldzügen wieder, die anderen schimpfen auf mich, weil sie sich solche unsinnigen Dinge nicht mehr leisten können.« Er hebt mahnend den Finger. »Da stecken natürlich vor allem die Frauen dahinter. Die wollen immer mehr Kleider, immer mehr Schmuck, sie lassen sich von ihren griechischen Sklaven umschmeicheln, und sie wollen sogar an den Gastmählern teilnehmen. Das gefällt mir ja so an Euren Komödien, daß Ihr den Römern zeigt, wie sie von ihren eigenen Frauen vorgeführt werden!«

Plautus hütet sich zu sagen, daß er auch gewisse starrsinnige und konservative Männer in seinen Satiren geißelt. Statt dessen fragt er vorsichtig: »Ihr wollt also, daß ich noch einmal etwas über die Frauen schreibe?« – »Nein, darum geht es mir nicht. Es geht um noch Wichtigeres, um unser Militär, um unsere Soldaten. Wo ist ihre ›virtus‹, ihre Tugend, wo ist ihre Unbestechlichkeit geblieben? Wo sind Männer wie mein Freund Aemilius Paullus, der nach dem Sieg über die Griechen die thrakischen Goldbergwerke schließen ließ, um die Sitten Roms nicht zu verderben? Nein, der moderne Feldherr bereichert sich schamlos, ich will lieber keine Beispiele nennen!« Plautus weiß natürlich sofort, daß der Zensor auf seine alten Feinde, die Scipionen, anspielt, hütet sich aber, genauer nachzufragen. »Ich kann mir schon vorstellen, daß man ein Stück auf dem Widerspruch zwischen Anspruch und Wirklichkeit aufbaut. Also zu Beginn vielleicht ein Soldat, der sich spreizt wie ein Pfau, seine Taten rühmt, im Felde und bei den Weibern …« – »Ihr solltet aber«, fügt Cato hinzu, »auch solche Auswüchse anprangern, wie daß ein jeder heute behauptet, göttlicher Abstammung zu sein, ein Enkel der Venus oder zumindest des Herkules …« Plautus nickt: »Ja, ich sehe es schon vor mir, ein Stück über einen miles, einen miles gloriosus …«

(Die Komödie »Miles gloriosus« von Plautus wird einer der größten Theatererfolge der römischen Republik.)

Menü für Titus Maccius Plautus

Vorspeise von Aprikosen

Vorbereitung: *10 Min.*
Kochzeit: *15 Min.*
Für vier Personen:

750 g	Aprikosen	$^{1}/_{2}$ EL	Kräuteressig
2 EL	Honig	$^{1}/_{2}$ EL	Walnußöl
4 EL	Marsala	2 EL	Minze
1 EL	Weißwein	1 Msp	Salz
		1 Msp	Pfeffer
		1 TL	Maispulver
		Minzeblätter	

Zubereitung: Die Aprikosen halbieren und entsteinen. Honig, Marsala, Wein, Essig, Öl, gehackte Minze, Salz und Pfeffer in einem Topf zum Kochen bringen. Die Aprikosen dazugeben und ca. 10 Min. kochen lassen. Das Maispulver in wenig Wasser geben, umrühren, zum Gericht gießen und die Sauce nochmals aufkochen. Mit wenig Pfeffer bestreuen und mit den Minzeblätter garniert servieren.

Gerstensuppe

Vorbereitung: *15 Min. + 12 Std.*
Kochzeit: *$2^{1}/_{2}$ Std.*
Für vier Personen:

100 g	Rollgerste	1 EL	Koriander
1	Zwiebel	$^{1}/_{2}$ EL	Liebstöckel
1	Lorbeerblatt	$^{1}/_{2}$ EL	Zitronenmelisse
1	Nelkenkopf	$^{1}/_{4}$ TL	Kümmel
1	Dillzweig	1	Safran-Briefchen
1	Bohnenkrautzweig	1 TL	Honig
2 EL	Olivenöl	2 EL	Marsala
400 g	Eisbein oder 200 g Rippchen	1 EL	Kräuteressig
		1 EL	Salz
			Pfeffer

Zubereitung: Die Gerste am Vortag in Wasser einlegen. Ca. 2 Liter Wasser aufkochen und die Gerste einlaufen lassen. Die mit einem Nelkenkopf und Lorbeerblatt besteckte Zwiebel, die Kräuterzweige, das Öl und das Fleisch beigeben und ca. 2 Std. köcheln lassen. Danach die Kräuter und die Zwiebel entfernen und das Fleisch in mundgerechte Stücke schneiden. Die fein gehackten Koriander, Liebstöckel, Zitronenmelisse, Kümmel sowie Safran, Honig, Marsala, Essig, Salz und Pfeffer hinzugeben, nochmals aufkochen und heiß servieren.

Huhn auf parthische Art

Vorbereitung:	*10 Min.*	1 EL	Liebstöckel
Backzeit:	*70 Min.*	1/4 TL	Kümmel
Für vier Personen:		1/4 TL	Asant
			oder 1 gehackte Frühlingszwiebel
1	Huhn (ca. 1,2 kg)	2 EL	Austernsauce
2 EL	Sojasauce	100 ml	Weißwein trocken
1/2 TL	Pfeffer		

Zubereitung: Das gewaschene und getrocknete Huhn innen mit Salz und Pfeffer würzen, außen mit Sojasauce bestreichen und in den gewässerten Römertopf legen. Aus Pfeffer, gehacktem Liebstöckel, Kümmel, Asant oder Zwiebel, Austernsauce und Weißwein eine Sauce zubereiten und zum Huhn geben. Den Römertopf in den kalten Backofen stellen, auf 250 Grad aufheizen und das Huhn ca. 60 Min schmoren lassen. Für die letzten 10 Min. den Deckel wegnehmen und das Huhn knusprig bräunen. Tranchieren und mit wenig Pfeffer bestreut servieren. Die Sauce separat dazureichen.

Brennesselauflauf

Vorbereitung:	*10 Min.*	5 EL	Austernsauce
Backzeit:	*20 Min.*	1/4 TL	Pfeffer
Für vier Personen:		6	Eier
600 g	Brennesselblätter	1/2 EL	Butter
3 EL	Sonnenblumenöl		Pfeffer

Zubereitung: Die Brennesselblätter mit Handschuhen pflücken, waschen, abtrocknen und hacken. In einem Topf Öl, Austernsauce und gemahlenen Pfeffer geben und die Brennesseln darin 5 Min. dünsten. Etwas auskühlen lassen. Die Eier gut aufschlagen, mit den Brennesseln mischen und in eine gebutterte Auflaufform geben. Im Backofen bei 200 Grad ca. 15 Min. eindicken lassen. Mit Pfeffer bestreuen und kalt oder warm servieren. Mit den gleichen Zutaten können auch Omeletten gemacht werden.
Für dieses Gericht können nur die zarten Brennesselblätter im Frühling verwendet werden. Als Alternative bieten sich Spinat- oder Mangold-Blätter an.

Vollweizenbrei

Vorbereitung:	*5 Min.*	250 g	Vollweizengrieß
Kochzeit:	*25 Min.*	1 l	Gemüsebouillon
Für vier Personen:			Salz und Pfeffer

Zubereitung: Den Vollweizengrieß mit der heißen Gemüsebouillon übergießen und zugedeckt 15 Min. quellen lassen. Mit Salz und Pfeffer abschmecken.

Die römische Küche bis zur Jahrtausendwende

Bis zum 4. Jahrhundert v. Chr. war der römische Speisezettel relativ eintönig. Hauptnahrungsmittel war der »puls« oder »pulmentum«, ein Getreidebrei meist aus Hirse oder Spelt. Ein römischer Soldat erhielt als Zuteilung täglich etwa 2 Pfund Getreide, das er über dem Lagerfeuer röstete, zerrieb und in seinen Proviantbeutel gab. Daraus machte er dann bei der Rast mit Wasser eine Art Grütze oder buk es als Fladen auf heißem Stein. Immerhin änderten sich im Laufe der Zeit die Grundzutaten: Zu Hirse und Spelt kamen Emmer, Einkorn, dann die Gerste und schließlich eine Art Zwergweizen.

Was die Mahlzeit des armen Bauern von der des Grundbesitzers unterschied, war ein Mehr oder Weniger an Schweine- und Hühnerfleisch. Gemüse kam hinzu, beliebt waren Erbsen und Linsen, wilde Spargel und Meerrettich, Fenchel und Kohl sowie – von Cato in seinem Buch »De re agricultura« besonders empfohlen – Knoblauch und Zwiebeln. Eines der häufigsten Gemüse war die Saubohne, die »fava«, die roh, gekocht oder als Suppe gegessen wurde.

In geringem Maß hielten die Etrusker und frühen Römer auch Herden. Rinder – damals noch halb so groß wie die heutigen Rassen – mußten sich in den Wäldern ihre Nahrung selbst suchen. Sie wurden am Abend von Hirten zusammengetrieben, die dann die Kühe molken. Die Ausbeute war gering und wurde meist gleich zu Käse verarbeitet. Auch für Schafe, Ziegen und Schweine kannte man zunächst nur die Waldweide, im Winter wurden die Tiere in abgezäunten Waldstücken sogar freigelassen, nur bei extremer Witterung fütterte man sie mit etwas Heu. Kein Wunder, daß die Schweine 70 cm hoch und schlank waren, außer den Eicheln im Herbst fanden sie wenig Futter.

Als Getränke dienten neben Wasser Kuh- oder Schafsmilch; von den Etruskern lernten die Römer den Weinbau. Guter, trinkbarer Wein war zunächst ziemlich teuer, und auch der wurde wegen seiner Säure mit Honig versüßt. Die ärmeren Volksschichten nahmen statt Wein eine Mischung aus in Wasser eingeweichten Rückständen der Trauben zu sich.

Vom 3. Jahrhundert an begannen die Großgrundbesitzer systematisch Gemüse und Obst einzuführen und anzubauen. Besonders beliebt und verbreitet waren Apfelbäume, in Griechenland noch eine Seltenheit. Aus Armenien kamen Aprikosen, aus Persien Pfirsiche, und auch die ersten Kirschbäume dürften nicht erst vom legendären Lucullus eingeführt worden sein.

Erstmals wurde richtiges Brot gebacken, vorher hatte man das Korn nicht fein genug mahlen können, um Mehl (»farina«) daraus zu gewinnen.

Die Griechen brachten dann auch die ersten Berufsbäcker mit und die aus Ägypten kommende Kunst, Sauerteig herzustellen. Nun beginnt, was der Historiker Titus Livius später so beschreibt: »Das Heer aus Asien brachte ausländischen Luxus nach Rom. Seit jener Zeit begannen die Mahlzeiten mehr Zeit und Geld für die Zubereitung in Anspruch zu nehmen …«

Dinner bei Kleopatra

»Die Prinzessin nahm aus ihrem Gefolge nur den Sizilianer Appolodorus mit sich, stieg in ein kleines Boot und legte bei einbrechender Finsternis in der Nähe des königlichen Palastes an. Da sie kein anderes Mittel wußte, unentdeckt hineinzukommen, legte sie sich der Länge nach in einen Bettsack, welchen Apollodorus mit Riemen zusammenschnürte und durch die Tür des Caesar trug …«

(Plutarch)

Nacht über Alexandria. Von den Zinnen des Königspalastes aus blickt Gaius Julius Caesar über die größte Handelsstadt des Mittelmeers, die trotz der fortgeschrittenen Abendstunde nicht zur Ruhe zu kommen scheint. Überall Menschen auf den Straßen, die so viel breiter und besser beleuchtet sind als die seiner Heimatstadt Rom. Vielleicht ist es nicht immer nachts so lebendig, denkt Caesar, wahrscheinlich bin ich an der Unruhe schuld. Mit 4000 Legionären hat er sich einquartiert, angeblich um den Streit in der ägyptischen Königsfamilie zu schlichten. Doch Caesar will mehr als nur Testamentsvollstrecker des verstorbenen Ptolemaios XII. sein, Rom will die Kontrolle über die Kornkammer und den wichtigsten Handelsumschlagplatz der bekannten Welt ...

Ein heftiges Klopfen unterbricht seine Gedanken. Vom marmorgetäfelten Raum aus ruft sein Adjutant: »Ein Sklave mit einem Geschenk für Euch!« In der Türöffnung steht ein riesiger Sklave, der über seiner Schulter einen mit Riemen verschnürten Teppich trägt. Der Hüne legt ihn auf den Boden, rollt ihn aus und sagt mit schwerem sizilischem Akzent: »Ein Geschenk Ägyptens an den großen Römer.« Und zur Verblüffung Caesars schält sich aus dem Teppich eine junge Frau, deren einzige Kleidung ein goldener Halsschmuck ist, der ihr bis zu den Brüsten reicht.

Der römische Feldherr – stolz auf seine rasche Auffassungsgabe – deutet die Situation sofort: »Willkommen, Königin! Ich freue mich, Euch doch noch heute kennenzulernen, Kleopatra! Eine gelungene und wirklich reizende Überraschung!« Das Gesicht des jungen Mädchens wird trotz der weiß geschminkten Wangen sichtbar rot. »Ihr irrt Euch, Herr«, stammelt es, »eine ägyptische Königin würde doch nicht heimlich in der Nacht zu Euch kommen«, fügt sie hinzu, »und sicher nicht so leicht bekleidet. Aber Ihr habt recht, meine Herrin Kleopatra schickt mich zu Euch und bittet Euch, mir zu ihr zu folgen. Ihr seid hier nicht sehr freundlich empfangen worden, sie möchte Euch einen Willkommenstrunk und auserlesene Speisen anbieten.«

»Glaubt Ihr, ich hätte Euch wirklich für Kleopatra gehalten?« erwidert Caesar, der seinen Irrtum nicht zugeben will, »aber ich verzeihe Euch, Ihr seid römische Scherze nicht gewohnt. Wie wollt Ihr mich zu ihr bringen, die Straßen sind des Nachts nicht sicher für Römer. Und woher soll ich wissen, daß das keine Falle ist?« – »Wir führen Euch durch einen Geheimgang, der aus dem Palast zum Versteck der Königin führt. Und der nur ihr bekannt ist, sonst hätte ihr Bruder sie längst getötet«, erklärt das Mädchen. »Ihr könnt meiner Herrin vertrauen. Sie läßt Euch sagen: Ich bin Euer Schlüssel für Ägypten und Ihr seid mein Schlüssel zum Thron!« Caesar überlegt kurz, dann nickt er: »Dieser Logik kann ich folgen. Ihr erlaubt aber, daß ich ein Dutzend Legionäre zu meiner Begleitung mitnehme.«

Wenig später steht der Römer in einem von Kerzen und Öllampen hell erleuchteten Raum. Die Wände sind bemalt mit Szenen, die den Pharao und seine

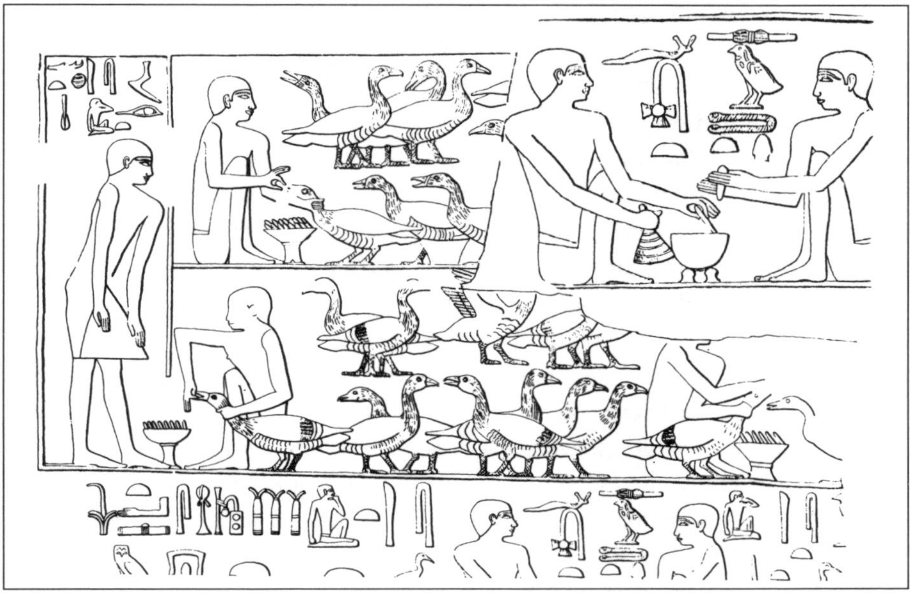

Gänsemast im alten Ägypten

Familie bei der Fahrt und der Jagd auf dem Nil zeigen. Doch Caesar hat keine Zeit für die Kostbarkeiten des Raumes, er konzentriert sich auf die Frau, die in einem Kleid aus hauchdünner Sidonseide mit verschränkten Armen auf einem weißgestrichenen Hocker sitzt und kaum merklich nickt: »Die Erbin Alexanders grüßt den Herrn von Rom! Bevor du Platz nimmst, laß dich von meinen Dienerinnen für unser kleines Mahl vorbereiten. Ägypten wird sich von seiner gastfreundlichsten Seite zeigen.« Zwei junge Mädchen nehmen dem Römer die Toga ab, unter der ein Panzer zum Vorschein kommt. »Ganz hast du mir doch nicht getraut«, lächelt Kleopatra, »erst eine Begleitung und dann kommst du noch gerüstet!« – »Nun, Alexandria hat uns Römer ja nicht sonderlich liebenswürdig empfangen.« – »Wundert dich das?« Die junge Frau verzieht die karmesinroten Lippen: »Jeder Ägypter befürchtet, daß mein Land die nächste deiner Eroberungen wird. Aber lassen wir zunächst die Politik. Nimm die Lotosblüte als ehrlichen Willkommensgruß und laß dich salben!«

Der Römer läßt sich Nacken und Wangen eincremen, eine Sklavin wäscht seine Füße, eine andere massiert Waden und Schenkel. Als ein Schwarzer mit stark riechenden Essenzen und Schminktöpfen kommt, wehrt er allerdings ab. »Laß das, meine Soldaten würden mich zu Recht einen Eunuchen schimpfen, wenn sie mich so sehen oder riechen würden!« – »Schade!« meint Kleopatra, »all dies gehört hier zur Vorbereitung eines guten Mahls! Ein Tag ohne Wohlgerüche kann kein glücklicher Tag sein, lautet eines unserer wichtigsten Sprichwörter.«

»Dann laß uns anfangen. Mein Magen knurrt. Weil Eure Köche aus dem Palast geflohen sind, habe ich nur ein wenig des üblichen Legionsfraßes zu mir genommen.« Kleopatra klatscht in die Hände, zwei Diener plazieren vor jedem ein Tischchen, auf dem Blumen, Obst und Weißbrot wie in einem Ornament angeordnet sind. Dann kommen auf einer Platte schiffchenförmige bunte Vorspeisen, die direkt vor die junge Frau und ihren Gast gestellt werden. »Ah, süße Melonen, aber was sind das für weiße Stückchen?« – »Das ist das Fleisch einer Frucht, die auf Palmen wächst und die größer als ein Menschenkopf werden kann. Sie heißt Kokosnuß. Wir wollen sie auch nach Rom exportieren.«

Caesar nimmt ein Stück, kaut darauf herum und verzieht das Gesicht. »Nicht unbedingt mein Geschmack. Aber in Rom verkauft sich derzeit ja alles, was aus Ägypten kommt. Erst waren es die Köche aus Griechenland, dann aus Sizilien, jetzt speist ganz Rom alexandrinisch!« – »Ich hoffe, ich kann Euch überzeugen.« Kleopatra klatscht in die Hände, eine Sklavin entfernt die Platten mit den Vorspeisen und stellt eine Silberschale mit einem gegrillten, bereits filetierten Fisch vor den Gast. Die Königin spießt mit einem Messer ein Stückchen auf, tunkt es in eine Sauce und reicht es dem Römer. »Erst durch eine alexandrinische Sauce wird Fisch zur Götterspeise!«

Überrascht läßt Caesar den Fisch im Mund zergehen und nickt anerkennend. »Nicht übel, diese Mischung aus scharf und süß ...« – »... so wie Ägypten, süß für den, der es kostet, zu scharf für den, der es schlucken will!« – »Ihr wollt also doch über Politik reden, nicht nur übers Essen. Da interessieren mich weder Saucen noch Melonen oder Kokosnüsse, sondern nur Getreide. Dein Halbbruder Ptolemaios und sein Berater, der Eunuch Potheinos, wollen Rom erpressen, sie verlangen als Gegengabe für den ägyptischen Weizen Alleinherrschaft und Unabhängigkeit.«

»Unabhängigkeit will ich auch, in Maßen natürlich, denn mein Land braucht den starken Arm Roms, Euren starken Arm.« Kleopatra schenkt dem Römer einen Augenaufschlag, und der merkt, daß ihn diese junge Frau zu faszinieren beginnt. Sie ist nicht überaus schön, auch wenn sie mit ihrem langen, zu kleinen Zöpfchen gedrehten Haar, den verlängerten künstlichen Wimpern, dem juwelenbesetzten Stirnreif und den Goldringen an den Armen dezent und geschmackvoll herausgeputzt ist. Es sind ihre Augen und vor allem ihre Stimme, die sie wie ein Instrument mit vielen Saiten einsetzt, ja, Caesar wird sich erst jetzt bewußt, daß sie vom Griechischen in ein fast akzentfreies Latein gewechselt hat. »... ist das Geschenk des Nil Segen und Fluch zugleich. Mein Land ist die Kornkammer des Mittelmeers, und wer den Weizenhandel kontrolliert, kontrolliert die Weltwirtschaft!«

Kleopatra nimmt eine goldgetriebene Schnabelkanne, die neben ihr auf einem kleinen Hocker steht, nimmt einen Schluck, spült den Mund aus und spuckt das

Wasser in eine Schale neben dem Tisch. »Mach deinen Gaumen frei für einen Schluck kühles Bier«, ruft sie und ein Diener reicht einen Trinkbecher aus rotem Ton. »Das ist unser trinkbares Brot, wie wir Ägypter sagen. Und Brot wird auch gelegentlich als ›essbares Bier‹ bezeichnet. Ägypten, das ist Brot und Bier, unsere Hieroglyphe für Essen wird aus den Zeichen für Brot und Bier gebildet!«

Caesar nimmt einen Schluck und ist überrascht: »Das ist ganz anders als das Bier, das bei uns angeboten wird. Kühl, ein wenig bitter, aber sehr erfrischend!« Inzwischen haben die Diener einen gebratenen Fasan gebracht, zerteilen ihn mit geschickten Messerschnitten, holen die dampfende Füllung aus dem Vogel, geben sie in eine Schüssel und legen die Fasanenstücke darauf. »Fasan ist meine Leibspeise«, sagt der Römer überrascht, »aber so habe ich ihn noch nie gegessen, die süße Füllung gibt ihm einen ganz neuen Geschmack!«

»Ich hätte schlechte Berater, wenn ich nichts über die Leibspeisen meiner Gäste wüßte«, sagt die junge Frau verschmitzt, »aber ist dieser Fasan nicht eine gelungene Mischung? Die Kraft des Okzident vereint mit der Raffinesse der Orient.« Amüsiert hört Caesar zu, während er seine Hände in einer Schale mit lauwarmem Wasser reinigt und sie sich dann von einer Sklavin trocknen läßt. »Deiner langen Reden kurzer Sinn ist also, Rom muß sich mit Alexandria verbünden, nicht es beherrschen!«

Kleopatra steht auf und blickt Caesar direkt an, der bemerkt, wie viel Kraft und Energie in der kleinen Frau stecken. »Ich bin die letzte Erbin des großen Alexander, vergiß das nicht! Von all den Diadochen, unter die der Makedonier sein großes Reich aufgeteilt hat, überlebte nur die Familie des Ptolemaios. Das Reich meines großen Ahnen ist zerstört, wird von den barbarischen Parthern überrannt, die auch Rom bedrohen. Allein kann ich das Reich nicht wieder aufrichten. Aber jetzt, und das ist ein Wink der Götter, bist du gekommen. Roms Legionen und Ägyptens Reichtum können gemeinsam ein Reich errichten – größer als das Alexanders – das von den Säulen des Herkules bis nach Indien reicht. Eine Aufgabe, die eines Caesars würdig ist …«

(Gaius Julius Caesar wird diesen Vorschlag Kleopatras, die bald seine Geliebte wird, von nun an befolgen. Nachdem er den Bürgerkrieg gewonnen hat, will er den Traum vom neuen Weltreich verwirklichen. Bis zum März des Jahres 44 v. Chr. hat er 29 Legionen aufgestellt, mit denen er auf den Spuren Alexanders den Osten erobern will. Aber ein Teil der römischen Politiker will nichts von dieser neuen, ägyptisch inspirierten Weltpolitik wissen. An den Iden des März wird Caesar ermordet. Kleopatra firmiert in der offiziellen Propaganda als »Schlange vom Nil« und »gekrönte Hure«, und die Geschichte, wie die junge Königin sich Caesar in einem Teppich eingerollt genähert und angeboten habe, wird oft und gerne erzählt, allerdings dadurch auch nicht wahrer.)

Menü für Gaius Julius Caesar

Gegrillter Fisch mit alexandrinischer Sauce

Vorbereitung: *20 Min.*
Kochzeit: *10 Min.*
Für vier Personen:

1 kg	Meerfische
1/2 TL	Pfeffer
1/2 TL	Kümmel
1 TL	Salz
2 EL	Olivenöl
1 Msp	Pfeffer
1/2 TL	Kümmel
1/4 TL	Selleriesamen
1	Zwiebel
1/2 EL	Liebstöckel
1/2 EL	Oregano
6	Pflaumen getrocknet
1 TL	Lavendel-Honig
2 EL	Weißwein
1 EL	Portwein
2 EL	Weinessig
4 EL	Sojasauce
2 EL	Olivenöl

Zubereitung: Die Haut der Fische mehrmals kreuzweise einritzen. Aus gemahlenem Pfeffer und Kümmel, Salz und Olivenöl eine Gewürzmischung herstellen und die Fische damit einreiben. Für die Sauce den gemahlenen Pfeffer, Kümmel und Selleriesamen, die gehackte und angedämpfte Zwiebel, die gehackten Kräuter und die entsteinten und klein geschnittenen Pflaumen mit den restlichen Zutaten mischen. 10 Min. auf kleinem Feuer kochen. Die Fische auf dem heißen Grill garen und zusammen mit der Sauce servieren.

Gefüllter Fasan

Vorbereitung: *20 Min.*
Bratzeit: *120 Min.*
Für sechs Personen:

2 kg	Fasan oder Ente
	Salz und Pfeffer
2 EL	Olivenöl
100 ml	Milch
50 g	Weißbrot ohne Rinde
20 g	Rosinen
30 g	Walnüsse
2	Äpfel
1	Lauchstengel
1	Karotte
1	Stangensellerie
1	Zwiebel
1	Nelkenkopf
1	Lorbeerblatt
1	Petersilienbund
200 ml	Weißwein
	Küchenschnur

Zubereitung: Den Fasan oder die Ente mit Salz und Pfeffer einreiben und im Olivenöl anbraten. Das Brot in Milch einweichen, ausdrücken, hacken und mit den Rosinen, Nüssen und gewürfelten Äpfeln mischen. Das Geflügel damit füllen und die Öffnung mit Küchenschnur zubinden. Das Gemüse putzen und zusammen mit der Petersilie und der mit Lorbeerblatt und Nelkenkopf besteckten Zwiebel und dem Wein in einen gewässerten Römertopf geben und das Geflügel darauf legen. In den kalten Backofen schieben und bei 220 Grad ca. 120 Min. braten.

Zucchini auf alexandrinische Art

Vorbereitung: *15 Min.*
Kochzeit: *7 Min.*

Für vier Personen:

800 g	Zucchini
1 TL	Pfefferkörner
1 TL	Kümmel
1/2 TL	Koriandersamen
2 TL	Minze
1 MS	Asant
oder 1/2	Frühlingszwiebel
1/2 TL	Anchovispaste
6	Datteln
1 EL	Pinienkerne
1 TL	Lavendel-Honig
1 EL	Weinessig
2 EL	Austernsauce
1 EL	Marsala
1 EL	Olivenöl
	Pfeffer

Zubereitung: Die Zucchini in Stäbchen schneiden und ca. 5 Min. in wenig Salzwasser kochen, so daß sie noch recht knackig sind. Gut abtropfen lassen und in die Pfanne zurückgeben. Pfefferkörner, Kümmel- und Koriandersamen im Mörser zerquetschen, feingehackte Minze, Asant oder gehackte und angedämpfte Zwiebel, Anchovispaste, entsteinte und feingeschnittene Datteln und Pinienkerne und die restlichen Zutaten zusammenmischen. Diese Sauce über die Zucchini gießen, alles zusammen nochmals kurz aufkochen und mit Pfeffer bestreut servieren.

Weintraubentorte

Vorbereitung: *25 Min.*
Backzeit: *40 Min.*

Für vier Personen:

500 g	Trauben
80 g	Butter
100 g	Honig flüssig
3	Eier
120 g	Mehl
1/2 TL	Salz
1 TL	Backpulver
3 EL	Mandelblättchen

Zubereitung: Die Trauben vom Stiel streifen. Die Eigelb und den Honig schaumig rühren, die flüssige Butter zugeben und so lange rühren, bis die Masse Blasen wirft. Das Mehl mit dem Salz, dem Backpulver und den Mandelblättchen mischen und die Eiweiße zu Schnee schlagen. Abwechselnd Mehl und Eiweiß unter die Eigelbmasse ziehen. Eine Springform mit Butter ausstreichen, fein mit Mehl bestäuben, den Teig in die Form füllen und glatt streichen. Die Trauben auf dem Teig verteilen, leicht andrücken und die Torte im vorgeheizten Backofen bei 180 Grad ca. 40 Min. backen. Auskühlen lassen und nach Belieben mit Puderzucker bestreut servieren.

Ägyptische Küche

Ägypten bot die denkbar besten Voraussetzungen für die Entwicklung der Kochkunst. Durch den nährstoffreichen Schlamm nach den jährlichen Überschwemmungen gediehen alle Pflanzen außerordentlich gut, die Erde war fruchtbar und so locker, daß Pflügen und Säen gleichzeitig möglich war. Deshalb konnten die Fellachen drei- bis fünfmal so viel erzeugen wie für die Ernährung der eigenen Familie nötig, und das Land wurde zur »Kornkammer der Mittelmeerwelt« und damit auch ein interessantes Eroberungsobjekt.

Weil Korn im Überfluß da war, entwickelte sich das Land der Pharaonen zum Land der Bauern, Bäcker und Brauer. Vermutlich deshalb wurde auch hier der Sauerteig entdeckt (was eine Parallelentdeckung im Zweistromland nicht ausschließt). Nun war die Entwicklung von lockererem, vielfältigem Brot möglich. Schon zur Pharaonenzeit finden wir in den Großbäckereien allein aus Weizen 40 Sorten in allen Formen, von eckig über oval bis hin zu Kegeln oder Pyramiden. Die Bäcker formten aus Teig Tiere, Tempel, Zöpfe und Hörnchen, deren Form eine Hommage an die Mondgöttin war.

Bier, das »trinkbare Brot«, war aus dem ägyptischen Leben nicht wegzudenken, überall gab es Bierkneipen, die gut frequentiert waren.

In den auf Papyri enthaltenen Rezepten finden wir zahlreiche kulinarische Neuerungen: Weizenmehl und das Bier wird zur Verfeinerung von Bratensaucen genutzt. Fleisch wird mit Salz und Honig mariniert. Pflanzenöl ebenso wie Gänse- und Entenschmalz dient als Fett.

Erstmals in der Menschheitsgeschichte lebten auch die kleinen Leute ziemlich gut: Um die Hütten der Fellachen wurden Zwiebeln, Knoblauch, Gurken, Salat, Lauch, Kürbisse und Melonen angepflanzt. Dazu kamen Dattelpalmen, Feigen- und Granatapfelbäume sowie Bienenstöcke. Reichere Bauern hielten auch Rinder und Schafe. Außerdem gab es so viele Fische im Nil, daß sie – ähnlich wie bei den Griechen – als ordinäre Speise galten.

Wie die Pharaonen aßen, können wir sehr gut den Grabbeigaben in den Pyramiden entnehmen. Da finden sich beispielsweise 40 Brotsorten und über hundert Krüge mit Wein und Bier. Auf einem Alabastertisch ist ein erster Imbiß angerichtet: Zwischen Hörnchen und Zöpfchen aus Teig liegen ein Kalbskopf, ein Rinderschlegel, Weintrauben und Feigen, zu einem Strauß geflochtene Lattichblätter und Käse, ein Kürbis und Enteneier.

Hier zeigt sich ein weiterer ägyptischer Beitrag zur Kochkunst: Essen wird als Gesamtkunstwerk für alle Sinne angesehen. Das Auge wird durch das Arrangement auf der Tafel, den schön geschmückten Raum, die angemessene Kleidung aller Anwesenden, vielleicht sogar durch Tanzdarbietungen angesprochen. Für das Ohr wird feine Tafelmusik geboten, für die Nase gibt es nicht nur den Duft der Gewürze von den Speisen, sondern auch Parfum und Räucherstäbchen. Im Mittelpunkt steht freilich auch hier, was für Zunge und Gaumen angeboten wird.

Besuch im Bauch der Welt

Allen voran ein lukanischer Eber;
Beim schmeichelnden Südwind wurde er gefangen.
Rings häufen sich scharfe Rettiche, Salat und Radieschen,
Die Dinge, die reizen den matten Magen,
Rapunzel, Fischsud und endlich korsische Hefe.
Als nun weg dies geräumt, wischt hochgegürtet der Page ab
Mit purpurnem Tuch die Tafel aus Ahorn.
Dann kamen Vögel, Schaltiere, Fische,
Die in sich bargen Geschmack,
Der weit vom bekannten verschieden,
Dazu das Innere von Flundern und Steinbutt.
Eine Muräne wird aufgetragen zwischen schwimmenden Krebsen,
Lang auf der Schale gestreckt. Dazu der Gastgeber:
Man fing sie trächtig, da nach der Geburt
Sie schlechter sein wird im Fleische.

(Horaz, Satiren)

Leicht verwirrt steht der Riese aus Gallien am Kai. Inmitten des Gewimmels wirkt er in seinen blaugestreiften Kleidern, mit seinem Bart und den Zöpfchen im langen, blonden Haar wie ein Fremdkörper. Schiffe aus allen Teilen des Imperiums, so weit er blickt. Es müssen Hunderte sein, weit mehr als im Hafen von Massilia, der ihm schon riesig erschienen war.

Ein Mann in einer blütenweißen Toga tritt auf ihn zu. »Ihr kommt aus Gallien? Wollt zur Firma Cheiriboulos und Söhne?« fragt er. Der Hüne nickt: »Obelix aus Lutetia. Es geht um die Wildschweinlieferungen ...« – »Heliodor mein Name, Buchhalter und Prokurist. Im Namen unserer Firma begrüße ich Euch im Bauch der Welt ...« – »Bauch der Welt?« – »So nennt man den Hafen von Ostia oft spöttisch, weil hier fast alle Waren ankommen, mit denen mehr als eine Million Römer ernährt werden müssen. Aber kommt mit!«

Während sie sich einen Weg zwischen Trägern, Lastkarren und Imbißständen bahnen, erweist sich Heliodor als kundiger Fremdenführer: »Ursprünglich war Ostia ein Kriegshafen, 20 Meilen von Rom entfernt. Aber je größer die Stadt wurde, um so mehr Schiffe mit Gütern kamen hierher, der alte Hafen reichte nicht mehr aus. Schon der große Caesar und Augustus dachten an einen neuen Hafen. Kaiser Claudius fand dann diese Bucht in der Nähe von Ostia, ließ sie landeinwärts vergrößern und durch zwei Molen sichern, die 700 Meter ins Meer ragen. Ein Meisterwerk der Ingenieurskunst ...«

Der Gallier sieht den Kai entlang, von dem Treppen zum Wasser hinunterführen. Für die Haltetaue gibt es an jedem Ankerplatz riesige durchbohrte Steine. Von den gut 100 Schiffen, die allein hier liegen, werden etwa 30 mit Drehkränen be- und entladen. Obelix' Blick fällt auf ein fünfzig Meter langes, flaches Schiff. Heliodor bemerkt das Staunen des Gastes: »Ein Spezialtransporter aus Ägypten, der eine Last von über 1000 Tonnen tragen kann. So kommen die Obelisken übers Meer. Und gleich daneben die Luxusjacht der kaiserlichen Familie. Auf ihr gibt es mehrere Speisesäle, Schlafzimmer und Promenadendecks, sogar ein Theater. Die meisten Schiffe hier sind freilich nur etwa 20 Meter lang und verfügen neben dem Segel noch über ein oder zwei Ruderreihen, an denen Sklaven oder Sträflinge sitzen. Sie können eine Last zwischen 200 und 500 Tonnen bewegen ...«

Die beiden gehen über eine Brücke. »Was ist das für ein Fluß?« fragt der Gallier. »Das ist der Kanal zum Tiber, dessen Wasser den neuen Hafen speist und die Ausfahrt zum Meer freispült. Auf ihm fahren all die Frachtkähne nach Rom.« Obelix stutzt. »Ist der Landweg nicht kürzer? Warum nimmt man keine Ochsengespanne?« – »Nur für eilige Güter«, antwortet der Buchhalter, »ansonsten sind Treidelschiffe billiger. Denn Ochsen, Pferde oder Maulesel brauchen Futter, sie fressen sozusagen einen Teil dessen, was sie schleppen! Hey, Sklaven, hierher!« Heliodor winkt eine der Sänften heran, die auf dieser Seite des Flusses stehen.

Obelix muß sich erst an das Gefühl gewöhnen, leicht schaukelnd getragen zu werden. Nach gut einer Viertelstunde steigen sie vor einem mehrstöckigen Haus aus, dem Verwaltungsgebäude der Firma. Als sie das Kontor betreten, flüstert ein älterer Mann Heliodor etwas ins Ohr. »Herr Cheiriboulos läßt sich für den Moment entschuldigen«, sagt der Buchhalter, »Hermes hat gerade eines unserer Schiffe zurückkommen lassen, und er ist sofort zum Hafen!« – »Kommen Eure Schiffe so selten an?« wundert sich Obelix. Heliodor lacht: »Natürlich nicht. Aber es kommt auf die Fracht an. Wir haben nämlich mit dem Fernostgeschäft begonnen, und das ist die erste Ladung: 20 Ballen Seide aus China, Pfeffer und Gewürze aus Indien, außerdem von dort Elfenbein, Eben- und Sandelholz, dazu Perlen und an Edelsteinen Onyxe, Amethyste, Karfunkel und Diamanten. Und ...« fügt er triumphierend hinzu, »... für die Arena 15 Tiger. All das bringt auf dem Markt von Rom gut und gerne drei Millionen Sesterzen!« – »Umsonst habt Ihr das ja sicher auch nicht bekommen?« – »Wir haben unserem Agenten Metallwaren, Farbstoffe, Bernstein, Teppiche und Glaswaren mitgegeben, alles in allem eine halbe Million Sesterzen wert!« – »Kein schlechter Schnitt«, meint der Gallier. »Na, ganz so einfach ist das Geldverdienen natürlich nicht, vor allem im Fernhandel. Für uns ist er erst interessant, seit der neue Seeweg nach Indien entdeckt wurde. Unsere Schiffe fahren nach Alexandria und den Nil ein Stück hoch. Dann werden die Waren mit Kamelen zum Roten Meer gebracht und von dort segeln sie nach Indien. Die Fahrt dauert gut drei Monate, seit einer unserer Kapitäne entdeckt hat, daß die Stürme, man nennt sie Monsune, zu gewissen Zeiten in gewisse Richtungen blasen. Aber es gehen natürlich auch viel Schiffe im Indischen Ozean verloren ...«

Während der Erklärung Heliodors sieht sich Obelix in dem großen, hellen Kontor um. Ein gutes Dutzend Sklaven stehen an Schreibpulten, und sie übertragen mit Bronzefedern Zahlenkolonnen von Wachstäfelchen auf große Papyrussrollen. »Auf unsere Buchführung bin ich natürlich ganz besonders stolz. Die Sklaven schreiben alle Einnahmen und Ausgaben des letzten Monats ins Hauptbuch. Dort drüben wird für jeden unserer Kunden und Geschäftspartner ein eigenes Konto geführt. Eures habe ich schon vorbereitet.« Er nimm eine Rolle. »Hier, Herr Obelix aus Lutetia hat uns für 100 000 Sesterzen Wein und für 20 000 Sesterzen geräuchertes Wildschwein geliefert, wir haben ihm für 150 000 Sesterzen Glas und Metallgeräte gegeben, macht ein Minus von 30 000 Sesterzen, die wir mit der nächsten Weinlieferung verrechnen.« – »Alles ist viel einfacher, wenn man nicht sofort bar zahlen muß«, nickt der Gallier, »es ist gut, daß Ihr auch eine Art Bank seid!« – »Wie jedes große Haus steht Cheiriboulos und Söhne auf zwei Säulen. Einmal handeln wir mit fast allem, was im Imperium angebaut oder produziert wird, ein bißchen spekulieren wir – wie gerade angedeutet – im Fernhandel. Aber wir sind natürlich auch eine Bank, deshalb ist unser Hauptsitz in

Rom. Wir verwalten die Vermögen und Liegenschaften der Nobilität ...« – »Der was?« – »... der reichen Leute eben, wir stellen Schecks und Wechsel aus und geben natürlich auch Kredite. Bei guten Geschäftspartnern zwischen fünf und zehn Prozent per anno, bei unbekannten Händlern verlangen wir schon einmal 20 Prozent ... Aber verzeiht, Ihr werdet Hunger haben, machen wir uns zu unserem Gästehaus auf!«

Die beiden gehen wieder hinaus auf den Marktplatz, um den große mehrstöckige Häuser stehen. In den Lauben reiht sich eins ans andere, vor jedem im Steinboden ein Mosaik eingelassen, das Namen und Wappen der Firma zeigt. Heliodor zeigt auf einige riesige, fast 20 Meter hohe fensterlose Gebäude im Hintergrund. »Das sind die staatlichen Getreidespeicher, in denen das Korn in bis zu hundert Kammern aufbewahrt wird. Die kleinen Luken seitlich sind die Luftkanäle. Auf der anderen Seite sind die Ölmagazine, und da hinten, das ist das Areal der Weinhändler. Sie führen vor allem Roten aus Spanien und Eurer Heimat Gallien ein, kaufen zugleich die Ernte Italiens auf und versenden von hier aus unseren Falerner in die ganze Welt. Ja, Wein und Öl sind die wichtigsten Güter des Imperiums und natürlich Getreide. Allein von hier aus fahren täglich 25 Schleppkähne mit Korn nach Rom ab.«

Nach ein paar Minuten erreichen sie eine stattliche Villa. Durch ein Säulenportal schlendern sie in den Empfangsraum, in dessen Nische ein Standbild des Kaisers steht. »Nach ihm heißt dieses Gästehaus auch Trajans-Club«, erklärt Heliodor. Im Speiseraum sind rings um ein schmales Wasserbecken Liegen aufgestellt. Ein freundlicher alter Herr winkt Obelix zu: »Legen Sie sich doch hierher zu mir. Sie sind nicht von hier, das merkt man sofort. Das interessiert mich immer.« – »Sehr angenehm, Herr ...« – »Plinius, Gaius Plinius Caecilius Secundus. Secundus, damit man mich nicht mit meinem berühmten Onkel verwechselt.« Obelix legt sich ihm gegenüber und blickt ihn fragend an. »Ach so, der bekannte Schriftsteller Plinius, das ist mein Onkel. Aber vielleicht haben Sie ja noch nichts von ihm gelesen, dort wo Sie her kommen.« – »Ich komme aus Lutetia, das ist in der Provinz Gallien.« – »Ah, eine der aufstrebenden jungen Städte am Rande des Imperiums«, nickt Plinius und beugt sich näher. »Ganz im Vertrauen, stimmt es wirklich, daß in euren Wäldern immer noch Menschen geopfert werden? Und gibt es dort wirklich Menschenfresser? Ah, unser erster Gang wird gebracht.« Obelix kostet die verschiedenen Vorspeisen vorsichtig, nimmt ein Stück Tintenfisch und ist von der angenehmen Füllung überrascht. Plinius, der die skeptischen Blicke des Galliers sieht, ermuntert ihn. »Greift zu, ich kann Euch versichern, alles ist frisch. Das Rote da sind Flamingozungen, dann arabische Schildkröten, und den Fisch kennen Sie ja sicher, das ist frischer Rheinsalm?« – »Frisch?« fragt Obelix, immer noch am Tintenfisch kauend. »Nun ja, die Flamingos und Schildkröten werden lebend auf Schiffen geliefert. Mit den Fischen aus dem Rhein ist es schon schwieriger. Sie werden gefangen und in große Wasserbehälter gesteckt. An jeder Station an der Straße wird das Wasser erneuert, und so kommen sie noch lebend hier an.«

Inzwischen wird der nächste Gang aufgetragen, Obelix' Augen weiten sich erfreut. »Wildschwein, da kommt das Fleisch vielleicht sogar aus meiner Lieferung!« sagt er, »so füttert auch Gallien den Bauch der Welt.« – »Ihr habt also auch schon von diesem Ausdruck gehört«, erwidert Plinius nachdenklich, »er weist auch auf eine der Schwächen des Imperiums hin. Früher, so schrieb mein Freund Tacitus einmal, schickten wir unseren Legionen aus Italien Getreide in ferne Provinzen nach. Heute aber, obwohl der Boden hier immer noch fruchtbar ist, halten wir uns lieber an das Getreide aus Afrika und Ägypten!« – »Das ist auch billiger, so ist eben die moderne Wirtschaft«, wirft Heliodor ein, der bisher dem Gespräch nur zugehört hatte. »Natürlich ist es billiger. Aber«, Plinius hebt mahnend den Finger, »aber Rom wird immer abhängiger von Wind und Wetter, auch von den Provinzen!« – »Die Versorgung ist offensichtlich sichergestellt«, meint Obelix schmatzend, »ich habe die riesigen Silos gesehen.« – »Das sagt jeder. Wahrscheinlich geht es uns zu gut, um uns Sorgen zu machen«, meint Plinius begütigend, um dann wieder ernst zu werden. »Heute ist Rom, nicht nur was Getreide betrifft, völlig von den Provinzen abhängig. Und alles muß ja irgendwie bezahlt werden, mit Steuern oder aus Kriegsbeute. Durch die 100000 gefangenen Daker, die Trajan nach dem letzten Krieg als Sklaven verkauft hat, hat er das Loch in der Staatskasse noch einmal stopfen können. Aber jetzt ist das Geld schon fast wieder ausgegeben, hier für die Erneuerung des Hafens, für das neue Trajans-Forum in Rom, für ›panem et circenses‹, dafür, daß alle Römer kostenlos ihr täglich Brot erhalten und die Circusspiele besuchen können. Und so kann das natürlich nicht weitergehen, daß wir ständig mehr ausgeben als einnehmen und schließlich wieder Krieg führen müssen, um das Defizit auszugleichen. Aber ich will Euch den Tag nicht mit meinen düsteren Gedanken verderben ...«

(Nur ein paar hundert Jahre später sollte der von Plinius beschriebene »circulus vitiosus« maßgeblich zum Ende des Imperiums und damit der antiken Welt beitragen.)

Menü für Obelix

Füllung für gekochten Tintenfisch

Vorbereitung: *$3^1/_2$ Std.*
Kochzeit: *60 Min.*
Für vier Personen:

100 g	Kalbshirn oder Kalbsbries
1 l	Essig
1 EL	Salz
1 TL	Zitronensaft
2	Eier
10	Pfefferkörner
1 MS	Pfeffer
100 g	Kalbsbrät
600 g	Tintenfischkörper

Zubereitung: Das Kalbshirn oder Kalbsbries 2 Std. in kaltes Wasser und anschließend 1 Std. in kaltes Essigwasser (1 l Wasser, 1 l Essig) legen. Danach in 1 l Wasser mit dem Salz und dem Zitronensaft ca. 15 Min. vor dem Siedepunkt ziehen lassen. Von Haut und Adern befreien, fein hacken und mit den geschlagenen Eiern, den Pfefferkörnern, dem gemahlenen Pfeffer und dem Kalbsbrät mischen. Die Tintenfischkörper ausnehmen und in Salzwasser je nach Größe zwischen 15 Min. und 45 Min. kochen. Etwas auskühlen lassen und mit der Mischung füllen, zunähen und im gleichen Salzwasser nochmals 15 Min. kochen.

Sauce für gefüllten Tintenfisch

Vorbereitung: *10 Min.*
Kochzeit: *10 Min.*
Für vier Personen:

$^1/_4$ TL	Pfeffer
1 MS	Kümmel
$^1/_2$ EL	Liebstöckel
1 EL	Petersilie
$^1/_2$ EL	Koriander
$^1/_4$ TL	Selleriesamen
1 TL	Honig
2 EL	Portwein
2 EL	Weißwein trocken
4 EL	Sud vom Tintenfisch

Zubereitung: Gemahlenen Pfeffer und Kümmel, gehackten Liebstöckel, Petersilie und Koriander, Selleriesamen, Honig, Portwein, Wein und Sud vom Tintenfisch ca. 10 Min. kochen. Über die aufgeschnittenen Tintenfische anrichten.

Wildschweinkoteletts in heißer Sauce

Vorbereitung: *15 Min.*
Kochzeit: *20 Min.*
Für vier Personen:

4	Wildschweinkoteletts
2 EL	Sonnenblumenöl
	Salz und Pfeffer
$^1/_2$ TL	Kümmel
$^1/_4$ TL	Pfeffer
$^1/_4$ TL	Selleriesamen
1 EL	Minze
$^1/_2$ EL	Thymian
1 TL	Bohnenkraut
$^1/_2$	Safranbriefchen
$^1/_2$ EL	Honig
1 TL	Aceto Balsamico di Modena oder milder Essig
2 EL	Mandelstifte
$^1/_2$ EL	Butter

Zubereitung: Die Wildschweinkoteletts im Öl kräftig anbraten und danach mit Salz und Pfeffer würzen. Das Fleisch warm stellen und den Bratensaft in einer kleinen Pfanne auffangen. Den Kümmel kurz rösten und mit den anderen Gewürzen zermahlen, die Kräuter ganz fein hacken und zusammen mit Safran, Honig und Essig zum Bratensaft geben und 10 Min. köcheln lassen. Die Sauce abschmecken und über das Fleisch verteilen. Die Mandelstifte in Butter hellbraun rösten und ebenfalls über die Wildschweinkoteletts streuen.

Linsen mit Kastanien

Vorbereitung: *20 Min. + 8 Std.*
Kochzeit: *50 Min.*
Für vier Personen:

250 g	Linsen
1 l	Mineralwasser
1/2 l	Gemüsebouillon
150 g	Kastanien frisch
1/2 TL	Natron
1/2 TL	Salz
1/4 TL	Pfeffer weiß
1/4 TL	Kümmel
1/2 TL	Koriander
1 TL	Minze
1/4 TL	Raute oder 1/2 EL Cynar
1/4 TL	Asant oder 1 gehackte, gedämpfte Zwiebel
1/2 TL	Zitronenmelisse
1/2 EL	Aceto Balsamico di Modena
1 TL	Honig
1 EL	Sojasauce
3 EL	Olivenöl

Zubereitung: Die Linsen für 8 Std. in Mineralwasser einweichen. In der Gemüsebouillon ca. 30 Min. weich kochen. Die Kastanien kreuzweise einschneiden und in leicht gesalzenem Wasser zusammen mit dem Natron 40 Min. kochen. Etwas abkühlen lassen, Schale und innere braune Haut entfernen. Durch die Passiermaschine treiben oder mit dem Mixer zu einem Brei zerkleinern. In einem Mörser die Kräuter und Gewürze mahlen und einen EL Olivenöl, Honig, Essig und Sojasauce zugeben. Linsen, Kastanienpüree und Sauce mischen, kurz aufkochen und nochmals 5 Min. unter gelegentlichem Umrühren köcheln lassen. Mit Salz und Pfeffer abschmecken, mit 2 EL Olivenöl beträufeln und servieren.

Kirschkugeln

Vorbereitung: *10 Min.*
Kochzeit: *5 Min.*
Für vier Personen:

4	Brötchen
300 ml	Milch
200 g	Mehl
2	Eier
6 EL	Honig
1/2 TL	Zimt
500 g	Kirschen entsteint
1/2 l	Fritieröl
	Honig flüssig

Zubereitung: Die Brötchen in 200 ml Milch einweichen, gut ausdrücken und fein zerkleinern. Das Mehl, die restliche Milch, die geschlagenen Eier, Honig, Zimt und die Kirschen mit dem Brötchenteig gut mischen. Mit einem Eßlöffel zu Kugeln formen und schwimmend im heißen Frittieröl ca. 15 Sekunden goldgelb backen. Auf einem Küchenpapier etwas entfetten lassen. Sparsam mit Honig übergießen und mit Zimt bestäuben.

Imperiale römische Küche

Allen Mahnern und Kämpfern gegen den Luxus – von Cato über Seneca bis hin zu Kaiser Marc Aurel – zum Trotz: Im Rom der Kaiserzeit erlebte die Kochkunst ihre erste Blütezeit. Gut dokumentiert durch das Kochbuch des Apicius, Reiseschriftsteller und Satiriker wissen wir: Es war eine ausgezeichnete, internationale Küche. Denn:

– Sie kombiniert alle in der Mittelmeerwelt vorhandenen Kenntnisse; neben Braten und Kochen treten Dünsten, Blanchieren, Marinieren; das Kücheninstrumentarium vervielfacht und differenziert sich. Auf die Tafel kommt alles, was die bekannte Welt zu bieten hat, und das möglichst frisch. In den Großmarkthallen der Kaiserzeit finden wir riesige Süß- und Meerwasseraquarien und in den Kavernen Roms im Winter geholtes Eis oder Schnee, in dem Fische oder Fleisch konserviert wurden. Die Köche nutzen nicht nur alle in der Mittelmeerwelt vorhandenen Kräuter und Gewürze, sie tun dies äußerst differenziert.
– Sie ist eine internationale Küche und nimmt auf, was an Spezialitäten in der bekannten Welt zu finden ist auf der Basis der mediterranen Küche, die sich rund ums Mittelmeer ähnlich entwickelt hat. In Rom ißt man gern alexandrinisch, parthisch, griechisch oder gallisch. Das hat auch damit zu tun, daß die meisten Köche »Gastarbeiter« sind.
– Sie neigt allerdings zu übertriebenem Luxus. Der Hang von Eliten, ihre Bedeutung durch prunkvolle Mähler herauszustreichen, erlebt in Rom seinen ersten Höhepunkt. Dies zeigt sich in Gelagen, zu denen siegreiche Feldherren oder Kaiser erst halb und dann ganz Rom einluden. An Festen, bei denen die Oberschicht unter sich blieb, kam auf den Tisch, was gut und teuer war. In diese Richtung ging auch eine zweite Entwicklung: Die Römer liebten beim Essen »Überraschungen«. Das konnte ein mit Würsten, aber auch Schmuck und Tand gefülltes Tier sein oder ein in Form und Geschmack zu Fisch verfremdetes Stück Fleisch.

Generationen von Altphilologen haben aber solche tatsächlich vorkommenden Auswüchse übertrieben. Daß die Römer regelmäßig ihre teuren und aufwendig gekochten Gerichte mit dem Darübergießen von stark salziger Fischlake verdorben haben sollen, wird auch durch ständige Wiederholung nicht wahrer. Vermutlich haben sie dieses fabrikmäßig hergestellte »garum« so benutzt wie wir Maggi oder Aromat. Und auch immer wieder zitierte Textstellen, nach denen die Römer mitten im Mahl sich mit einer Pfauenfeder zum Übergeben zwangen, um wieder Platz zu schaffen, haben mit der Normalität wenig zu tun. Solche Anekdoten stammen aus Satiren, und wer über sie das imperiale Rom beurteilt, könnte ebensogut die Eßsitten des 20. Jahrhunderts nach Marco Ferreris berühmtem Film »La grande bouffe« skizzieren.

Carolus übt das ABC

»Auch versuchte sich Carolus im Schreiben und hatte unter seinem Kopfkissen immer Tafel und Blätter bereit, um in schlaflosen Stunden seine Hand im Schreiben zu üben. Da er aber erst verhältnismäßig spät damit begonnen hatte, brachte er es auf diesem Gebiet nicht weit.«

(Einhard, Leben des Carolus Magnus)

»Die Nacht ist lang, das Bein tut weh,
Carolus übt das ABC.«

(Wilhelm Busch)

»Ich hasse diese so genannten Arbeitsessen! Vor allem, wenn sie am Vormittag beginnen.« Paulus Diaconus, seiner Majestät Hofbibliothekar, reibt sich die noch verschlafenen Augen und setzt sich neben einen Mann mit schütterem, kurz geschnittenem Haupthaar, der ebenfalls leicht übernächtigt scheint. »Wir sollten eben früher zu Bett gehen«, meint Alkuin leicht selbstironisch, »und uns hier am Musenhof zu Aachen nicht zu lange mit leicht geschürzten Musen beschäftigen.« – »Dazu bin ich gar nicht gekommen«, knurrt Paulus, »ich habe erst noch ein wenig an meiner ›Geschichte der Langobarden‹ gearbeitet. Und dann kam Karl, den wieder einmal das Zipperlein plagte, mit seiner Schiefertafel in meine Schreibstube. Da war dann weder an irgendwelche Musen noch ans Schlafengehen zu denken!«

Die beiden sitzen auf einer Holzbank vor einem kleinen Tisch in der großen Halle der Kaiserpfalz zu Aachen, der »Aula Regia«, gleich neben der Kapelle, aus der nun, von zwei Männern begleitet, ein fast zwei Meter hoher Hüne mit wallendem blondem Haar und langem Vollbart tritt. Nur der Zobelpelz, den er über der einfachen Bluse und der stoffumwickelten Hose trägt, weist ihn als vornehmen Mann aus. Karl, Herrscher der Franken und seit gut einem Jahr auch Kaiser des Abendlandes, hockt sich auf einen einfachen Schemel an der Stirnseite und schlägt die Beine übereinander. »Danke, daß ihr alle gekommen seid, es gibt viel zu bereden, und das tue ich, wie ihr wißt, lieber in kleinem Kreis als auf einem großen Hoftag. Einige von euch waren ja so müde, daß sie nicht wie Einhard und Hildisbold gemeinsam mit mir gebetet haben. Ihr solltet euch erst einmal stärken!«

Karl klatscht in die Hände, und ein Diener stellt eine dampfende Schüssel auf den Tisch. Mit sichtlichem Genuss läßt sich der Kaiser seinen Holznapf füllen. Während er und Erzbischof Hildisbold, der Erzkaplan und Vorsteher der kaiserlichen Kanzlei, es sich sichtlich schmecken lassen, tun sich die drei Gelehrten, Karls Biograph Einhard, der Chef-Gelehrte Alkuin und Bibliothekar Paulus Diaconus, sichtlich schwer mit der deftigen Gemüsesuppe, die durch Zugabe von Speck, Eiern und viel Rahm besonders nahrhaft wurde. Aber es ist Karls Überzeugung, daß vor einer guten Beratung nach der durch das Gebet gestärkten Seele auch der Leib zu seinem Recht kommen müsse.

Karl wischt sich die letzten Suppentropfen aus dem Bart und gibt, wie es seine Art ist, erst einmal eine Art Grundsatzerklärung ab: »Mein Reich soll eine wirkliche Einheit werden und ich will meinen Erben eine fertige, handlungsfähige Verwaltung hinterlassen, damit sie die Stellung halten und erhalten, die ich erreicht habe: Kaiser von Gallien, Italien und Germanien, nicht nur dem Titel nach, den mir der eitle Herrscher in Byzanz mißgönnt, sondern auch der Wirklichkeit nach.«

Das ist für alle Anwesenden nicht neu, aber sie wissen auch, daß für die hochfliegenden Pläne des Kaisers viele Voraussetzungen fehlen. Der älteste Mitstreiter

Karls, Erzbischof Hildisbold, verantwortlich für die kaiserliche Kanzlei, streicht sich über den Bart und wirft ein: »Mein Hauptproblem ist, daß alle an der neuen Verwaltung Beteiligten wenn schon nicht schreiben, so doch lesen können sollten. Und ich verrate kein Geheimnis, daß wir mit dem Lesen- und Lateinlernen gar nicht mehr nachkommen!« – »Und in dem Völkergemisch, über das du herrschst, Karl«, wirft Alkuin ein, »braucht es eine gemeinsame Sprache. Und das kann nur Latein sein!« – »Das hört sich in der Theorie gut an. In der Praxis können sogar viele Priester«, ergänzt Einhard, »nicht einmal die Heilige Schrift lesen.«

»Ich glaube, das Problem ist uns allen klar und muß nicht weiter beschrieben werden!« Karl beendet die Diskussion, nimmt sein Messer und schneidet sich ein Stück von einer goldgelben Pastete ab. »Probiert einmal. Die Fischpastete bringt eure Gedanken in Schwung!« – »Mit der Einführung der Minuskel«, erklärt Paulus Diaconus, »sind wir schon einen Schritt vorwärts gekommen. Dieser Schrifttyp erleichtert das Lesen erheblich, er ist kräftiger, deutlicher!« – »Niemand will deine Verdienste hier schmälern«, wirft Hildisbold ein, »aber das schönste Schriftbild hilft einem Analphabeten wenig!« – »Eine wichtige Aufgabe ist«, sagt Einhard, »all das, was das alte Imperium an Wissen, an Verwaltungs- und Kriegskunst hervorgebracht hat, wiederzufinden und erhalten. Das tut Paulus in seiner Bibliothek ja seit Jahren. »

»Wir brauchen doch nicht darum herum zu reden«, sagt Karl, »es geht um das ABC. Ich weiß ganz persönlich, wie sehr man sich damit abplagen kann. Es geht ja auch nicht darum, daß jeder lesen, geschweige denn schreiben lernen soll. Unsere Bauern sollen die neuen Pflüge gebrauchen lernen, das reicht. Jeder Stand soll das lernen, was er braucht!« – »Es geht«, ergreift nun Alkuin, der lange geschwiegen hat, das Wort, »es geht um eine fundierte Ausbildung für Priester und Adel. Hier müssen wir ein klares Programm aufstellen.« Der ehemalige Vorsteher der Domschule von York, der an Karls Hof inzwischen so eine Art Kultusminister geworden ist, bekommt leuchtenden Augen: »Wenn wir gemeinsam das Studium der Vergangenheit aufnehmen, könnte im Frankenreich ein neues Athen entstehen, ja es könnte sogar das erste an Glanz übertreffen. Dazu bedarf es aber einer großen Anstrengung.«

»Ich weiß, du hast eine kleine Präsentation für uns vorbereitet, Alkuin!« sagt Karl, »aber laß sie uns mit einem Imbiß verbinden.« Die Runde weiß um des Kaisers Vorliebe für kräftige Speisen zu jeder Tages- und Nachtzeit, der – anders als Hildisbold und Einhard – nicht den geringsten Bauchansatz zeigt. Knechte tragen zwei Hammelkeulen herbei und schneiden kleine Stückchen davon ab, die sie auf Holzteller legen. »Nehmt auch noch ein wenig Erbsenbrei dazu, er ist mit köstlichem Waldhonig gesüßt. Und auch das Birnenmus kann ich empfehlen.«

»Ich möchte nicht wiederholen, was wir schon diskutiert haben«, sagt Alkuin laut, »Elementarunterricht, also Lesen, Schreiben, Rechnen, Kalenderkunde und

Singen für den höheren und niederen Adel wie die gesamte Geistlichkeit. Darauf können die sieben freien Künste aufbauen und niemand kommt ohne sie zur vollkommenen Erkenntnis«

Er klatscht in die Hände und sieben Novizen betreten den Raum. Der erste tritt vor, zieht eine Pergamentrolle heraus und beginnt zu lesen: »Im Arztgewande tritt ein die Grammatik, zu heilen allerlei sprachliche Gebrechen mit bitterer Medizin. Konjugieren, Deklinieren, Rechtschreiben lehrt sie uns.« Der zweite räuspert sich und deklamiert: »Folgt eine Dame mit scharfem Blick und flackernden Augen. In der Rechten hält sie einen Haken, in der Linken eine Schlange. Frau Dialektik lehrt uns die Wirklichkeit beschreiben, das rechte Beispiel zu finden und Doppeldeutigkeiten zu erkennen.«

»Das finde ich ja ganz nett«, sagt Einhard halblaut zu Paulus Diaconus, »aber Alkuin hätte für seine Präsentation wirklich hübsche Frauen organisieren können!« Der Kaiser – sonst der holden Weiblichkeit durchaus zugetan – wirft einen ärgerlichen Blick auf den Störer und nickt den jungen Männern auffordernd zu. »Strahlend und stattlich schließlich die Rhetorik, blitzende Waffen in der Hand. Sie zeigt uns, wie mit Worten jeder Gegner zu überwinden ist.« – »Das waren«, erklärt Alkuin, »die eher sprachlich ausgerichteten freien Künste, das Trivium, wichtiger und weniger«, er freut sich sichtlich über die Wortschöpfung, »›trivial‹ ist das Quadrivium, die vier eher naturwissenschaftlich ausgerichteten Wege zur Weisheit.« Wieder klatscht er in die Hände.

»Mit Lichtstrahl und Sphären in den Händen kommt Frau Geometrie. Alles weiß sie über Länder und Erde, die sie in Längen- und Breitengrade einzuteilen vermag«, trägt der nächste junge Mann vor, gefolgt von einem weiteren: »Eintritt im Strahlengewande Arithmetica und zeigt, wie man zusammenzählt, abzieht, teilt und multipliziert. Aber sie lehrt uns auch die geheime Bedeutung der Zahlen.« – »Folgt mit sternengeschmückter Stirn und funkelnden Locken die Dame Astronomie, in ihren Händen die kreisenden Sphären des Alls, in ihrer Mitte Mutter Erde«, sagt ein dritter, gefolgt vom letzten Novizen: »Und endlich Harmonia, Psalter und Harfe in der Hand. Sie lehrt uns Singen und Musizieren zu Gottes Ehre.«

»Gottes Ehre«, wirft Hildisbold ein, »das ist es, was mir hier noch fehlt. Die sieben freien Künste, das ist gut und recht, aber all das muß verbunden sein mit den höheren geistlichen Künsten, der eigentlichen Priesterausbildung, also dem Lesen und der Auslegung der Heiligen Schrift, des Wissens um Predigt, Gottesdienst und Glaubenslehre.« – »Selbstverständlich gehört dies auch an eine solche Hochschule des Geistes«, versichert Alkuin, »aber allein dürfen diese geistlichen Künste nicht bleiben. Zur Renovatio imperii sind gerade die freien Künste nötig.« – »Sie müssen aber den geistlichen untergeordnet sein …«

»Ihr verteilt das Fell des Bären, bevor ihr ihn erlegt habt«, beendet der Kaiser die Diskussion. »Laßt uns erst in einigen Städten des Reiches solch höhere Schulen gründen. Erst dann können wir über den Vorrang der Kirchenmänner reden, wenn die meisten von ihnen Latein verstehen und in der Bibel lesen …« Karl nimmt einen Löffel Birnenmus. »Wir müssen unsere Vorhaben praktisch umsetzen, nicht nur darüber reden. Das letzte Mal haben wir auf der Grundlage von einer Schrift, die Paulus in Italien gefunden hat … »– »Catos ›De re agricultura‹ », wirft der Hofbibliothekar ein, »… eine Liste aller wichtigen Heilkräuter, die erprobt sind und bei uns gedeihen, zusammengestellt. Hier in Aachen sind sie auch angepflanzt worden. Aber haben inzwischen all meine Hofgüter, alle Klöster entsprechende Kräutergärten? Ich merke doch auf meinen Reisen, daß solche Erlasse nur auf dem Papier stehen!«

»Du bist zu ungeduldig, Karl«, sagt Einhard, der als offizieller Biograph des Kaisers das engste Verhältnis zu dem Herrscher hat. »Ich war ja fast immer mit dir zusammen. Sicher, Kräutergärten haben wir noch wenige gefunden, aber fast überall gedeihen nun Lauch, Sellerie, Kohlrüben, und sogar die seltenen Zwiebeln. Die Apfel- und Pfirsichbäume sind groß geworden, die Nußbäume stehen gut im Saft, wir werden wieder viel Nußöl gewinnen.« – »Ich habe übrigens ein ganz besonderes römisches Buch entdeckt, das für uns alle von großem Nutzen sein könnte!« Paulus Diaconus zieht eine Papyrusrolle hervor und liest »›Apicius Caelius de arte coquinaria.‹ Übrigens fand ich es in fast jedem Kloster. Es umfaßt die römische Kochkunst, die Küche der großen römischen Kaiser vor uns. Ich bin sicher, da wird auch uns hier das Wasser im Munde zusammenlaufen …«

(Vom neuen Athen, das Karl der Große und sein Kultusminister Alkuin angestrebt hatten, blieb das christliche Abendland noch lange entfernt. Aber immerhin, in dem nach der und durch die Völkerwanderung entstandenen »Meer des Unwissens«gab es nun erste Inseln der Bildung. Und dort wurde das Kochbuch des Apicius neben der Bibel und einem Roman um Alexander den Großen zu einem der »Longseller« des Mittelalters. Kaum ein europäisches Kloster, in dem keine Abschrift existiert, verschlimmbessert durch mehr oder weniger kulinarisch kreative Ergänzungen der Mönche.)

Ein Frühstück für den großen Karl

Lauchsuppe à la Karl

Vorbereitung: *10 Min.*
Kochzeit: *30 Min.*
Für vier Personen:

50 g	Speckwürfelchen
100 g	Vollkornbrot
4	Lauchstängel (nur das Weiße)
1 l	Gemüsebouillon
1/4 l	Vollrahm
1/4 l	Sauerrahm
1	Ei
	Salz
	Pfeffer
1 EL	Schnittlauch in Ringe geschnitten

Zubereitung: Den Speck in einer Bratpfanne auslassen, das gewürfelte Vollkornbrot und den in feine Ringe geschnittene Lauch darin rösten. Mit Gemüsebouillon, Rahm und Sauerrahm ablöschen und ca. 20 Min. köcheln lassen. Vom Feuer nehmen, mit dem verquirlten Ei binden, mit Salz und Pfeffer abschmecken und mit in Ringe geschnittenem Schnittlauch bestreuen.

Fischpastete

Vorbereitung: *25 Min. + 1 Std.*
Kochzeit: *40 Min.*
Für vier Personen:

Für den Teig:	
300 g	Mehl
120 g	Butter
150 ml	Salzwasser
Für die Füllung:	
800 g	Fischfilet
1/2 l	Gemüsebouillon
1	Petersilienzweig
4	Salbeiblätter
1/2 TL	Zimt
1/2 TL	Ingwer frisch geraffelt
1	Safranbriefchen
	Salz
	Pfeffer
100 ml	trockenen Weißwein
1	Eigelb

Zubereitung: Das Mehl mit der Butter verreiben, nach und nach warmes Salzwasser hinzufügen und zu einem Teig kneten. 1 Std. im Kühlschrank ruhen lassen. Die Fischfilets in der heißen Gemüsebouillon 10 Min. ziehen lassen, die Haut abziehen und den Fisch in kleine Stücke schneiden. Die Petersilie und die Salbeiblätter hacken, zusammen mit den restlichen Gewürzen und dem Weißwein zum Fisch geben und mit Salz und Pfeffer würzen. Zwei Drittel des Teigs ausrollen und damit eine gebutterte Springform auslegen. Die Pastetenfüllung hineingeben. Mit dem restlichen Teig einen Deckel formen, die Pastete damit zudecken und die Ränder mit Eiweiß zusammenkleben. In der Mitte des Deckels ein Loch ausstechen, die Pastete mit Teigresten verzieren und mit Eigelb bestreichen. Den Backofen auf 180 Grad vorheizen und die Pastete ca. 40 Min. backen.

Hammel am Spieß

Vorbereitung: *10 Min. + 2 Tage*
Bratzeit: *15 Min.*
Für vier Personen:

800 g	Hammel- oder Lammschulter
1 EL	Senf
200 ml	Rotwein
100 ml	Rotweinessig
1	Zwiebel
1	Rosmarinzweig
1	Lorbeerblatt
4	Zwiebeln
8	Holzspießchen
2	Knoblauchzehen
1 EL	Olivenöl
	Salz
	Pfeffer

Zubereitung: Das Fleisch in mundgerechte Würfel schneiden, mit Senf bestreichen und 2 Tage in einer Beize aus Rotwein, Weinessig, gehackter Zwiebel, Rosmarinzweig und Lorbeerblatt marinieren. Die Zwiebeln in heißem Salzwasser ca. 2 Minuten blanchieren und in Stücke schneiden. Das Fleisch mit Haushaltpapier trocken tupfen und abwechselnd mit den Zwiebelstücken auf die Holzspießchen stecken. Auf dem heißen Grill braten. Knoblauchzehen durchpressen, mit dem Olivenöl, Salz und Pfeffer mischen und die Spießchen kurz vor dem Ende der Garzeit bepinseln. Kaiser Karl ißt dazu einen Getreidebrei aus Weizen-Vollgrieß und trinkt einen kräftigen Rotwein.

Erbsen auf höfische Art

Vorbereitung:
Kochzeit: *20 Min.*
Für vier Personen:

1 kg	Erbsen tiefgekühlt
1 l	Gemüsebouillon
100 ml	Weißwein
2 EL	Honig

Zubereitung: Die Erbsen in der Bouillon 10 Min. kochen, abgießen, gut abtropfen lassen und mit dem Mixer fein pürieren. Das Erbsenpüree soll ziemlich trocken sein, deshalb evtl. in einer Pfanne das restliche Wasser verdampfen lassen. Das Püree durch eine Kastanienpresse drücken, so daß feine Spaghetti entstehen. Weißwein und Honig aufkochen und über die Erbsen verteilen.

Birnenmus

Vorbereitung: *20 Min.*
Kochzeit: *10 Min.*
Für vier Personen:

6	Birnen
100 ml	Weißwein
20 g	Butter
50 g	Birnendicksaft
1 TL	Zimt
6	Eigelb
2 EL	Honig

Zubereitung: Die Birnen schälen, entkernen und in feine Scheiben schneiden. Weißwein und Butter aufkochen und die Birnen 15 Min. darin kochen. Mit dem Stabmixer fein pürieren, mit Birnendicksaft und Zimt würzen und mit dem Eigelb mischen. Vier feuerfeste Gratinierschälchen mit Butter ausstreichen, das Birnenmus dazugeben und im Backofen bei 220 Grad ca. 10 Min überbacken. Auf Teller stürzen und mit flüssigem Honig verzieren.

Die Küche des frühen Mittelalters

In den Wirren der Völkerwanderung wurde zugleich mit dem römischen Imperium auch dessen Infrastruktur und ein Teil des Wissens zerstört. Für die Kochkunst bedeutete dies, daß mit dem Niedergang des Handels bestimmte Nahrungsmittel und vor allem Kräuter und Gewürze gar nicht oder sehr viel schwerer zu erhalten waren. Auch eine Reihe landwirtschaftlicher Kenntnisse ging verloren, ebenso wie verfeinerte Formen der Speisezubereitung. Die meisten Köche des Mittelalters beherrschten nur das Braten und Kochen. Insofern muß das Mittelalter auch kulinarisch als »dark ages« gelten.

Auf Grund der relativ primitiven Landwirtschaft war nördlich der Alpen im frühen Mittelalter Schmalhans Küchenmeister. Die alte Sitte, sich dann den Magen vollzuschlagen und zu feiern, wenn einmal Nahrung da war, feierte fröhliche Urständ. Und auch an den Höfen und in den Burgen der Reichen orientierte sich die Speisezubereitung am Zustand der Nahrungsmittel und der laut Archäologenbefund höchst kariösen Zähne.

Innovative Köche versuchten dennoch, das reichlich fade Ergebnis ihrer Bemühungen interessanter zu gestalten. Einmal machten sie es »farbiger«, indem sie die Getreide- oder Gemüsebreis mit zerstoßenen Kräutern, Sandelholz, Safran oder Maulbeeren einfärbten. Bei großen Feierlichkeiten kamen Schaugerichte hinzu, etwa ein »feuerspeiender« Adler mit Kampfer im Schnabel. Ein Hang zum kräftigen Würzen sollte zunächst einmal die faden Speisen geschmacklich interessanter machen, der Hausherr wollte mit exotisch gewürzten Mahlzeiten aber auch seinen Reichtum demonstrieren, denn eine Muskatnuß wurde mit einem halben Dutzend Zugochsen und ein Pfund Safran mit einem Rappen aufgewogen. Der erste Versuch, diese Entwicklung durch eine »renovatio imperii« zu konterkarieren, geschieht am Musenhof zu Aachen. Karl der Große – seine Vorliebe für deftige Speisen und am frühen Morgen beginnende »Arbeitsessen« ist übrigens dokumentiert – versuchte, die Nahrungsmittelproduktion zu modernisieren. Die Stichworte sind Dreifelderwirtschaft, neue Pflüge, Versuchsfelder für Gemüse- und Obstanbau. Wegen der Wirren und Kriege konnten sich diese Modernisierungen erst im 12. Jahrhundert weithin durchsetzen, begünstigt durch eine Klimaverbesserung. Immerhin, in den Gärten der königlichen Pfalzen und bald in immer mehr Klöstern wuchsen nun Zwiebeln, Knoblauch, Rüben, Rote Beete, alle möglichen Kohlsorten, Zichorie und Blattsalate. Gartenkürbisse, Zucchini und Gurken wurden kultiviert, ebenso wie Hülsenfrüchte, etwa Saubohnen, Erbsen und grüne Bohnen. Langsam verbreiterte sich die Nahrungspalette nicht nur in den großen Gütern, sondern auch auf den kleinen Bauernhöfen und in den Gärten in den aufstrebenden Städten. Die kulinarische Erneuerung aber sollte von außen kommen.

Ein Lied für den Cid

»Balsamieret wird sein Leichnam;
Frisch und schön, als ob er lebte,
Sitzt er da mit hellen Augen,
Mit ehrwürdig weißem Bart.
Mitternacht war's und man setzte
Auf sein gutes Pferd Babieca
Grad und fest den toten Herrn;
... Aus Valencia waren alle
Längst schon, als der Tag anbrach.
Dies gesehen, erschraken alle
Sechs und dreißig Mohrenkön'ge,
Furchterblassend stand Bucar.
Wohl sechshunderttausend Ritter
Dünkt ihnen das Heer der Christen,
Alle weiß und hell wie Schnee.
Und der schrecklichste vor allen,
Reitend vor auf weißem Rosse,
Größer als die anderen alle:
In der Hand die weiße Fahne,
Auf der Brust ein farbicht Kreuz,
Sein Schwert glänzet wie Feuer -
Als er anlangt bei den Mauren
Breitet ringsum er den Tod!«

(Herder, Das Lied vom Cid)

Die letzten Sonnenstrahlen treffen das weiße Haus, das sich an die Klostermauern schmiegt. Unter den Spitzbogenfenstern sitzt die alte Dame in einem Korbsessel. Ein schwarzer Schleier verdeckt ihr Gesicht. Ob sie schläft, denkt die junge Nonne, als sie herantritt. »Doña Jimena, seid Ihr wach?« flüstert sie, »es ist Zeit für das Abendessen. Ihr müßt unbedingt kommen!«

Die alte Frau seufzt und stemmt sich mühsam hoch. »Was ist so wichtig, daß Ihr ohne mich nicht essen könnt?« – »Ein Fremder ist gekommen, ein fahrender Sänger«, sprudelt es aus dem jungen Mädchen heraus. »Er bittet Euch flehentlich, sein neues Werk anzuhören, ein neues Lied vom ›Cid‹.« – »Ihr jungen Dinger wollt nur wieder einmal einem Troubadour zuhören«, ein kurzes Lächeln huscht über Jimenas Gesicht, »und schert euch nicht darum, alte Wunden aufzureißen.« Sie geht in ihren kleinen Raum, taucht ihre Hände in die silberne Handwaschschale und kühlt die Stirn. »Jetzt wirst du also immer mehr zur Legende, Rodrigo«, flüstert sie vor sich hin. Sie legt einen Umhang aus schwarzer Seide um die Schultern und geht in den Speiseraum des Klosters.

Dort wartet mehr als ein Dutzend Nonnen schon um den ovalen Tisch, an dessen einer Spitze die alte Dame nun in einem mit Schnitzereien verzierten gotischen Holzstuhl Platz nimmt. Eine der Schwestern spricht ein kurzes Gebet, dann fällt ein Mann im bunten Gewand der Spielleute vor der Äbtissin in die Knie. »Habt Dank, Herrin, daß ich Euch meine bescheidenen Verse über Euren verehrten Mann vortragen darf. Er ist für uns alle ein Vorbild, ein Heiliger!«

»Heilig sprechen kann nur der Stellvertreter Petri in Rom, nicht Ihr«, tadelt Doña Jimena sanft, »aber laßt uns erst einen Bissen essen!« Novizinnen bringen dampfende kleine Holschüsselchen, aus denen alle mit ihren Löffeln nehmen. Bis auf das Schmatzen ist nichts in dem Refektorium zu hören, denn während des Essens herrscht im Kloster Schweigegebot. Muscheln in gebranntem Wein, denkt Jimena, das gab es auch, als ich Rodrigo 1073 zum erstenmal sah …

Auch wenn sich keine Frau aus dem kastilischen Hochadel ihren Mann aussuchen konnte, zunächst war sie schon erschrocken. Heirat mit einem kleinen Landedelmann, dessen einzige Qualität sein Schwertarm war! Nachdem er in einem Kampf auf Leben und Tod die Grenzfestung Pazuengos für seinen Herrn gewonnen hatte, führte er den Namen »Campeador« und nach der Einnahme der Maurenstadt Zarazoga durch seine Truppe verwegener Kämpfer war dieser Rodrigo Diaz de Vivar für Freund und Feind nur noch »El Cid«.

»Herrin, soll ich jetzt mit meinem Ruhmesliede anfangen?« unterbricht der Sänger ihre Gedanken. »Es hat über 1 000 Strophen und beginnt mit dem Zweikampf um …« – »1 000 Strophen sind für eine alte Frau zu viel«, erwidert Jimena, »singt uns etwas von Burgos, von Alfonsos Krönung und seinem Eid.« Der Sänger greift in die Saiten seiner Laute:

»Es knieten alle, nur einer stand.
Der König blickt fragend zum Cid,
warum er verweigert den Eid.
›Schwört mir, Alfonso‹, sagt hallend der Cid,
daß Eure Hand ist nicht befleckt
von Eures Bruders Blut.«

So entstehen Legenden, denkt Jimena. Später hatte es viel Zwist zwischen ihrem Vetter und seinem ersten Ritter gegeben, aber der erzwungene Eid gehörte nicht dazu. Im Gegenteil. »Das war natürlich alles abgesprochen«, hatte ihr Rodrigo kurz nach der Hochzeit erklärt, »das halbe Königreich war davon überzeugt, daß Alfonso irgend etwas mit dem Mord an seinem Bruder Sancho zu tun hatte. Wenn aber der König vom berühmtesten seiner Kämpfer zum ›fuero juzgo‹, zum heiligen Schwur gezwungen würde und ich ihm danach den Treueid schwöre, dann würden ihn auch alle die anderen Ritter, die nicht zur Krönung gekommen waren, anerkennen …«

Durch den Beifall der Mitschwestern wird die alte Dame aus ihren Erinnerungen gerissen, der Troubadour verneigt sich. »Ihr versteht Euch im Versmaß«, sagt Jimena, »ich möchte nach dem nächsten Gang mehr von Euch hören.« Der würzige Duft der »sopa de ajo«, der Knoblauchsuppe, durchzieht den Raum. Die bittere Suppe der Verbannung, so nannten wir sie später immer, es war unsere letzte gemeinsame Mahlzeit für lange Zeit …

»Und heftig weinte mein Cid.
Sprach zu den Männern, die ihm folgten:
Des Landes verwiesen mit Schimpf und Schande
sind wir vom König.
Aber heimkehren werden wir in Ehren!«

Es konnte nicht gut gehen zwischen dem König und meinem Mann, denkt Jimena. Alfonso entfernte ihn aus seiner Nähe, sobald er sich seines Thrones sicher war, und beauftragte ihn damit, Tribute von saumseligen Maurenfürsten einzutreiben. Ein einträgliches Geschäft, das ihn zum reichsten Mann Spaniens machte mit einer Gefolgschaft, die bald größer war als die des Königs. Und weil der keinen Staat im Staate zulassen wollte, ja konnte, verbannte er Rodrigo. Für mich und die Kinder, die wir als Geiseln in Kastilien blieben, war die Verbannung hart. Aber nicht für den Cid. Er beschützte nun die Maurenfürsten, bei denen er vorher den Tribut eingetrieben hatte, vor dem König und kassierte dafür deren Tribut. Also wurde er noch reicher …

»Als von Afrika dann dröhnten
des Schlächters Yussuf dumpfe Trommeln,
rief zum Hofe nach Kastilien
der König endlich unseren Cid.

Überwindend seinen Grimme
beugt der Cid dann seine Knie.«

Wie alles zwischen meinem Vetter und meinem Mann war es nur ein Geschäft, denkt Jimena. Ohne Rodrigos Hilfe konnte Alfonso die aus Afrika eingerückten Heerscharen der Almoraviden nicht besiegen. Und so machte Alfonso dem Cid ein einmaliges Angebot: Valencia und alles, was Rodrigo Diaz mit den kastilischen Lanzen erobern oder gewinnen wird, soll sein Eigentum sein! Jimenas Gedanken kehren wieder in die Gegenwart zurück, wo der Troubadour vom wechselhaften Kampf gegen die Almavoriden berichtet. Zweimal konnte er Valencia einnehmen, zweimal verlor er es wieder, dann belagerte er es 17 Monate, bis es sich endlich ergab. Die Äbtissin klatscht in die Hände: »Ein guter Zeitpunkt für eine Unterbrechung, laßt die Paella valenciana servieren.«

Die Dienerinnen tragen zwei gußeiserne Töpfe, die mit glühender Holzkohle gefüllt sind, in den Speiseraum und stellen sie in die Ecken. Darauf werden riesige Pfannen mit safrangelbem Reis gestellt, in dem sich Muscheln, alle Arten von Fisch, aber auch Hühner und Schinkenstücke befinden.

Paella, das haben wir damals für die ganze Bevölkerung Valencias machen lassen, die nach 17 Monaten völlig ausgehungert war. Ein kluger Schachzug, mit dem der »Cid« die Bevölkerung gewann. Obwohl er Paella überhaupt nicht ausstehen konnte, wegen des Safran! Alles Maurische war ihm nicht fremd, nur ihre Gewürze konnte er nicht ausstehen. Obwohl eine gute Küche ohne sie gar nicht zu denken ist. Aber beim Essen ist er, der lesen und schreiben, mit den moslemischen Gelehrten über den Koran diskutieren konnte, ein Bauer geblieben …

»… Führt vors Volk er den Verräter
Ibn Jehaf, Mörder des Emirs
und dazu sein Weib und Kinder.
Alle sollen schmählich brennen,
so verlangt es das Gesetz!
Doch des Volkes Flehen hörend,
bricht der Cid der Kinder Ketten
und auch des Verräters Weib …«

Rodrigo verstand sich auf solche großen Gesten, erinnert sich Jimena. Da war er nach 17 Monaten Belagerung der ärgste Feind der Valencianer und gewinnt sie dann einen Tag später durch so eine Geste und eine Paella!

»Kamen zu ihm die Getreuen,
die Gefährten vieler Schlachten,
auf dem Kissen eine Krone.
Nehmt, mein Cid, Euch diese Krone!
Die Ritter rufen's, es ruft das Volk.
Doch den Kopf ganz grimmig schüttelt

unser Cid und sagt es hallend:
Für den König nahm ich
diese Stadt Valencia!«

Mein edelmütiger Rodrigo, denkt Jimena. Natürlich wäre es das Dümmste gewesen, in diesem Moment, mitten im Kampf gegen die Mauren aus Afrika, nach der Krone zu greifen und damit den Konflikt mit Alfonso zu riskieren. Die alte Frau wird des Sich-Erinnerns plötzlich müde und klatscht in die Hände: »Genug der Lieder heute abend! Tragt den Erdbeerpudding und die saure Milch mit Honig auf, damit uns die Vergangenheit versüßt wird!«

»Aber Herrin«, wagt der Sänger einzuwerfen, »der Höhepunkt kommt doch noch. Aber vielleicht ist er für Euch zu schmerzlich!« – »Was wißt Ihr schon über die Schmerzen einer alten Frau? Ein Lied über ihren Mann, der schon zwei Dutzend Jahre tot ist, gehört nicht dazu!« – »So laßt mich doch singen, wie er sterbend befahl, ihn auf sein treues Roß zu setzen, wie er dann als Toter in die Schlacht ritt und wie er, von göttlichem Licht umhüllt, die Muselmanen in die Flucht schlug.« – »Das ist fürwahr eine schöne Geschichte, so schön, daß man sie kaum glauben könnte. Wenn nicht alle wüßten, daß sie doch wahr ist! Aber Ihr seid mir ein wenig jung dafür, daß Ihr in Valencia dabei gewesen sein könntet?« – »Nein, aber ich habe die Geschichte von einem gehört, der jetzt das Kreuz genommen hat und gegen die heidnischen Mauren kämpft, um sie endgültig von spanischem Boden zu vertreiben.« – »So erfüllt Euer Lied ja einen guten Zweck. Seid bedankt und laßt Euch morgen ein paar Goldstücke geben. Und genießt mit uns nun still den Rest des Abendessens.«

Rodrigo hat sein Fürstentum nicht bekommen, dafür ist er in das Reich der Legenden geritten, denkt Jimena, während alle schweigend essen. Vielleicht ist das ja auch besser so! Auf jeden Fall hat er die Berber mehrmals vernichtend geschlagen und so Alfonso Zeit gegeben, sein Königreich zu retten. Tagelang hat er mit dem Tod gerungen, als er bei einem Ausfall in Valencia eine Pfeilwunde im Hals erhielt. Ich möchte wissen, wer die Geschichte erfunden hat, daß er dann als Toter in die Schlacht ritt. Aber soll ich die Legende korrigieren? Wahrscheinlich würde mir das gar nicht gelingen …

(Nach El Cids Tod im Jahre 1099 hielt seine Frau Jimena drei Jahre lang die von Berbern belagerte Stadt. Dann gab König Alfonso das so lange umkämpfte Valencia im Austausch für ein anderes Gebiet preis, Doña Jimena wurde Äbtissin eines reichen Klosters. Der Cid, der den ersten Konquistadorenbrief der spanischen Geschichte erhielt, wurde zum Symbol der »reconquista«, der Rückeroberung und blutigen Säuberung der Halbinsel von allen Mauren, auch denen, mit denen die Christen jahrhundertelang friedlich zusammengelebt hatten.)

Abendmahlzeit bei Doña Jimena

Venusmuscheln in Sherry (Almejas en Jerez)

Vorbereitung: *5 Min. + 2 Std.*
Kochzeit: *10 Min.*
Für vier Personen:

500 g	Venusmuscheln
2 EL	Olivenöl
1	Zwiebel
1	Knoblauchzehe
1 EL	Petersilie
100 ml	Sherry trocken
300 ml	Wasser
	Salz und Pfeffer
4	Safran-Fäden

Zubereitung: Die Muscheln zwei Stunden in kaltes Wasser legen. Olivenöl erhitzen, die gehackte Zwiebel, die durchgepreßte Knoblauchzehe und die gehackte Petersilie andämpfen, mit dem Sherry und dem Wasser ablöschen und mit Salz, Pfeffer und Safran würzen. Die Muscheln in diesen Sud geben und 5 Minuten köcheln lassen. Sobald sich die Muscheln geöffnet haben, zusammen mit etwas Sud servieren

Knoblauchsuppe (Sopa de ajo)

Vorbereitung: *5 Min.*
Kochzeit: *20 Min.*
Für vier Personen:

4	Toastbrotscheiben
2 EL	Olivenöl
8	Knoblauchzehen
1 EL	Olivenöl
1 l	Gemüsebouillon
2	Eier
	Pfeffer

Zubereitung: Die Toastbrot in Würfel schneiden und in Olivenöl goldbraun rösten. Die ganzen Knoblauchzehen im Olivenöl langsam glasig braten. Mit Gemüsebouillon ablöschen und 5 Minuten auf kleinem Feuer köcheln lassen. Die Eier verquirlen und unter kräftigem Rühren in die Suppe einlaufen lassen. Mit Pfeffer würzen und zusammen mit den Brotwürfeln servieren.

Paella valenciana mixta

Vorbereitung: *40 Min.*
Kochzeit: *45 Min.*
Für acht Personen:

500 g	Fischabfälle
1	Lorbeerblatt
1	Thymianzweig
1	Safran-Briefchen
2 l	Salzwasser
2 EL	Olivenöl
8	Poulet-Unterschenkel
200 g	grüne Bohnen
8	Langostinos
8	Garnelen
300 g	Seeteufel
500 g	Rundkornreis
2	Knoblauchzehen
300 g	Erbsen (evtl. tiefgefroren)
1 Bund	Petersilie
24	Miesmuscheln

200 g	Schinkenwürfel	200 ml	leichter Rotwein
8	Schweinsbratwürstchen	8	Knoblauchzehen
300 g	Tintenfischringe		Salz und Pfeffer
1	Zwiebel	1	Zitrone

Zubereitung: Die Fischabfälle zusammen mit dem Lorbeerblatt, Thymianzweig und Safran ins heiße Salzwasser geben und 30 Minuten köcheln. In einer Paella-Pfanne oder Wok das Olivenöl erhitzen und die Pouletstücke kräftig anbraten. Nach und nach die Schinkenwürfel, die Schweinswürstchen, die Tintenfische, die Zwiebel, die Bohnen, die Langostinos, die Garnelen und den in Stücke geschnittenen Seeteufel zugeben. Die angebratenen Beilagen jeweils an den Rand schieben. Zum Schluß den Reis und die Knoblauchzehen dazu geben, kurz andünsten, mit der Hälfte der abgesiebten Fischbrühe ablöschen und alles gut untereinander rühren. Immer wieder vorsichtig umrühren und Fischbrühe nachgießen. Nach ca. 10 Minuten die Erbsen und die gehackte Petersilie darunter ziehen und nochmals 10 Minuten köcheln. In einem separaten Kochtopf die gereinigten Muscheln im Rotwein bei starker Hitze kochen, bis sie sich öffnen. Abgießen, zur Paella geben, mit Salz und Pfeffer abschmecken und noch 5 Minuten ziehen lassen. Mit Zitronenscheiben garnieren und in der Paella-Pfanne auf den Tisch bringen.

Erdbeerpudding (Flan de fresas)

Vorbereitung:	*5 Min.*	500 g	Erdbeeren
Kochzeit:	*20 Min.*	10 EL	Honig
Für vier Personen:		5	Eier

Zubereitung: Die gereinigten Erdbeeren im Mixer pürieren. In einer Pfanne die Hälfte des Honigs karamelisieren. Die Eigelb mit dem restlichen Honig schaumig rühren, mit dem Erdbeerpüree mischen und zum karamelisierten Honig rühren. Im Wasserbad erhitzen, bis die Creme stockt. Das Eiweiß zu Schnee schlagen und unter die abgekühlte Creme ziehen.

Saure Milch mit Honig (Mamiya)

Vorbereitung:	*5 Min. + 24 Std.*		
Für vier Personen:		2	Zitronen
1 l	frische Milch	2 EL	Honig

Zubereitung: Die Milch mit dem Saft der Zitronen mischen und in vier Dessert-Schälchen verteilen. Zugedeckt an einem luftigen kühlen Ort (z. B. im Keller, aber nicht im Kühlschrank) für 24 Stunden stehen lassen. Mit flüssigem Honig beträufeln und servieren.

Ist keine frische Milch erhältlich, kann auch pasteurisierte Vollmilch verwendet werden. Die Milch bleibt etwas flüssiger, schmeckt aber trotzdem sehr gut.

Spanische/maurische Küche im Hochmittelalter

Eine erste, leider kurze Blüte erlebte die mittelalterliche europäische Küche in Spanien. Kein Wunder, befand sich hier doch die Schnittstelle zwischen moslemischer und christlicher Welt. Einige Zeit drängten die Moslemfürsten die von den westgotischen Eroberern geführte christliche Bevölkerung zurück und brachten all das mit, was die in Blüte stehende islamische Welt zu bieten hatte.

Während der christliche Teil Spaniens – was Wissenschaft, Literatur und feine Lebensart betraf – allen kulturellen Anfechtungen tapfer widerstand, ja im Zuge von »reconquista« und später der »Inquisition« alles »Heidnische« auszulöschen suchte, manifestierte sich das maurische Spanien bleibend wenigstens in zahlreichen Kulturpflanzen und Anbautechniken.

Al-Himyari, ein arabischer Historiker, beschreibt, daß in einem fruchtbaren Flußtal westlich von Granada Pfirsiche, Orangen, Kastanien, Dattelpalmen, Melonen, Zuckerrohr und Spargel kultiviert wurden. Dazu kamen »Azafran« (Safran), »Algarrobo« (Johannisbrot), »Albaricoque« (Aprikosen), »Arroz« (Reis) und »Limón« (Zitrone), die ja auch begrifflich Einzug in weitere europäische Sprachen gehalten haben. Namentlich erwähnt sind auch der »Koriander«, der, von den mittelalterlichen Köchen als »Wanzenkraut« abgetan, erst in der Renaissance wieder zu Ehren kam. Ähnlich ging es dem Kreuzkümmel, der aus Turkestan kam und das wohl beliebteste Gewürz im »al-Andalus«, im arabischen Teil Spaniens, war. Während die Heilige Inquisition jeden, der Kreuzkümmel aß, der Ketzerei verdächtigte, entdeckten die Renaissance-Köche dieses schon bei den alten Römern hochgeschätzte Gewürz für sich neu.

Für eine kurze Zeit war Andalusien so das kulinarische Mekka des Abendlandes. Dies belegt auch das vermutlich auf der iberischen Halbinsel geschriebene »Kitab al-tabig«, das berühmte (auch ins Kastilische und Englische übersetzte) arabische Kochbuch. Es enthielt höchst raffinierte Rezepte (eine kleine Ahnung davon im nächsten Kapitel), die aber praktisch die spanisch-christliche Küche kaum beeinflußten. Sie orientierte sich nach wie vor an mittelalterlichen Bräuchen. Maurische Einflüsse finden sich lediglich bei Süßspeisen, Fisch, Fleisch und Gemüse; in unserem Menü für Doña Jimena haben wir eine Palette davon ausgewählt.

Immerhin, über Spanien waren weitere kulinarische Schneisen in die europäische Kochlandschaft geschlagen worden, eine einfache regionale Küche hatte sich – zumindest begrenzt – als anpassungsfähig erwiesen. 1477 erschien in Barcelona mit dem »Libre de Coch«, herausgegeben von einem »Maestro Rupert«, das für lange Zeit einzige spanische Kochbuch, in dem sich viele der mit den Mauren gekommenen Nahrungsmittel und Gewürze wiederfinden, vermutlich, ohne daß sich der Verfasser dessen bewußt war.

Verhandlungen mit Saladin

»Und der König von England gab dem Boten eine Nachricht an den Sultan mit: ›Du sollst ihm den Gruß entbieten und sagen, daß Muslime und Franken ausgeblutet sind, das Land völlig verwüstet ist, daß beide Seiten Gut und Leben geopfert haben. Es ist jetzt an der Zeit, ein Ende zu machen …«

(Baha' ad-Din ibn Saddad, zit. nach F. Gabrielli,
Die Kreuzzüge aus arabischer Sicht,
Zürich 1973, S. 281)

»Tretet ein, edle Herren. Die besten Speisen östlich von Jerusalem, erfrischende Dämpfe und weiche Polster, fettes Heu für die Pferde. Das gibt es nur in der Goldenen Lampe. Und all das fast geschenkt!« Wilfried von Ivanhoe hat Mühe, dem schnellen Wortfluß des beleibten Moslems zu folgen, obwohl er seit Monaten versucht, die Sprache der Morgenländer zu lernen. Der Dicke beugt sich zu seinem Begleiter Onfroi de Toron und flüstert verschwörerisch: »Und wir führen auch Getränke, die Allah nur den Ungläubigen erlaubt – Rotwein aus den Bergen des Libanon.« – »Du beschämst uns mit deiner Liebenswürdigkeit«, antwortet Onfroi, der in den Kreuzfahrerstaaten geboren ist. »Aber bedenke, daß unser Weg noch weit und unser Beutel schmal ist.« Der Wirt – hocherfreut, einen in den Sitten des Landes bewanderten Ungläubigen gefunden zu haben – streckt ein paar Finger aus: »Ich mache Euch den Preis so niedrig wie möglich, aber ich muß auch an meine Familie denken!«

Der sächsische Ritter sieht fasziniert zu, wie nun auch Onfroi die rechte Hand ausstreckt und ein paar Zeichen macht. Ein fast lautloses Fingerspiel beginnt. Gelegentliche Bemerkungen wie »aber nur mit Heu« oder »das Dampfbad kostenlos« lassen ihn erkennen, daß hier hart und lustvoll gefeilscht wird. Einige Minuten später winkt der Wirt seine Knechte herbei, die Pferde zu versorgen und das Gepäck auf die Zimmer im ersten Stock zu bringen.

Die beiden Christen werden in einen großen quadratischen Raum geführt, in dessen Mitte eine Wasserfontäne aus einem Marmorbecken sprudelt. An der Decke hängen Kugeln aus Kristallglas, in denen sich das von oben kommende Licht in allen Regenbogenfarben bricht. »Das ist ...« sagt Ivanhoe, aber Onfroi schüttelt den Kopf und legt ihm einen Finger auf den Mund. Während sie zu bequemen Sitzkissen vor kleinen Tischchen geführt werden, bemerkt der Sachse, daß tatsächlich keiner der Anwesenden spricht. Ein Diener zündet ein Räucherstäbchen vor den beiden an und reicht ihnen eine kleine Schale.

Während er schweigend den erfrischenden und würzigen Quark in sich löffelt, steigt die Spannung in Wilfried von Ivanhoe. Hier im kleinen Städtchen Lydda, im Machtbereich Saladins, sollen sie einen Boten des Sultans treffen und mit ihm über einen möglichen Frieden verhandeln. Am liebsten wäre König Richard Löwenherz, solchen Abenteuern immer zugeneigt, selbst mitgekommen, aber das hat ihm Onfroi de Toron, der geschiedene Mann von Königin Isabella von Jerusalem, ausreden können. »Ihr müßtet nicht um Leib und Leben fürchten«, hatte er gesagt, »hier halten sich die Muslime streng an alle Abmachungen. Aber Ihr würdet Euer Gesicht verlieren, Ihr seid ein Herrscher und kein Unterhändler!«

Nachdem sie den Quark gegessen haben, führt sie ein Diener in eine kleine, mit Teppichen ausgelegte Kabine. »Jetzt mußt du dich ausziehen«, erklärt Onfroi, »aber wickle eines von den langen Tüchern um dich. Vielleicht sind splitternackte

Wasserspender (13. Jh.)

Christen hier nicht erwünscht.« – »Warum herrscht in der Eingangshalle Schweigegebot?« erkundigt sich Ivanhoe. »Die muslimischen Ärzte glauben, daß die Gäste ganz ruhig das Spiel des Lichts, das Plätschern des Wassers verfolgen und so Abstand von der hektischen Welt gewinnen sollen. Das bereitet ihre Körpersäfte auf die reinigenden Dämpfe des Bades vor.«

Nachdem die beiden eine mit bunten Ornamenten bemalte Holztür geöffnet haben, wirft sie ein Schwall heißer Luft fast zurück. Onfroi führt den Sachsen zu einer Holzbank, wo sie sich niederlassen. Ivanhoe überkommt schläfrige Müdigkeit, bis ihn ein nackter Schwarzer an der Hand nimmt und in einen marmorgetäfelten Raum mit einer großen Liege führt. Kaum hat sich der Kreuzritter ausgestreckt, spürt er ein schreckliches Kratzen auf seinem Rücken. Er will schon gegen diese Folter mit einem rauhen Handschuh protestieren, da bemerkt er ein angenehmes Kribbeln im ganzen Körper und läßt von nun an alles mit sich geschehen. Auch als er in den nächsten Raum zu einem Becken geführt wird, springt er bereitwillig hinein – und schreit empört auf. Das Wasser ist eiskalt! »Willkommen, Wilfried von Ivanhoe«, hört er eine freundliche Stimme von nebenan, »ich hoffe, das Dampfbad gefällt Euch. Laßt Euch noch massieren, dann sind wir zum Essen und zu freundlichen Gesprächen bereit! Ich bin El-Adil, Unterhändler und Bruder unseres großen Herrschers Saladin, Allahs Gnade leuchte über ihm!«

Wenig später gehen die drei vom Dampfbad in einen anderen Teil der Karawanserei »Zur goldenen Lampe«. Ivanhoe, der einen einzigen großen Gastraum wie in England erwartet hatte, wird angenehm enttäuscht. Um einen kleinen runden Brunnen gruppieren sich mehrere, durch geschnitzte Holzgitter abgetrennte Räume. Nun erscheint wieder der dicke Wirt und geleitet sie nach einer tiefen Verbeugung vor El-Adil in eine dieser Kabinen, wo um einen niederen

Tisch drei Sitzkissen gruppiert sind. Auf Tische und Fenstersims sind weiße Rosen, Levkojen, Maiglöckchen, Lilien, Anemonen, Veilchen, Narzissen und Granatapfelblüten gestreut. Ein Diener stellt eine silberne Schüssel mit einer dicken Brühe, in der Ivanhoe Lamm und Linsen erkennen kann, auf ein weißes Leintuch und vor jeden der drei ein Schälchen Reis.

Der sächsische Ritter ist von Onfroi genau unterweisen worden, wie er zu essen hat. »Nimm nur die rechte Hand zum Essen! Die linke Hand gilt hier als unanständig, man braucht sie lediglich, um nach vollbrachter Tat das Hinterteil zu säubern!« hatte er ihm erklärt und ihm sogar die Eßweise vornehmer Araber beigebracht. So rollt Ivanhoe mit Daumen, Zeige- und Mittelfinger aus Fleisch und Reis eine Kugel und steckt sie sich in den Mund.

El-Adil sieht dem jungen Ritter anerkennend zu. »Ihr habt Euch gut auf unsere Sitten vorbereitet. Das ist selten für einen Christen und es gereicht Euch zur Ehre.« – »Nicht genug, befürchte ich«, erwidert Ivanhoe, »ich verstehe zu wenig von Eurer Sprache und vor allem von Euren Gesten!« – »Ihr beweist Stärke, wenn Ihr von Euren Schwächen sprecht! Aber in der Tat solltet Ihr auf unsere Hände achten. Ein Zeigefinger am Auge signalisiert Zustimmung, legt Euer Gesprächspartner die Hand an den Kopf, heißt das, er steht mit seinem Kopf für das ein, was er verspricht. Streicht er gar mit dem Finger über den Bart, dann schwört er beim Barte des Propheten, einen heiligeren Schwur gibt es bei uns Muselmanen nicht!« – »Aber es gibt doch sicher auch Lügner«, wirft der Sachse ein. »Lügner gibt es überall«, stimmt El-Adil zu. Aber ein arabischer Lügner wird selten beim Barte des Propheten lügen. Wenn er freilich all diese Gesten mit der linken Hand macht, dann haben seine Aussagen keinerlei Wert, er verspottet Euch nur. Aber genug der Belehrungen, versucht von diesem köstlichen Huhn.«

Und El-Adil steckt Ivanhoe – mit der rechten Hand – einen dunkelgelben Fladen in den Mund: »Hühnerleber mit Eigelb vermischt, ich liebe das. Aber kostet auch von der würzigen Brühe!« Einerseits findet der Engländer all die gereichten Speisen köstlich, vor allem die süß-sauren Kürbisstückchen und die Mandeltaschen, andererseits möchte er endlich zum Zweck dieses Treffens, den Verhandlungen über einen Frieden kommen. Aber er weiß, daß er warten muß …

Endlich klatscht El-Adil in die Hände, zwei Dienerinnen kommen mit feuchtheißen Tüchern, mit denen die drei Hände und Mund abwischen. »Und nun, mein junger Ritter, richtet mir aus, was Euer Herr für Vorschläge hat.« Wilfried von Ivanhoe konzentriert sich. »Es gibt drei wesentliche Fragen. Jerusalem, das Kreuz Christi und die Gebietsaufteilung. Auf Jerusalem, so läßt König Richard ausrichten, können wir nicht verzichten. Darum kämpfen wir bis zum letzten Mann. Das heißt: Das Land von hier bis zum Jordan muß den Christen gehören. Und das Kreuz Christi ist für euch ein gewöhnliches Stück Holz, während es für uns großen Wert hat. Wenn Sultan Saladin es uns überläßt und auch unseren anderen Forderungen zustimmt, dann wollen wir Frieden schließen und Schluß mit diesem schier endlosen Kampf machen.«

El-Adil lehnt sich zurück und schüttelt den Kopf. »Dem können wir natürlich nie und nimmer zustimmen. Jerusalem gehört uns nicht weniger als euch und es ist für uns noch heiliger als für euch, denn es ist der Ort, wo der Prophet seine Gemeinde versammeln wird am Tage des jüngsten Gerichts. Auch das Land gehört ursprünglich uns. Ihr seid hier die Neuankömmlinge und habt nur dank der Schwäche einiger Muslime ein paar Städte gewinnen können. Wir können euch nicht erlauben, sie für Dauer in Besitz zu nehmen. Und was das Kreuz angeht: Es ist ein Trumpf in unserer Hand. Wir dürfen es nicht ausliefern, es sei denn für einen erheblichen Gewinn, der dem Islam insgesamt zugute kommt.«

Wilfried von Ivanhoe erstarrt. Zwischen diesen Vorstellungen und den Forderungen seines Königs besteht ein riesiger Unterschied, da kann es keinen Kompromiß geben. Enttäuscht will er aufstehen, da fühlt er eine Hand auf seiner Schulter, die ihn festhält. »Wir sind im Orient, Ritter Ivanhoe«, flüstert ihm Onfroi ins Ohr, »wir sind erst am Anfang langer Verhandlungen ...«

(Mehr als ein Jahr dauerten die Verhandlungen, immer wieder von kriegerischen Aktionen begleitet oder unterbrochen. Schließlich schlossen Richard Löwenherz und Sultan Saladin am 2. September 1192 einen Friedensvertrag. Er sicherte dem Kreuzritterstaat einen schmalen Küstenstreifen im Heiligen Land und garantierte allen Christen freien Zugang nach Jerusalem, in dem nun auch christliche Priester ihren Gottesdienst abhalten durften. Der Dritte Kreuzzug war zu Ende, König Richard konnte schleunigst nach England heimkehren, wo sein Bruder John »Ohneland« praktisch die Macht übernommen hatte.)

Ein Menü für Wilfried von Ivanhoe

Lauch-Quark (Shiraz bi Buqal)

Vorbereitung: *10 Min.*

Für vier Personen:

1	Lauchstengel
5	Minzeblätter
1	Selleriekrautstengel
1 TL	Salz
10	Senfkörner
200 g	Speisequark
50 g	Walnüsse enthäutet
4	Pitha-Fladenbrote

Zubereitung: Das Weiße vom Lauch, die Minze und das Selleriekraut sehr fein hacken. Mit Salz, den gemahlenen Senfkörnern und dem Quark mischen und die gehackten Walnüsse darunter ziehen. Zusammen mit Pitha-Fladenbrot servieren.

Huhn-Tharida

Vorbereitung: *20 Min.*

Kochzeit: *130 Min.*

Für sechs Personen:

4 TL	Salz
2 EL	Olivenöl
1/2 TL	Pfefferkörner
1 TL	Koriandersamen
1/2 TL	Kreuzkümmel
1	Zwiebel
100 g	Kichererbsen
50 g	Mandeln
1	Zitronenmelissezweig
1 TL	Muskatblüten
1	Knoblauchknolle frisch
1 kg	Huhn
1	Safranbriefchen
2 EL	Essig
3	Eier
1/2 TL	Salz
1 MS	Pfeffer
1/2 TL	Ingwer fein gehackt
1 TL	Zimt
50 g	Hühnerleber
3	Eiweiß
3	Eigelb
	Bratbutter
3	Eier gekocht

Zubereitung: 3 Liter Wasser mit Salz, Olivenöl, Pfefferkörnern, Koriandersamen, Kreuzkümmel, gehackter Zwiebel, Kichererbsen, geschälten Mandeln, dem Zitronenmelissezweig, Muskatblüten und der ungeschälten Knoblauchknolle aufkochen. Das junge Huhn waschen, in Stücke zerschneiden, zur kochenden Brühe geben und ca. 2 Std. kochen. Gegen Ende der Kochzeit in Wasser aufgelöstes Safranpulver und den Essig zugeben und gut umrühren. Die Hühnerstücke aus der Suppe nehmen, das Fleisch von den Knochen lösen und die Brühe absieben. Die Eier aufschlagen, mit Salz, Pfeffer, Ingwer und Zimt würzen und die Suppe damit binden. Die Suppe darf aber nicht mehr kochen. Die Hühnerleber ganz fein hacken, mit Salz und Pfeffer würzen, mit dem Eiweiß mischen, zu kleinen Fladen formen und in der Bratbutter ausbacken. Die Eigelb ebenfalls in der Bratbutter anbraten und die gekochten und geschälten Eier halbieren. Das Hühnerfleisch in Suppenteller anrichten, die Brühe dazugießen und mit den Hühnerleberfladen, Eigelben und Eierhälften verzieren. Mit Zimt und Ingwer abschmecken. – Dazu passen Libanesische Fladenbrote.

Lammeintopf (Mujaddara)

Vorbereitung:	*30 Min. + 12 Std.*	2 TL	Salz
Kochzeit:	*90 Min.*	1 TL	Kümmel
Für vier Personen:		1 TL	Zimt
120 g	Linsen	1 EL	Butter
1 kg	Lammragout	250 g	Trockenreis
1 EL	Bratfett (wenn möglich Lammfett)	1 TL	Salz
1	Korianderzweig	1/2 TL	Zimt

Zubereitung: Die über Nacht eingeweichten Linsen 60 Min. in Salzwasser kochen. Das Lammfleisch im Bratfett kräftig anbraten. Korianderzweig, Salz, gemahlenen Kümmel und Zimt zugeben, mit Wasser bedecken und zugedeckt 60 Min. garen. Danach evtl. abgedeckt die restliche Flüssigkeit einkochen, so daß fast keine Flüssigkeit mehr vorhanden ist. In der Zwischenzeit die Butter erwärmen, Reis, Linsen, Salz und Zimt dazugeben, mit 1/2 l Wasser ablöschen und 20 Min. kochen lassen. Dann wird das gekochte Fleisch zum Reis gegeben und zugedeckt nochmals 30 Min. bei kleiner Hitze gekocht. Mit Salz und Pfeffer abschmecken.

Kürbis süß-sauer

Vorbereitung:	*10 Min.*	200 ml	Orangensaft
Kochzeit:	*20 Min.*	1	Zitrone (Bio)
Für vier Personen:		500 g	Zucker
1 kg	Kürbis	1/2 TL	Ingwer
(z. B Musquée de Provence)		1	Zimtstengel
400 ml	Weißweinessig	5	Gewürznelkenköpfe

Zubereitung: Kürbis schälen, halbieren, entkernen und in Würfel schneiden. Essig, Orangensaft, Zitronenschale, Zucker und Gewürze aufkochen und 5 Min. ziehen lassen. Die Kürbiswürfel portionsweise im Sud ca. 10 Min. kochen. Herausnehmen, abtropfen lassen und in ein Gefäß geben. Den Sud etwas einkochen lassen und durch ein Sieb zu den Kürbiswürfeln gießen. Zugedeckt abkühlen lassen und lauwarm oder kalt servieren.

Mandel-Taschen (Sanbuniya)

Vorbereitung:	*40 Min.*	60 g	Mandeln gemahlen
Kochzeit:	*35 Min.*	60 g	Puderzucker
Für vier Personen:		2 EL	Wasser
50 g	Butter	2 EL	Rosenwasser
3 EL	Nußöl	250 g	Zucker
50 ml	Wasser	200 ml	Wasser
1 MS	Salz	1	Zitrone
250 g	Weißmehl	2 TL	Rosenwasser

Zubereitung: Geschmolzene Butter, Nußöl, Wasser und Salz mischen, zum Mehl geben und zu einem Teig kneten. An einem kühlen Ort ruhen lassen. Die Mandeln, den Puderzucker, das Wasser und das Rosenwasser mischen. Den Teig dünn auswallen, Quadrate von 5 cm Kantenlänge schneiden, Füllung in die Mitte geben, zu Dreiecken zusammenfalten, die Ränder mit Wasser netzen und gut andrücken. Im vorgeheizten Backofen bei 180 Grad ca. 30 Min. backen. Zucker, Wasser und Zitronensaft aufkochen und ca. 15 Min. unter häufigem Rühren einkochen lassen. Mit Rosenwasser würzen und auskühlen lassen. Die noch heißen Mandel-Taschen in den Sirup tauchen und kalt servieren. Evtl. mit Puderzucker bestreuen.

Die Kreuzzüge und ihr Einfluß auf die europäische Küche

Durch die Kreuzzüge kam die relativ unbedarfte europäische Jugend in Kontakt mit einer Zivilisation, die ihr – mit Ausnahme der Kampftechniken und Waffen – so ziemlich in allen kulturellen Belangen voraus war.

Die Ritter aus England, Frankreich und dem Heiligen Römischen Reich deutscher Nation lernten Seidenwaren, Parfum, Zuckerrohr, exotische Früchte, Kräuter und Gewürze aus Ceylon, Indien und China kennen. Im Lauf der Jahrhunderte entwickelte sich ein blühender Handel, vor allem über See. Am Ende stand dann das Aufblühen der italienischen Stadtstädte, von denen auch die kulinarische Renaissance ausgehen sollte.

Aber auch die kurzfristigen Auswirkungen der Begegnung mit den Speisen aus 1001 Nacht – in dieser Märchensammlung finden wir übrigens höchst ausführliche Beschreibungen – waren beträchtlich. Die schon von Karl dem Großen angeregte Kultivierung von Obst und Gemüse, das im arabischen Raum und Teilen der iberischen Halbinsel reichlich wuchs, erhielt einen neuen Schub. Einige Gewürze – Safran, Zimt oder Rosenwasser – fanden, wenn auch mehr als Statussymbol denn als echte Geschmacksverbesserer, Eingang in die Küche des Adels: Ein fürstliches Mahl ohne »heidnische« Speisen konnte sich kein Fürst, der etwas auf sich hielt, mehr leisten. Und mit dem Kuchen kam – wenn auch zunächst nur bis Italien – mit Zuckerrohr gesüßtes Naschwerk als Nachtisch auf, ja sogar erste Formen von Fruchteis.

Zu einer wirklichen Adaption kam es freilich nicht. Von der verfeinerten arabischen Küche, wie sie Al-Warraq, einer der berühmtesten Kochbuchautoren, beschreibt, ahnen die abendländischen Köche nichts. Während sie orientalisches Gewürz mehr oder weniger verschwenderisch über die ansonsten reichlich faden Speisen streuen, teilt er die Würz- und Verfeinerungsmittel in zehn ausführlich beschriebene Gruppen ein, beginnend bei den »parfümierenden« Stoffen – darunter zählt er Moschus, Ambra oder Rosenwasser – über getrocknete oder frische Früchte bis hin zu Wein und Färbemitteln.

Orientalische Eß- und Lebenssitten färbten nur schwach und gelegentlich verzerrt auf abendländisches Tischgebaren ab. Eine festliche Tafel soll nun auch optisch mehr bieten, mit Blumen oder farbigen Tüchern dekoriert sein und nicht mehr nur mit goldenem und silbernem Geschirr prunken. Rührige Haushofmeister planen zunehmend, aus dem Ablauf der Speisenfolge eine Zeremonie zu machen, und die nunmehr in schriftlicher Form vorliegenden Tischmanieren, wie sich ein höfischer Ritter an der Tafel zu benehmen hat, sind spürbar von den Erfahrungen mit Arabern inspiriert. Und letztlich sind sich Morgen- und Abendland in dem, was ein altes orientalisches Sprichwort sagt, einig: »Das Leben kommt aus dem Magen!«

Begegnung mit einem Geächteten

»Damals waren als im Forst lebende Geächtete,
Little John und Robin Hood weithin berühmt,
Im Inglewood und in Barnsdale trieben sie
Während all dieser Jahre ihr Handwerk«.

(Aus der 1420 vollendeten Chronik Schottlands von Andrew de Wyntoun)

Er trug einen grünen Mantel und einen Überwurf von gleicher Farbe,
Und hatte im Gürtel ein mit Pfauenfedern versehenes
Bündel spitzer Pfeile geborgen.
Die Federn seiner Pfeile hingen nicht schlaff herab
Und in seiner Hand hielt er einen machtvollen Bogen.
Sein Haar war gestutzt, sein Gesicht braun,
Er verstand sich auf die Weidmannskunst.
Um den Arm war ihm ein leuchtend buntes Band geschlungen,
Er hatte an der einen Seite Schwert und Schild,
An der anderen hing ein Dolch scharf wie eine Speerspitze
In einem guten Gehänge ihm prachtvoll herab,
Und auf seinem Brustharnisch prangte ein Christopherus.
Ein Hifthorn hing ihm vom Gürtel und der war grün;
Er war wahrlich ein Mann des Waldes.«

(Geoffrey Chaucer in seinen im 14. Jahrhundert geschriebenen »Canterbury Tales« über einen nicht namentlich erwähnten Landedelmann)

»Last orders please!« schallt es durch die rauchgeschwängerte Luft des »Ye olde Trip to Jerusalem«. Georg Fleischer, Student der Anglistik und englischen Geschichte aus Erlangen, überlegt, ob er noch einen Schlummertrunk ordern soll. Aber er hat schon einiges getrunken, seit er am frühen Abend zum Burgberg in Nottingham gepilgert ist, um das älteste Pub Englands zu besuchen. Hier sind schon die Kreuzfahrer eingekehrt, bevor sie ins Heilige Land aufbrachen. Und natürlich auch der, weshalb Georg überhaupt hierher gekommen ist und der ihn seit der Jugendzeit fasziniert: Robin Hood! Hat er hier in diesen Räumen, die weit in den Hügel hineingebaut sind, mit seinen Männern gebechert? Oder ist er gar durch einen der zahlreichen Geheimgänge, die es damals im Castle Hill gegeben haben soll, ins Schloß eingedrungen und hat den Sheriff von Nottingham überrascht?

Für einen Moment überlegt der Student, ob er noch einen Imbiß einnehmen soll. Nein, er liebt fast alles in England mit Ausnahme der Küche und ist froh, wenn er einen »Inder« oder »Chinesen« findet. Das war zu Robin Hoods Zeiten anders, fährt es ihm durch den Kopf, da galt England als kulinarischer Geheimtipp. Wie auch immer, Georg stemmt sich hoch und kämpft sich an der Theke vorbei zum Ausgang. Er sieht zur mächtigen Burg hinauf und geht schweren Schritts zu seinem Hotel, wo er schnell einschläft.

Am nächsten Morgen fährt Georg ein Stück nach Norden, sein Ziel ist der »Sherwood Forest Country Parc«, wo er die Ausstellung über sein Lieblingsstudienobjekt ansehen will. Er ist früh dran, hält an einem kleinen Parkplatz und will sich die Müdigkeit durch einen kleinen Spaziergang aus den Gliedern vertreiben. Langsam verschwindet hinter ihm der Zivilisationslärm, kein Auto, kein Flugzeug ist zu hören, nur die Vögel, die irgendwo im dichten Laub der Eichen oder Birken sitzen. »Ob er hier wirklich gelebt hat?« fragt sich der Amateurgelehrte halblaut selbst.

»Natürlich hat Robin Hood gelebt! Nicht nur einer, sondern viele!« Georg sieht einen Mann mit grüner Kappe und grünem Hemd, der einen Meter über ihm auf einem dicken Ast sitzt. »Wer sind denn Sie?« fragt er verdutzt. »Na, daß mich der Sheriff von Nottingham oder Prinz John nicht gleich erkennt. Aber Ihr?« Der junge Deutsche reibt sich die Augen. Der Mann hat irgend etwas von Errol Flynn, aber auch von Kevin Kostner. »Ihr seid eine Attraktion hier, ein Robin-Hood-Darsteller.« – »Glaub doch, was du willst. Aber komm mit ins Lager!«

Geschmeidig springt der Mann auf den Waldboden, winkt ihm und geht voraus, das Dickicht mit seinem Bogen zur Seite schlagend. Plötzlich stehen sie auf einer Lichtung mit ein paar Zelten, einem großen Lagerfeuer und ein paar Baumhütten. Unter einer mächtigen Eiche steht ein runder Tisch mit ein paar Hockern ringsherum. Kaum haben sie sich dort niedergelassen, erscheint ein beleibter Mönch mit einer Schale voller Gebäck. »Ich bin Father Tuck und für das Seelenheil dieser Halsabschneider verantwortlich, aber auch für ihr leibliches Wohl. Greift zu!«

Georg beißt vorsichtig ein Stück ab und ist angenehm überrascht. »Das ist ja köstlich, nicht einfach paniert und in irgendein Öl geworfen!« – »Nur ein Fisch, frische Kräuter und Nüsse, dazu noch ein paar Gewürze«, sagt Tuck stolz, »nicht schlecht für eine Fastenspeise.«

Georg Fleischer, der sich in dieser unwirklich scheinenden Szenerie immer wohler zu fühlen beginnt, wendet sich wieder dem Mann im grünen Hemd zu. »So, Ihr behauptet also, Robin Hood zu sein. Beweist es mir.« – »Ihr seid der Wissenschaftler«, meint der andere verschmitzt und gibt ihm eine Papierrolle. Der deutsche Student überfliegt das Schriftstück: »Robert Hod, 1225 verurteilt vom Schwurgericht in York, flüchtig und geächtet. William Robehod, 1261, Mitglied einer Bande von Geächteten. 1272, Alexander Robehod, hat in einer Schenke in der Nähe von Fareham einen Mann ermordet, entfloh und wurde geächtet ...« Der junge Mann blickt fragend auf: »Und wer von diesen Dutzend ist denn jetzt der wirkliche Robin Hood?« – »Keiner und alle«, sagt sein Gegenüber verschmitzt und erklärt, als Georg verständnislos den Kopf schüttelt: »Irgendwann – vielleicht war es ja wirklich in der Zeit unseres guten Königs Richard Löwenherz und seines schurkischen Bruders John – wurde wahrscheinlich ein Mann namens Robin vor Gericht gestellt ...« – »Ein Robin Hood?« – »... vielleicht, es gab um diese Zeit einige Familien mit Namen Hood in Mittelengland. Aber vielleicht war Hood auch nur sein Spitzname ...« – »... wegen der Kappe, Hood«, wirft Georg ein. »Nein, damit wird eigentlich nur unser Schulterumhang mit der langen Kapuze bezeichnet. Also, dieser Robin floh in die Wälder. Er lebte von der Jagd und vom Raub, was nur den wenigsten Geächteten gelang. Und deshalb wurde sein Name erst in seiner unmittelbaren Umgebung, dann im weiteren Umkreis bekannt.« – »Aber wer er genau war, wo und wann er lebte, das weißt du nicht.« – »Ist das wirklich wichtig? Aber gut, vielleicht war es wirklich jener Robert Hod, der 1225 in York verurteilt wurde. Der wird nämlich in einer anderen Urkunde ein Jahr später als Hobbehod bezeichnet und das ist kein Name, sondern ein Spitzname: Ein ›Hobbehood‹, ein ›Robinhud‹, wurde zum Synonym für einen Geächteten, der sich erfolgreich der Justiz entzog. Und von der Mitte des 13. Jahrhunderts an geben einige Gerichtsschreiber jedem gefürchteten Räuber einfach den Beinamen ›Robin Hood‹.«

»Was für tiefschürfende Gespräche an einem so schönen Samstagmorgen«, mischt sich Bruder Tuck ein und stellt den beiden eine Holzschale hin. »Kanincheneintopf, eine unserer Lieblingsspeisen hier. Probiert einmal!« Und wieder ist der junge Deutsche überrascht: »Eine sämige süßsaure Sauce, sehr pikant.« – »Ja, eine Mischung, die uns der Sheriff von Nottingham gestiftet hat. Die Kaninchen aus seinen Ställen, die Rosinen, der Speck und der Wein aus einem

Transport. Das Fleisch eine Zeitlang einlegen, in Speckwürfelchen anbraten und im Tontopf schmoren. Und dazu noch ein wenig fritierter Spinat. Das ist doch etwas anderes als das ewige an den Spieß stecken und über dem Feuer rösten ...«

»Wenn ich euch recht verstehe« sagt Georg, während er seinen Kanincheneintopf genußvoll auslöffelt, »gab es deshalb so viele Robin Hoods, weil Geächtete von den Gerichtsschreibern so bezeichnet wurden!« – »Nicht nur«, der Mann mit der grünen Kappe zwirbelt seinen Schnauzbart, »bald nannten sich auch zahlreiche Bandenführer Robin Hood oder auch Little John, um von deren inzwischen sagenhaften Ruf, den fahrende Sänger in immer mehr Liedern verbreiteten, zu profitieren.«

»Ein einfacher Räuber und Mörder, dessen angeblich große Taten noch von allen Seiten übertrieben wurden!« stellt Georg ein wenig traurig fest. »Es war schon eine große Tat, sich in die Wälder zurückzuziehen und zu überleben«, sagt Robin Hood ernst. »Und überlegt doch, warum die Menschen über uns so gerne Lieder hörten, warum wir bald in jeder Hütte bekannt waren. Was wir taten, erschien den kleinen Leuten nur recht und billig. Denn es waren harte Zeiten: Aus freien Männern wurden abhängige Bauern, alte Rechte wie die freie Jagd verschwanden, und sogar das eigene Korn mußten wir in der Herren Mühle mahlen lassen ...«

»Ihr sprecht überhaupt nicht vom Freiheitskampf der Sachsen. Hattet ihr mit dem nichts zu tun?« – »Eigentlich nicht«, gibt Robin zu, »aber ich war damals ja nicht der einzige Held, über den geschrieben und gesungen wurde. Da gab es etwa Herward the Wake, Herward den Sachsen, den Mönch Eustace, einen Meister der Verkleidung, und vor allem die Geschichte des Fulk fitz Warin, der jahrelang gegen König John Ohneland kämpfte und später zu den Baronen gehörte, die die Magna Charta erkämpften.« – »Aber das waren ja keine Geächteten!« – »Nein, es waren adelige Herren und irgendwie mir doch sehr ähnlich. Alle lockten sie ihre Gegner in die Wälder, Fulk nahm dort sogar König John gefangen. Alle täuschten ihre Gegner durch Verkleidungen, allen wurde von einem rachsüchtigen Tyrannen ihr Erbe geraubt. Und so machte mich die Legende auch bald zum Adeligen ...« – »Gefüllte Fruchtschnitten gefällig, Baron von Locksley?« mischt sich Bruder Tuck ein, »eine Leckerei, deren Rezept Ihr mir aus dem Morgenland mitgebracht haben könntet. Mit Feigen, Rosinen, Ingwer, Nelken und Zimt. Denn bald wurde Euch ja auch die Teilnahme an einem Kreuzzug angedichtet.«

»Ganz verstehe ich immer noch nicht«, hakt Georg Fleischer nach, »wie aus dem Räuber und Schlagetot Robin Hood der edle Ritter Robin von Locksley wurde. Immerhin waren Ritter und Grafen ja nicht unbedingt Freunde von Geächteten.«

»Was tut man mit einer Legende, die sich einfach nicht totschweigen läßt? Man macht sie salon- oder besser hoffähig«, sagt Robin Hood lachend. »Schon Anfang

Die Königin von Saba vor Salomo

Tafel 1

Das Gastmahl der Kleopatra

Tafel 2

Mittelalterliches Speisen an der Tafel des Bischofs

Der obszöne Liebesgarten

Tafel 4

Aphrodisische Eß- und Badefreuden

Bankett in einem Hofgarten (um 1639)

Mahl der Schützengilde (um 1677)

Köchin und Jäger am Fenster

des 15.Jahrhunderts spielten Schauspielertruppen mein Leben vor Erzbischöfen und Königen vor, die sich köstlich über meine Abenteuer amüsierten. Wenn Ihr's nicht glaubt, lest diesen Bericht aus dem Jahr 1498«, sagt Robin und gibt ihm ein Papier. »Von altersher ist es in den Städten Wolverhampton, Wednesbury und Walsall am Jahrmarkt Brauch, dass als Robin Hood und seine Männer verkleidete Leute mit ihren Vorführungen Geld zum Nutzen der Kirchen in den bezeichneten Orten zusammenbringen ...« liest Georg und fragt dann spöttisch: »Ihr habt also sozusagen den Klingelbeutel herumgehen lassen, Robin?« – »Warum nicht? In fast allen englischen Orten kannte man diesen Brauch. Wir haben die Bürger bedroht – natürlich nur zum Spaß – und sie gaben uns Geld für die Bedürftigen. Und jetzt möchten wir natürlich für dieses Spektakel auch Geld«, sagt Robin und zückt sein Messer.

Georg Fleischer schüttelt verstört den Kopf. »Wieso Geld, für was?« – »Wir haben Euch alle verfügbaren Informationen über Robin Hood und ein wirklich ausgezeichnetes Essen, alles nach Rezepten des 13. und 14. Jahrhunderts, geboten. Das hat seinen Preis.« Georg Fleischer zwickt sich, aber er wacht nicht auf. Offenbar ist das alles doch kein Traum: »Man kann doch nicht einfach im Sherwood Forest spazieren gehen, einen Mann treffen, der sich als Robin Hood ausgibt und dann am Schluß ausgeraubt werden. Das gibt es doch gar nicht!« – »Doch«, erwidert der Mann im grünen Rock und rückt mit seinem Schwert bedrohlich näher, »bei historical dreams, der Agentur für die ganz besonderen Reisen.« – »Ich habe nicht gebucht«, stammelt Georg, »ich bin einfach nur spazierengegangen.« – »Und da kommt Euch ein Mann entgegen, der stellt sich Euch als Robin Hood vor, erklärt Euch alles, was Ihr wissen wollt«, sagt Bruder Tuck grimmig, »und Ihr fandet das nicht merkwürdig? Glaubt Ihr an Zeitreisen?« – »Natürlich nicht«, erwidert der Deutsche, »aber ich dachte, das sei vielleicht ein schöner Traum, in den mein Unterbewußtsein alles, was ich über Robin Hood wußte, einfließen läßt. Und da wollte ich doch nicht einfach aufwachen.« – »Ein Traum!« sagt der Mann, der Robin Hood gespielt hat, wütend, »Ihr habt Euch in unsere Show eingeschlichen. Ob Ihr wollt oder nicht, auf die eine oder andere Weise werdet Ihr zahlen.« Und er nimmt sein Schwert, Blut spritzt, Georg Fleischer schreit ... und erwacht.

(Georg Fleischer erinnert sich noch heute an diesen höchst realistischen Traum nach dem Besuch des Jerusalem Inn in Nottingham. Heute ist er wohlbestallter ordentlicher Professor. Und obwohl Wissenschaftler und Hobbygelehrte immer noch nach dem Ur-Robin-Hood fahnden, ist die Forschung hier noch nicht weitergekommen. Robin Hood selbst ist nach wie vor eine Legende, die inzwischen nicht nur in Buch, Film und Fernsehen, sondern selbst im Internet lebt. Gutes Essen ist in vielen englischen Gasthäusern allerdings auch nur noch eine Legende.)

Ein Menü von Bruder Tuck

Mit Kräutersauce überbackener Fisch für Fastentage
(Crustardes of eerbis on fyssh day)

Vorbereitung: *15 Min.*
Kochzeit: *30 Min.*
Für vier Personen:

150 g	Mehl
60 g	Butter
50 ml	Salzwasser
600 g	Fischfilets, z. B. Rotzunge
	Salz und Pfeffer
1 Msp	Zimt
1 EL	Olivenöl
1	Ei
50 g	Walnüsse gehäutet
1	Petersilien-Bund
1 TL	Thymian
1 EL	Zitronenmelisse
1 EL	Minze
1 EL	Zitronensaft
1	Safran-Briefchen

Zubereitung: Das Mehl und die Butter miteinander verreiben und mit dem warmen Salzwasser zu einem Teig kneten. Im Kühlschank ruhen lassen. Die Fischfilets mit Salz, Pfeffer, Zimt und einigen Tropfen Olivenöl würzen. Den Teig dünn auswallen, in Rechtecke schneiden und die Fischfilets einzeln einschlagen. Die Ränder mit Eiweiß bestreichen und gut andrücken und die Teigtaschen mit Eigelb bepinseln. Im vorgeheizten Backofen bei 180 Grad 20 Min. backen. Walnüsse und Kräuter hacken und zusammen mit dem Safran, dem Zitronensaft und 1 dl Wasser 5 Min. kochen. Mit Salz und Pfeffer abschmecken, über die Teigtaschen verteilen und nochmals für 10 Min. in den Backofen schieben.

Kaninchen oder Ziegenkitz süß-sauer (Egurdouce)

Vorbereitung: *20 Min. + 4 Std.*
Kochzeit: *90 Min.*
Für vier Personen:

1 kg	Kaninchen- oder Ziegenkitz-Ragout
1 TL	Salz
1	Lorbeerblatt
1 TL	Muskatblüten
1 EL	Zitronensaft
80 g	Speckwürfelchen
1 EL	Sonnenblumenöl
3	Zwiebeln
80 g	Rosinen
1/2 TL	Zimt
1 Msp	Ingwer
	Salz und Pfeffer
700 ml	leichter Rotwein

Zubereitung: Das zerteilte Fleisch zusammen mit Salz, Lorbeerblatt, Muskatblüten und Zitronensaft für 4 Std. in 1/2 Liter kaltes Wasser legen. In einer Kasserolle die Speckwürfelchen im Öl erhitzen und die gut abgetrockneten Fleischstücke auf allen Seiten kräftig anbraten. In einen gewässerten Römertopf geben. In der Kasserolle im gleichen Fett die in Scheiben geschnittenen Zwiebeln und die Rosinen rösten und über das Fleisch verteilen. Mit Zimt, fein gehacktem Ingwer, Salz und Pfeffer würzen und mit Rotwein

übergießen. Den Römertopf zudecken, in den kalten Backofen schieben und bei 200 Grad 90 Min. garen.
Dazu passt gekochter Hartweizen.

Fritierter Spinat (Spynoches yfryed)

Vorbereitung:	*10 Min.*	1 l	Gemüsebouillon
Kochzeit:	*15 Min.*	2 EL	Sonnenblumenöl
Für vier Personen:		1 Msp	Muskatnuß
800 g	Spinat	Salz und Pfeffer	

Zubereitung: Den gerüsteten und gewaschenen Spinat in Gemüsebouillon 10 Min. kochen. Gut abtropfen lassen und mit Küchenpapier trocken tupfen. Große Blätter halbieren, Öl in einer Bratpfanne erwärmen und den Spinat anbraten. Mit Muskatnuß, Salz und Pfeffer abschmecken

Gefüllte Fruchtschnitten (Comadore)

Vorbereitung:	*30 Min.*		
Kochzeit:	*100 Min.*	300 g	Äpfel
Für acht Personen:		300 g	Birnen
250 g	Mehl	2 EL	Sonnenblumenöl
1 TL	Salz	1/2 TL	Muskatblüten
60 g	Butter	1 TL	Zimt
60 g	Schweinefett	1 Msp	Nelkenpulver
100 ml	Wasser	1 Msp	Ingwer
150 g	Feigen getrocknet	1/2 TL	Salz
100 g	Rosinen	50 g	Mandelblättchen
200 ml	Rotwein	1 EL	Butter
100 g	Zucker	20 g	Puderzucker

Zubereitung: Mehl, Salz, Butter und Schweinefett mit den Händen rasch verreiben, Wasser zugießen und zu einem Teig kneten. Zugedeckt an einem kühlen Ort ruhen lassen. Die Feigen und Rosinen waschen und im Wein 30 Min. kochen. Zucker und die gerüsteten und kleingeschnittenen Äpfel und Birnen zugeben und nochmals 30 Min. vorsichtig kochen. Die Früchte mit dem Mixer pürieren. In einer zweiten Pfanne das Öl erhitzen, Fruchtpüree, zerstoßene Muskatblüten, Zimt, Nelkenpulver, Ingwer, Salz und Mandeln dazugeben und unter stetigem Umrühren eindicken lassen. Den Teig ganz dünn auswallen, in Quadrate von 10 x 10 cm schneiden, die ausgekühlte Fruchtmasse darauf geben und die Teigränder gut verschließen. Die Fruchtschnitten mit flüssiger Butter bestreichen und im vorgeheizten Backofen bei 200 Grad ca. 30 Min. backen. Noch heiß mit Puderzucker bestreuen und kalt oder warm servieren.

Altenglische Küche

England war ein typisches Beispiel für die mittelalterliche Küche Europas. Lange Zeit war die Quantität und nicht die Qualität ausschlaggebend. Für den kleinen Mann hieß das, sich an den wenigen Festtagen die Bäuche vollzuschlagen und von den Brosamen, die von der Herren Tische fielen, zu profitieren. Im Alltag gab es vor allem Gerichte mit Korn oder Hülsenfürchten. Hier galt der Klagevers: »Erbsbrei heiß, Erbsbrei kalt, Erbsbrei im Topf, neun Tage alt!« Freilich, wenn die Chronisten berichten, die ländliche Bevölkerung habe von »Brot, Brei, Kräutern und Wurzeln gelebt«, klingt das eintöniger, als es in Wirklichkeit war. Zu den Wurzeln gehörten Rote Rüben, Karotten, Rettiche, Porree, eine Wildform von Pastinak und seit Karl dem Großen auch Zwiebeln und Knoblauch. »Kräuter« waren unter anderem Kresse, Spinat, zahlreiche Kohlsorten, junge Brennesseln und ähnliche Blattpflanzen. Dazu kam, was der Wald an Beeren und wild wachsenden Pflanzen hergab.

Nach dem durch Kälteperioden und daraus resultierenden Hungersnöten geprägten 10. und 11. Jahrhundert führten Klimaerwärmung und modernere Anbautechniken zu einem landwirtschaftlichen und potentiell auch kulinarischen Aufschwung. So weist ein englischer Kinderreim aus dem 12. Jahrhundert auf neue Hauptnahrungsmittel hin: »Do you, do I, does anyone know, how oats, peas, beans and barley grow?« Vor allem aber, es gab einen gewissen Überfluß, mit dem die nun aufblühenden Städte ernährt werden konnten.

Die Klöster, lange Zeit Inseln des Wissens, wurden nun auch Inseln des Wohllebens, so daß Schriftsteller wie Geoffrey Chaucer in den »Canterbury Tales« ihren Luxus anprangerten. Und die Herren Barone und Fürsten speisten so üppig, daß Heinrich II. (vergeblich) versuchte, per Gesetz mehr als zwei Fleischgänge pro Mahlzeit zu verbieten. Ihren Höhepunkt erreichten die adeligen Festmähler zur Zeit Richards II., dessen Verschwendungssucht legendär war. Er soll 1000 Köche und 300 Diener beschäftigt und 10000 Gäste täglich bewirtet haben. Angeblich wurden pro Tag 28 Ochsen, 300 Schafe und Hekatomben von Geflügel geschlachtet.

Interessanter freilich ist, daß England eine Zeitlang auch qualitativ die kulinarische Rangliste des Abendlandes anführte. Vielleicht deshalb, weil sich normannische Lebenslust und sächsische Landedelmannskost gut verbanden. Es ergab sich, auch wenn im Gefolge der Kreuzzüge noch Anregungen und Verfeinerungen aus dem Orient einflossen, eine deftige, ländliche Küche. So ließ sich in England hervorragend nach »Gutsherrenart« speisen.

Am besten wird dies dokumentiert durch das vom Hofkoch Richards II. um 1390 verfaßte Buch »The forme of cury« (dem auch die Rezepte für unser Menü entnommen sind) sowie die um 1420 erschienene Rezeptsammlung »Potage Dyvers«.

Ein Imbiß nach der Falkenjagd

»Den König hast Du dir nicht gerade klein vorzustellen, aber auch nicht größer, als es sein Alter erfordert. Aber die Natur hat ihm einen widerstandsfähigen Körper und kräftige, ausdauernde Glieder gegeben ... Im übrigen besitzt er königliche Würde und schon die Miene und gebieterische Majestät eines Herrschers. Sein Antlitz ist anmutig und schön, mit breiter Stirn und strahlenden, heiteren Augen, so daß es eine Freude ist, ihn anzuschauen. Er ist aufgeweckt, voll Scharfsinn und Gelehrigkeit, aber er zeigt auch ein ungehöriges und rüdes Betragen. Das ist ihm nicht durch die Natur mitgegeben, sondern daran hat ihn schlechter Umgang gewöhnt ...«

(Bericht eines anonymen Informanten an
Papst Innozenz III.
über sein Mündel, den späteren Kaiser
Friedrich II., aus dem Jahr 1208)

Kaum hat Walther von der Vogelweide die kleine Lichtung erreicht, hört er das Rauschen von Flügeln über sich. Als er nach oben sieht, erblickt er einen mächtigen Falken, der wie ein Pfeil auf einen jungen Sperber zufliegt, ihn mit scharfem Schnabel erlegt und mit seiner Beute im nahen Wäldchen niedergeht. »Hast du gesehen, Hermann, wie schnell mein neuer Sakerfalke ist!« ruft der junge Mann mit dem kurzen, leicht gekräuselten, rötlich schimmernden Haar. Friedrich von Hohenstaufen pfeift mit spitzem Mund und streckt seinen linken Arm aus. Der Vogel, an dessen Fuß ein winziges Glöckchen bimmelt, fliegt herbei und läßt sich auf dem Lederhandschuh nieder. »Brav, mein Guter, du hast eine Belohnung verdient«, sagt der junge König, während er dem Falken über das braun gefleckte Gefieder streicht und ihm ein Stückchen rohes Fleisch vor den Schnabel hält.

Erst jetzt entdeckt er, daß Hermann von Striberg in Begleitung gekommen ist. »Das ist ein Troubadour, der aus Deutschland gekommen ist und Euch huldigen will«, stellt der Hofkämmerer den Sänger vor. »Walther von der Vogelweide, zu Euren Diensten!« – »Ich freue mich immer über Nachrichten aus deutschen Landen. Euer Name ist mir natürlich bekannt. Aber vielleicht solltet Ihr ...«, Friedrich rümpft die Nase und schnüffelt vernehmlich, »... erst einmal den Staub und den Geruch der Straße loswerden!« Walther, der schon davon gehört hat, daß der junge König seltsamen morgenländischen Sauberkeitsriten huldigt, sagt schnell: »Der Weg zu Euch ist für einen deutschen Ritter und Sänger nicht einfach. Ich bin seit Tagen nicht in die Nähe eines Waschzubers gekommen!« – »Waschzuber gibt es auch in meinem Palast nicht«, lacht Friedrich. »Ich bevorzuge gekachelte sarazenische Bäder mit Dampfheizung. Laßt Euch dort verwöhnen. Ich erwarte Euch am Abend zu einem kleinen Imbiß!«

Ein paar Stunden später wird Walther von einem Diener durch den »Cassaro«, den Palast von Palermo, geführt. In Friedrichs privatem Eßzimmer bewundert er einen prachtvollen roten Mantel, der an der Wand hängt. »Das ist der Krönungsmantel meines Großvaters Roger«, reißt ihn Friedrich, der aus einer Seitentür tritt, aus seiner Betrachtung, »... ein herrliches Stück, aber doch noch ein wenig zu groß für mich!« – »Wenn Euch der Mantel Eures Großvaters schon zu schwer ist, wie ist es dann mit dem Eures Vaters?« entfährt es Walter spontan. Dann erschrickt er über seine respektlose Bemerkung und ist heilfroh, daß der junge König sie ihm offensichtlich nicht übel nimmt.

»Mein Vater, der große Kaiser Heinrich«, sagt Friedrich nachdenklich und streicht sich über den kurz geschnittenen rotblonden Backen- und Kinnbart. »Ich habe ihn nicht gekannt, er starb, als ich drei Jahre alt war. Manchmal bilde ich mir ein, ich würde mich an einen großen Mann erinnern, der mich mit auf sein Pferd nahm. Aber das sind die Träume eines Halbwaisen, der am überlebensgroßen Bild seines Vaters gemessen wird. Auch heute noch! Ich hoffe, Ihr gehört nicht auch zu den Deutschen, die von mir erwarten, daß ich schnurstracks in seine Fußstapfen trete, den Welfen Otto vom Thron fege und am besten noch gleichzeitig seine Hochheiligkeit Papst Innozenz in die Schranken verweise …«

Genau deshalb ist Walther nach Sizilien gekommen, er wollte den Staufer auffordern, endlich nach Deutschland zu kommen. Aber das sagt er natürlich nicht, außerdem ist er ganz verblüfft von der Offenheit und Souveränität des jungen Mannes, der ihn auffordert, sich auf eines der kleinen Ruhebetten zu legen, die rings um einen niedrigen, ovalen Marmortisch angeordnet sind. In der Mitte steht eine Silberschale mit Gebäck.

»Das sind krumme Krapfen, Ihr kennt sie sicherlich!« Walther nickt und nimmt eines der goldgelben Hufeisen. »Das Lieblingsgebäck meiner Mutter!« – »Kaiserin Konstanze war sehr beliebt, sie galt als die gute Seele des Reichs«, wirft Walther ein. »Immerhin, an sie kann ich mich noch ein wenig erinnern. Eine stolze, hochgewachsene Frau, die mich aufs Pferd setzte, meine Hand nahm und mich durch die Straßen zum Dom Palermos führte, wo mir die Krone aufs Haupt gesetzt wurde. Ich habe gar nicht begriffen, was passierte, nur immer wieder meine Mutter angesehen. Ein paar Monate später starb sie!« – »Das schreckliche Jahr 1198«, entsinnt sich Walther von der Vogelweide, »im Reich wurden zwei Könige gewählt, von da an hieß es wieder überall: ›Hie Welf! Hie Waibling!‹«

Ein Diener kommt herein und stellt zwei dampfende Schüsseln auf den Tisch. Walther schaut ein wenig mißtrauisch auf die rötlichgelbe Brühe, der König lacht: »Probiert erst einmal, vielleicht sind einige Gewürze darin, die Ihr nördlich der Alpen nicht so oft habt. Aber damit schmeckt der Aal erst wirklich köstlich.« Walther nimmt vorsichtig mit seinem breiten Löffel etwas Brühe und nickt anerkennend. »Eine sizilianische Mischung«, lacht Friedrich, »mein Essen hier ist ein wenig normannisch, ein wenig deutsch, ein wenig sizilianisch und ein wenig maurisch. Wobei letzteres die Würze gibt.«

Walther hat schon von der Vorliebe des Königs für Heidnisches gehört, möchte sie aber lieber nicht ansprechen. »Die Zeit nach dem Tod Eurer Mutter war nicht leicht für Euch?« Friedrich nimmt einen Schluck Rotwein und nickt: »Jeder wollte mich haben. Die deutschen Ritter hier, um ihre Herrschaft zu sichern! Die normannischen Adeligen, die mit mir als Gallionsfigur die Vorherrschaft der Deutschen brechen wollten. Und schließlich der Papst, der mich als Trumpfkarte gegen die deutschen Welfen in der Hinterhand benötigte!« – »Aber Eure Mutter hatte doch noch vor ihrem Tod dafür gesorgt, daß der Papst Euer Vormund wurde!« – »Na ja, immerhin war Innozenz am wenigsten zuzutrauen, daß er sich Sizilien unter den Nagel reißen würde. Gewonnen haben aber zuerst die deutschen Ritter, die mich einfach hier aus dem Palast entführten, ich wurde von einem zum anderen weitergereicht …« – »Fürwahr keine schöne Jugend«, wirft Walther ein.

»So kann man das auch nicht sagen.« Friedrich lächelt. »Weil sich niemand wirklich für mich interessierte, hatte ich sicher mehr Freiheiten als jeder andere junge Adelige. Ich hatte mit all meinen sogenannten Beschützern ein unausgesprochenes Abkommen: Ich konnte meiner Wege gehen, solange ich nur nicht floh! Hätte ich es versucht und wäre erwischt worden, dann hätten sie mich hier im Palast festgehalten wie einen Falken im Käfig, eine schreckliche Vorstellung.«

»Aber habt Ihr Euch nicht trotzdem eingesperrt gefühlt?« fragt der Sänger, »immer nur Palermo?« Friedrich lacht. »Seid Ihr sicher, daß ein Königssohn in Deutschland mehr erlebt hätte? Palermo, das ist nicht nur eine Welt für sich. Das ist ein Abbild der Welt: Da stehen normannische Kirchen neben byzantinischen Kapellen mit griechischen Säulen, jüdische Synagogen nahe bei dem Minarett einer Moschee. Griechen und Römer, Sarazenen und Juden, Deutsche und Normannen trefft Ihr hier, jeder bringt seine Gewohnheiten, seine Lustbarkeiten, seine Art zu leben mit. Wie oft bin ich durch die Straßen gestreift, habe gelauscht und den Duft köstlicher, fremdartiger Speisen eingesogen ...«

Bei diesen Worten schnuppert Walther, denn inzwischen sind auf einem Zinntablett Fleisch und ein seltsam anmutender Brei aufgetragen worden. »Rouladen, das kennt Ihr sicher«, sagt der fünfzehnjährige König, »aber vielleicht nicht alle Gewürze. Und der Brei, den Ihr so skeptisch mustert, das ist Lauch mit süßen Mandeln und ein bißchen Wein vermischt ...«

Walther probiert und nickt anerkennend. »Auf jeden Fall habt Ihr es, zumindest was das Essen betrifft, besser gehabt als ich.« – »Glaubt Ihr?« fragt Friedrich und gibt gleich selbst die Antwort: »Ich habe den köstlichen Duft in den Straßen zwar erlebt, aber essen mußte ich höchst einfach. Ich wurde sizilianischen Adeligen als unwillkommener Kostgänger zugeschoben. Deshalb aß ich oft genug mit den Knechten Kohl oder Erbsenbrei. Erst später wurde ich dann bei ganz gewöhnlichen Bürgern zum Nachtmahl eingeladen, die gaben sich mehr Mühe. Vor allem die sarazenische und jüdische Küche, das war für mich ein Erlebnis!«

»Ein künftiger König, der mit Heiden verkehrt«, meint Walther, »hat das nicht böses Blut gegeben?« – »Pater Rupert, mein Beichtvater, hat schon manchmal gegrummelt«, erzählt der König, »aber ich war eben fast unbeobachtet. Und hier in Sizilien, wo Christen, Juden und Heiden miteinander auskommen müssen, ist man nicht so stur wie im übrigen Reich. Ihr solltet einmal mit einem Rabbi diskutieren, Walther. Der nimmt all Eure Argumente auseinander, zerlegt und widerlegt sie, daß Euch Hören und Sehen vergeht. Und erst die muslimischen Gelehrten, die verstehen zu fragen und wollen wirkliche Antworten geben, nicht irgendwelche Glaubenssätze: Wie groß ist die Erde? Wie weit ist der Mond entfernt? Nächte habe ich mit ihnen diskutiert ...«

»Davon erzählt man in Deutschland nicht. Aber statt dessen, daß der ›Knabe aus Apulien‹ auf den Straßen herumvagabundiert und herumgelungert hat. Am Welfenhof in Braunschweig macht man sich lustig über den ›König der Straßenjungen und der Bettler‹. So nennt man Euch dort nämlich!« Friedrich von

Hohenstaufen sieht Walther lange an, dann sagt er: »Ich weiß, gerade ihr Sänger hättet gerne einen strahlenden und erhabenen König. Aber im Moment ist es mir ganz lieb, wenn mich meine Gegner nicht so ernst nehmen. Ich bin zwar inzwischen offiziell König, aber ich muß erst einmal Sizilien in den Griff bekommen, und ich habe wenig Geld und Waffen dafür. Ja, auf den Straßen habe ich mit Bettlern gesprochen und sogar von ihnen gelernt.

Wohl dem König, der seine Gegner so gut täuschen kann wie ein Bettler. Und wer mit Straßenjungen spricht, der lernt, sich auch in heiklen Situationen durchzusetzen. Wißt Ihr, es ist wichtig, die kleinen und großen Sorgen seiner Untertanen zu kennen.« Der Anflug eines Lächelns fliegt über das ernste, schmale Gesicht des Königs: »Mögen mich meine Gegner auch das ›Knäblein aus Apulien‹ nennen und über den ›König der Bettler‹ spotten, sie verstehen nicht, was ich auf den Straßen Palermos gelernt habe: Können und Verdienst müssen mehr zählen als Geschlecht und Tradition. In meinem Reich soll jeder zu Ehren kommen, wenn er es verdient ...«

Walther von der Vogelweide merkt, wie er von der Ausstrahlung dieses Mannes immer mehr fasziniert wird. Diesem Mann will er mit seinen Liedern dienen. Und so nimmt er die Laute, die neben ihm liegt, und beginnt das, was er am besten kann, nämlich zu singen:

»Ich sass auf einem Stein
Und schlug Bein über Bein.
Wie man in dieser Welt sollt leben.
Und keinen Rat konnt' ich mir geben ...«

Friedrich nickt ihm zu, während er genußvoll einen der süßen gefüllten Äpfel ißt, die als Nachtisch gebracht worden sind. Walther aber fährt fort, um dem König zu singen, was ihn derzeit bewegt.

»Daß Reichtum, Ansehen in der Welt,
Mit Gottes Gnad' zusammenfällt.
Die Falschheit hockt im Hinterhalt,
Und auf den Straßen herrscht Gewalt.
Friede und Recht sind tödlich wund.
Ach Herr, mach deine Welt gesund!«

(Wenige Jahre später gelang es Friedrich II. von Hohenstaufen, für eine Zeitspanne von fast 30 Jahren das Mittelalter noch zu einer letzten Hochblüte zu führen. Der »König der Bettler« und »Knabe aus Apulien« verblüffte mit seinen Ideen und Erfolgen seine Zeitgenossen. Die Ideen, die über das Mittelalter hinausführten, sein moderner Staat und der Versuch, das starre Ständesystem des Mittelalters zu überwinden, kamen noch zu früh und überlebten den Mann, den Zeitgenossen »das Staunen der Welt« nannten, nicht.)

Ein Menü für Walther von der Vogelweide

Krumme Krapfen (Käsekrapfen)

Vorbereitung: *10 Min.*
Kochzeit: *10 Min.*
Für vier Personen:

200 g	Greyerzer Käse
150 g	Mehl
4	Eier
50 g	Speckscheiben
1/2 TL	Salz
1 MS	Pfeffer
150 g	Schweineschmalz

Zubereitung: Den geriebenen Käse mit Mehl, aufgeschlagenen Eiern, fein geschnittenem Speck, Salz und Pfeffer zu einem festen Teig verrühren. Zu kleinen, dünnen Würstchen auswallen, zu Hufeisen formen und im heißen Schweineschmalz goldgelb ausbacken.

Aal in Weinsud

Vorbereitung: *60 Min.*
Kochzeit: *30 Min.*
Für vier Personen:

600 g	Aal
300 ml	Weißwein trocken
1 Msp	Safran
1/2 TL	Ingwer fein gehackt
1/2 TL	Zimt
1 Msp	Nelkenpulver
1/2 TL	Zucker
	Salz und Pfeffer

Zubereitung: Den Aal vom Fischhändler häuten, ausnehmen und in Stücke schneiden lassen. In Salzwasser 1 Std. wässern. In einer Kasserolle den Weißwein aufkochen, die Aalstücke beigeben und 15 Min. ziehen lassen. Safran, Ingwer, Zimt, Nelkenpulver und Zucker beigeben und mit Salz und Pfeffer abschmecken. Nochmals 10 Min. köcheln lassen und im Sud servieren.

Rindfleischrouladen

Vorbereitung: *20 Min.*
Kochzeit: *40 Min.*
Für vier Personen:

2	Zwiebeln
50 g	Speckwürfelchen klein geschnitten
4	Eigelb hartgekocht
50 g	Schmalz (Rind oder Schwein)
1	Petersilienbund
4	Rindfleischschnitzel
	Salz und Pfeffer
2 EL	Schmalz
2	Eigelb hartgekocht
1 EL	Zitronensaft
1 EL	Weißweinessig
1/2 TL	Ingwer fein gehackt
1 Msp	Zimt
2	Eiweiß hartgekocht
	Küchenfaden

Zubereitung: Die kleinen Speckwürfelchen in einer Bratpfanne erhitzen und die gehackten Zwiebeln darin glasig dünsten. Die hartgekochten Eigelbe und das Schmalz mit einer

Gabel zusammenkneten und mit der gehackten Petersilie, den Zwiebeln und den Speckwürfelchen mischen. Die Masse auf die geklopften und mit Salz und Pfeffer gewürzten Rindfleischrouladen verteilen, einrollen und mit Küchenfaden zubinden. In einer Bratpfanne das Schmalz erhitzen und die Rouladen darin rundum anbraten. Mit wenig Wasser ablöschen und zugedeckt bei kleiner Hitze 40 Min. schmoren lassen. Die Eigelbe mit Zitronensaft zu einer cremigen Masse verrühren, Essig, Ingwer, Zimt, Salz und Pfeffer beimischen und in einer kleinen Pfanne vorsichtig erwärmen. Die Eiweiße hacken und unter die Sauce ziehen.

Lauchgemüse

Vorbereitung: *10 Min.*
Kochzeit: *20 Min.*
Für vier Personen:

600 g	Lauch (nur das Weiße)
100 g	Mandeln gemahlen
200 ml	Weißwein trocken
200 ml	Wasser
1 TL	Salz
1 Msp	Pfeffer
1 Msp	Muskatnuß

Zubereitung: Den Lauch gut waschen und in feine Ringe schneiden. Die Mandeln mit dem Wein und dem Wasser im Mixer pürieren. Die Mandelmilch erwärmen, Lauchringe, Salz, Pfeffer und Muskatnuß zugeben und zugedeckt 20 Min. kochen.

Gefüllte ausgebackene Äpfel

Vorbereitung: *20 Min.*
Kochzeit: *10 Min.*
Für vier Personen:

100 g	Mehl
1/2 TL	Salz
1 TL	Honig
100 ml	Wasser
3	Eigelb
1 EL	Weißwein
1 EL	Olivenöl
3	Eiweiß
4	Äpfel säuerlich
100 g	Quittenkonfitüre
1	Weißbrotscheibe ohne Rinde
1 Msp	Salz
1/2 TL	Zimt
1 l	Fritieröl
20 g	Puderzucker
	Küchenfaden

Zubereitung: Mehl, Salz, Honig und Wasser zu einem glatten Teig anrühren. Eigelb, Weißwein und Olivenöl beigeben. Das Eiweiß zu Schnee schlagen und vorsichtig darunterziehen. Die Äpfel schälen, der Länge nach halbieren und das Kerngehäuse entfernen. Quittenkonfitüre mit zerdrücktem Weißbrot, Salz und Zimt mischen, die Äpfel damit füllen und die beiden Apfelhälften mit Küchenfaden zusammenbinden. Durch den Teig ziehen und schwimmend im heißen Fritieröl ausbacken. Auf einem Küchenpapier abtropfen lassen, die Küchenfaden entfernen und mit Puderzucker bestreut noch warm servieren.

Die Küche im späten Mittelalter

»Die Unmäßigkeit im Essen und Trinken heißt in der Bibel Völlerei und ist eine der sieben Todsünden. ... Früher einmal waren die Frauen sehr gut erzogen und maßvoll im Essen und Trinken. Aber jetzt ist's vorbei und sogar zur Gewohnheit geworden: Während der Mann das Schwert vertrinkt, hat sie Ring und Kopftuch vertrunken. Und so haben sich beide, Mann und Frau, durch ihre Völlerei um die Ehre gebracht und um Seele, Leib, Leben, Gesundheit und hohes Alter!«

So wettert der Franziskaner Berthold von Regensburg im Jahre des Herrn 1264. Daß der Pater nicht nur den Adel, sondern auch Stadtbürger und Bauern der Völlerei bezichtigt, wirft ein Schlaglicht auf das 13. Jahrhundert. Landwirtschaftliche Revolution und mildes Klima haben die Ernteerträge gesteigert, doch diese Steigerung kann nicht Schritt halten mit der Bevölkerungsexplosion. Die Wende zum 14. Jahrhundert wird – verstärkt durch eine »kleine Eiszeit« – wieder durch Hungersnöte gekennzeichnet sein; der »schwarze Tod«, die Pest, wird dann auf grausame Weise das Problem der Überbevölkerung lösen.

Dazwischen liegen die fast 200 »guten Jahre« des Hochmittelalters; am Ausgang dieser Periode tritt aus der Reihe der Namenlosen der erste große europäische Koch: Guillaume Tirell, genannt Taillevant, der als Hofkoch Karls V. um 1375 das Buch »Le Viandier« (Der Fleischkoch) herausgab. Daß er, wie auch heutige Köche, die meisten Rezepte bei zeitgenössischen Kollegen abgeschrieben hatte, schmälert seinen Ruhm nicht. Es sind – wie in anderen mittelalterlichen Kochbüchern auch – meist schwere Speisen, das Fleisch wird oft vorgekocht, dann gebraten und mit einer kräftigen Sauce versehen. Überreichlich verwendete man Gewürze wie Pfeffer, Ingwer, Mohn, Zimt oder Nelken. Safran wurde gar zu einer Art Statussymbol. Taillevent verdanken wir auch die ersten genaueren Aufzeichnungen von Menüfolgen und Tafelsitten. Die Festmähler wurden immer mehr zu einer Zeremonie, bei der Pagen die Gäste bedienten. Seit etwa 1100 waren auch die Frauen wieder bei Tisch zugelassen, der Ritter reichte jetzt seiner Tischdame die Stücke und teilte den Weinbecher mit ihr. Die Sitten verfeinerten sich, so durfte man nur noch mit drei Fingern zugreifen. Jedes Festmahl hatte drei bis fünf Gänge, wobei eine erkennbar sinnvolle Reihenfolge – wie Vorspeise, Hauptspeise, Desserts – fehlte. Was nicht gegessen wurde, ging in die Küche zurück oder – ganz im Sinne Bertholds von Regensburg – an die Armen, die schon vor der Türe warteten.

Höhepunkt war das Schaugericht, von dessen Erfolg oft Wohl und Wehe des Küchenchefs abhing. Am bekanntesten war wohl der bereits im Kapitel über Karl den Großen erwähnte »Adler im Federkleid«.

Ein Auftrag für Leonardo

»Es wird erzählt, daß bei Chigis Banketten jeder von silbernen Tellern aß, auf denen er sein eigenes Wappen eingeprägt fand. Mit echt römischer Prunksucht, ja Protzerei wurde dieses Geschirr nach dem Essen in den Tiber geworfen, wo natürlich Sparsamkeit Netze hatte anbringen lassen, in denen die kostbaren Gefäße aufgefangen wurden.«

(Virtuelle Stadtspaziergänge unter www.forum-rom.de)

»Wieso ich mein Verfahren, unter Wasser zu bleiben, nicht beschreibe: wegen der bösen Natur der Menschen, die sonst Morde auf dem Meeresgrund begehen würden.«

(Leonardo da Vinci)

»La continuero – ich werde dauern«

(Randnotiz Leonardo da Vincis auf seiner letzten Manuskriptseite)

»Die paar Tropfen Granatapfelsaft sind es, die diesen Nierchen ihren besonderen Geschmack verleihen!« Agostino Chigi, Bankier des Papstes und nach eigenem Bekunden reichster Mann Italiens, nimmt das belegte Brötchen von dem goldenen Teller und schiebt es genießerisch in den Mund. Sein Gegenüber, ein Mann mit hellwachen Augen und einem wallenden weißen Bart, läßt die Köstlichkeit im Mund zergehen. »Mit dem Granatapfel habt Ihr recht, Signore«, sagt er, »vor allem weil ein Teil des Safts schon vor dem Backen der Füllung beigegeben wurde. Aber ich würde doch sagen, daß es das Quentchen Anis ist, das diese Speise zu einem Kunstwerk macht!« – »Ihr mögt recht haben«, lächelt der Bankier, »ich beuge mich dem Urteil Eurer Zunge, Maestro Leonardo!«

Fast verloren sitzen die beiden an einem kleinen Tisch im riesigen Schlafgemach des Palazzo, das der berühmte Architekt Peruzzi gebaut hat. Überall Gold- und Silberverzierungen, Chigi bemerkt, daß der Blick seines Gasts auf das Gemälde hinter ihnen fällt. »Die Hochzeit Alexanders des Großen mit Roxane«, erklärt er, »der große Sodoma hat es gemalt.« – »Ein Meisterwerk«, pflichtet Leonardo da Vinci bei, um schnell fortzufahren: »Aber welcher Meister würde nicht gerne für Euch arbeiten?« Aber der Bankier geht auf diese versteckte Anspielung nicht ein, sondern greift zu einer Papierrolle. »Ich habe gerade Peruzzi beauftragt, den Saal nebenan neu zu gestalten. Ich finde ihn irgendwie zu eng, zu beengend. Was sagt Ihr zu seinen Plänen?«

Leonardo sieht, was der Architekt vorhat. An den zwei Stirnseiten des an sich schon riesigen Saals will er Säulen malen lassen, durch die sich Blicke auf Ansichten der Stadt Rom öffnen. »Durch solche Perspektiven läßt sich dem menschlichen Auge eine größere Weite vortäuschen«, nickt er, »und Peruzzi ist ein Meister der Perspektive. Aber seinen Landschaften fehlt ein wenig die Heiterkeit«, fügt er hinzu, um sich wieder ein wenig ins Gespräch zu bringen. »Laßt das den Meister nicht hören«, lacht der Bankier, »aber jetzt will ich Euren Gaumen wieder auf eine Probe stellen.«

Der wohlbeleibte Geldmann, bei dem halb Rom verschuldet ist, zieht an einer Schnur. Kaum hat man weit entfernt ein leises Klingeln gehört, erscheint eine Dienerin mit einer Silberschale, auf der eine Languste liegt. »Probiert, Leonardo und sagt mir dann, welche Zutaten Ihr herausschmeckt!« – Der Künstler nimmt vorsichtig ein Stückchen aus der Schale. »Liebstöckel, Basilikum, etwas Petersilie und ... Zitronenmelisse!« – »Ihr seid wirklich ein Könner und Kenner«, Chigi klatscht in die Hände, »aber was haltet Ihr von dieser Komposition?« – »Euer Koch versteht sein Handwerk. Er wählt seine Gewürze wohl und setzt sie sparsam ein, so daß der köstliche Geschmack der Languste erhalten bleibt. Aber Ihr wollt mich doch nicht als Koch engagieren?«

»Das wäre eine Verschwendung Eures großen Talents. Aber nachdem ich gehört hatte, wie Ihr den Hof der Sforzas mit Euren kulinarischen Ideen bereichert habt, liegt mir an Eurem Urteil über meine Küche!« – »In Mailand ging es mir mehr um die richtige Organisation eines Festmahls, das oft in das reinste Chaos mündete. Ein Festmahl erfordert einen Plan und gedankliche Anstrengung, jeder Bedienstete sollte wissen, was er zu tun hat. Außerdem habe ich mich noch mit den Küchen-Werkzeugen beschäftigt …« – »Ich weiß«, wirft der Bankier ein, »meine Köche verwenden inzwischen mehr als 25 Instrumente dafür, einschließlich Messer und Gabel.« – »Am meisten Erfolg hatte ich freilich mit meinen Überraschungseffekten«, fügt Leonardo schnell hinzu, »feuerspeiende Vögel, die mit den Flügeln schlagen. Ich könnte mir ähnliches auch für Euch ausdenken …«

»Ich weiß, Ihr sprüht nur so von Ideen. Aber wartet damit bis nach dem Essen. Mich interessiert mehr, was Ihr als ›uomo universale‹, der von allem etwas versteht, von der Entwicklung der Kochkunst haltet. Mir geht es dabei nicht um das, was ich bei meinen großen Gastmählern zu servieren gezwungen bin …« der Bankier macht ein abschätzige Handbewegung, »… wie ein Ragout aus Papageienzungen. Das gehört dazu, wenn man der reichste Mann Roms ist. Oder daß meine Gäste nach jedem Gang ihr Gold- und Silbergeschirr in den Tiber werfen dürfen …« – »Da habe ich eine Lösung«, unterbricht Leonardo. »Später«, sagt Chigi fast unwillig. »Jetzt möchte ich Eure Meinung zu dem Rindfleisch hören, wie es mein Koch – er stammt aus Venezien – neuerdings macht. Schmeckt Ihr auch hier die neue Zeit?« Leonardo steckt die zweizackige Gabel in das Fleisch und schneidet sich ein Stück ab. Während er kostet, konzentriert er sich wieder auf das Gespräch, das ihn eigentlich wenig interessiert. Aber er will den Bankier bei Laune halten, er braucht hier in Rom neue Auftraggeber, nachdem er nur wenige Kunden findet und auch Papst Leo X., der ihn doch gerufen hat, kaum für ihn zu tun hat. »Die Erneuerung hat mehrere Aspekte. Manche sprechen ja auch von der Renaissance, und damit ist ja auch die Rückbesinnung auf das, was dieses Land einmal war, gemeint. Das heißt, daß wir auch bei der Kochkunst ›ad fontes‹, an die Quellen zurückmüssen.«

»Ihr meint, Rezepte und Kochbücher aus der Zeit des Imperiums?« fragt Chigi interessiert.

»Das auch. Es gibt wenige solcher Schriften, die uns Anregung geben können. Aber es heißt auch Rückbesinnung auf das, was gut und einfach ist. Dieser Kohl beispielsweise …« Leonardo spießt ein Stück auf und schiebt es in den Mund, »… ist eines der köstlichsten Gerichte der Stadt Rom und doch ganz einfach: Kohlblätter, ein wenig Speck, geriebener Käse und ein Hauch Zimt! Ich liebe ihn.« – »Aber der Rinderrücken, das ist ein raffinierteres Gericht, nicht irgendeine venezianische Hausmannskost«, hält der Bankier entgegen.

Leonardo wischt sich etwas Sauce aus dem Bart. »Aber in ihm seht Ihr auch den gelungenen Versuch, das Alte zu überwinden. Wie habe ich als Junge Rindfleisch an meines Vaters Tisch, der ein reicher Notar in Florenz war, genossen.

Ewig lange gebraten oder gekocht, darüber eine Sauce, die alles überdeckte. Euer Koch aber hat – das schmeckt man – das Fleisch erst in einer zarten Marinade weich werden lassen. Beim Braten hat er noch Speck einwirken und das Ganze in einer süßsauren maurischen Sauce warm werden lassen. Er hat Bewährtes und Neues kombiniert, vermutlich aber hat er immer und immer wieder experimentiert, sich nicht mit dem Erreichten zufriedengegeben!«

»Apropos maurischer Einfluß«, Chigi zeigt auf eine Schüssel mit Gebäck, »diese Dattelrollen sind ein Beispiel dafür.« – »Gottseidank sind die Zeiten vorbei«, sagt Leonardo kauend, »in denen alles, was von den Heiden kam, als schlecht und gottlos galt. Denkt an die Mathematik ...« – »Wo wäre ich als Mann der Finanzen ohne die arabische Buchführung?« nickt der Bankier. »... und überhaupt an die Naturwissenschaften. Wir haben unendlich viel von den muslimischen Gelehrten gelernt. Aber«, fährt Leonardo triumphierend fort, »auch was die Weisen aus dem Morgenlande schreiben, ist nicht immer wahr. Richtig ist nur, was sich im Experiment nachvollziehen, was sich durch die Praxis bestätigen läßt. Letztlich bringt das Erfolg. Auch beim Kochen!«

Agostino Chigi steckt sich eine Dattelrolle in den Mund. »Also, was habt Ihr über den Raub an meinem Tafelgold herausgefunden?« Endlich, denkt Leonardo, kommen wir zum Wesentlichen: »Ihr wolltet ja wissen, warum ein Teil des Geschirrs, das ihr nach Euren Gastmählern in den Tiber werft, verschwindet, obwohl es ja von Netzen aufgefangen wird!«- »Ja, es kommt immer weniger zurück«, knurrt Chigi. »Die Antwort ist einfach. Während Eures letzten Festmahls legten sich zwei meiner Diener auf die Lauer und entdeckten, daß einige Knaben ins Wasser springen, den Atem anhalten und an Eurer Villa vorbei tauchen und dabei wohl einen oder zwei der Goldteller oder Silberplatten mitgehen lassen.« – »Das ist doch unglaublich«, entfährt es dem Bankier, »sie müssen doch Atem holen!« – »Ein geübter Taucher kann mehrere Minuten unter Wasser bleiben und das reicht völlig aus!«

Der Hausherr schüttelt den Kopf. »Und was schlagt Ihr vor, Maestro Leonardo?« Der Gelehrte holt eine Rolle hervor, legt sie auf den Tisch und streicht sie glatt. »Eine mögliche Lösung wäre, am Netz eine Vorrichtung anzubringen und mit einer Schnur zu verbinden. Wenn Euer Haushofmeister daran reißt, zieht sich das Netz zusammen, Diebeshände können nicht mehr auf Euer Tafelgeschirr zugreifen.« Der Bankier legt seine Stirn in Falten und streicht sich über seine Glatze. »Und wenn sie das Netz mit einem Messer aufschneiden?« fragt er. »Das ist natürlich eine Schwachstelle dieser Lösung«, gibt Leonardo zu, »selbst wenn wir das Netz verstärken würden! Aber«, er beugt sich vor, »wir können auch raffinierter vorgehen. Es wäre doch möglich, vom Keller Eurer Villa einen Schacht in Richtung Tiber zu treiben, über den Eure Diener, kaum wurde das Geschirr in den Fluß geworfen, es wieder ins Haus ziehen könnten, ohne daß irgendeiner der

Gäste etwas bemerkt.« – »Aber dringt da nicht das Wasser des Tibers in meinen Keller? Wir haben sowieso schon Schwierigkeiten mit der Feuchtigkeit so nah am Fluß!« – »Daran habe ich selbstverständlich gedacht«, Leonardo legt alle Überzeugungskraft in seine Stimme, »wir arbeiten mit einer Art Schleusensystem ...« – »Und das funktioniert?« fragt Chigi skeptisch, »habt Ihr das schon einmal bauen lassen?« – »Nicht direkt«, gibt Leonardo zu, »es wäre nur die Übertragung eines auf Flüssen bewährten Prinzips auf so einen unterirdischen Kanal. Man müßte es einmal ausprobieren. Im Erfolgsfall ließe sich das Ganze sicher auch glänzend verkaufen ...«

»Verkauft es mir, wenn Ihr einen Erfolg damit hattet und nicht umgekehrt!« knurrt der Bankier, nun ganz Geschäftsmann. »Und auch Euer erster Vorschlag ...« – »Vielleicht«, unterbricht ihn Leonardo, »kann ich Euch für etwas wirklich Bahnbrechendes gewinnen. Wir könnten den Dieben unter Wasser auflauern ...« – »Unter Wasser?« – »Eine schon bekannte Möglichkeit ist, unter Wasser durch eine Art Schilfrohr zu atmen. Aber das ist wenig bequem. Wir könnten aber auch eine Art Luftkammer schaffen, in der sich Menschen aufhalten und atmen könnten. Was zugegebenermaßen den Nachteil hätte, daß wir zwar von so einem Unterwasserhaus die Diebe sehen, aber an ihrem schädlichen Tun nicht hindern könnten. Freilich wäre es möglich, Armbrüste anzubringen und damit auf die Diebe zu schießen ...« Leonardo da Vinci redet sich in Eifer. »Die eleganteste Möglichkeit wäre es aber, dieses Unterwasserhaus beweglich zu machen, also eine Art Schiff zu schaffen, das die Luft von allen Seiten einschließt ...« Er wird vom lauten, nicht enden wollenden Lachen des Bankiers unterbrochen. »Die Berichte über Euch haben nicht übertrieben. Ihr wollt mir also ein ...« sagt er, als er wieder reden kann, prustend, »... Unterwasserboot andrehen. Nein, mein Lieber, wenn ich auf solche Phantastereien hereinfiele, wäre ich nicht mehr lange der reichste Mann Italiens. Ich denke, die Lösung meines Problems ist viel einfacher, nachdem Ihr die Ursache aufgedeckt habt. Ich werde tiberaufwärts meine Diener postieren und jeden Bettelknaben, den sie sehen, greifen lassen ...«

(Wir wissen nicht, ob Leonarda da Vinci sein Einmanntauchboot, das er in seinen Aufzeichnungen bereits skizziert hatte, wirklich gebaut hat. Er schrieb nur, daß er sein »Verfahren, unter Wasser zu bleiben, nicht beschreiben will: wegen der bösen Natur der Menschen, die sonst Morde auf dem Meeresgrund begehen würden«. Auf jeden Fall wurde auch diese Idee wie so viele des Universalgenies Jahrhunderte später aufgegriffen und verwirklicht.)

Kalbsnieren auf geröstetem Brot

Vorbereitung: *20 Min.*
Kochzeit: *10 Min.*
Für vier Personen:

1	Kalbsniere mit Nierenfett (beim Metzger bestellen)
1 EL	Butter
1 EL	Olivenöl
1/2 EL	Minze
1/2 EL	Majoran
1 TL	Anisblatt
oder	
1 TL	Pastis (Anisschnaps)
1 Msp	Fenchelpulver
1 Msp	Nelkenpulver
1/2 TL	Zimt
1 Msp	Muskatnuß
1/2 TL	Zucker
2	Eigelb
	Salz und Pfeffer
2 EL	Granatapfelkerne
4	Brotscheiben (einen Tag alt)
1 EL	Butter
1 TL	Puderzucker
1/2 TL	Zimt

Zubereitung: Die Kalbsniere halbieren, den Fettstrang entfernen, und die Niere in Scheiben schneiden. In einer Mischung aus Butter und Öl ca. 3 Min. kräftig anbraten. Etwas abkühlen lassen und fein hacken. Die Niere, gehackte Kräuter, Gewürze und Eigelbe gut mischen. Die Granatapfelkerne durch ein Sieb pressen und die Hälfte des Saftes unter die Nierenfüllung ziehen. Die Brotscheiben im Toaster rösten. Die Nierenfüllung darauf verteilen. Eine Kasserolle mit Butter bestreichen, die Brotscheiben nebeneinander in die Kasserolle legen und zugedeckt im Backofen bei guter Oberhitze 10 Min. rösten. Mit Zucker und Zimt bestäuben und mit dem restlichen Granatapfelsaft beträufeln. Warm servieren.

Gefüllte Langusten

Vorbereitung: *25 Min.*
Garzeit: *10 Min.*
Für vier Personen:

1	Languste (ca. 1,5 kg)
4	Eigelb
2 EL	Petersilie
1 EL	Zitronenmelisse
1 EL	Liebstöckel
1 EL	Basilikum
4 EL	Parmesan

Zubereitung: Die möglichst frische Languste in einen großen Topf mit siedendem Salzwasser geben und 15 Min. kochen. Herausnehmen, abtropfen lassen. Das Fleisch vom Schwanz her vorsichtig auslösen, ohne die Schale zu beschädigen. Das Fleisch fein hacken, mit dem Eigelb, den feingehackten, frischen Kräutern und mit dem geriebenen Parmesan mischen und die Langustenschale damit füllen. Mit Alufolie einpacken und auf dem Grill 10 Min. garen.

Rinderrücken auf venezianische Art

Vorbereitung:	*30 Min. + 6 Std.*		
Kochzeit:	*40 Min.*	2 EL	Koriandersamen
Für vier Personen:		5 EL	Wasser
1 kg	Hochrippe	6 EL	Weinessig
8	Speckscheiben	2 EL	Zucker
5 EL	Weinessig	2 EL	Zimt
1 TL	schwarzer Pfeffer	2	Gewürznelkenköpfe
1 EL	Zimt	1/2 TL	Muskatnuß
1 EL	Salz		Salz und Pfeffer

Zubereitung: Die Hochrippe vom Metzger in 8 Scheiben schneiden lassen. Das Fleisch klopfen und in einer Marinade aus Weinessig, Pfeffer, Zimt, Salz und Koriander 6 Std. im Kühlschrank marinieren. Das Fleisch gut abtrocknen, mit Speckscheiben umwickeln und auf dem mäßig heißen Grill ca. 30 Min. braten. Wasser, Weinessig, Zucker, Zimt, Gewürznelke und Muskatnuß 10 Min. köcheln, absieben, mit Salz und Pfeffer abschmecken und zum Fleisch servieren.

Kohl auf römische Art

Vorbereitung:	*20 Min.*	1 l	Fleischbouillon
Kochzeit:	*20 Min.*	200 g	Speckwürfel
Für vier Personen:			Parmesan geriebenen
1 kg	Weißkohl	1/2 TL	Zimt

Zubereitung: Die äußersten Blätter der Kohlköpfe entfernen, den Rest in feine Scheiben schneiden. In die heiße Fleischbouillon geben und 15 Min. kochen. Portionsweise in ein Küchentuch geben und auspressen, den Saft in einem Gefäß auffangen. In einer Pfanne den Speck auslassen und den Kohl darin anschwitzen. Nach und nach etwas Brühe beigeben und immer wieder verdampfen lassen. Wichtig ist, nicht zu viel Flüssigkeit zu nehmen, damit der Kohl bißfest bleibt. Nach ca. 15 Min. ist der Kohl fertig gekocht. Vor dem Servieren mit Parmesan und wenig Zimt bestreuen.

Dattelrolle

Vorbereitung:	*20 Min. + 60 Min.*	200 g	Datteln frisch
Backzeit:	*45 Min.*	200 ml	Marsala
Für vier Personen:		2 EL	Zucker
20 g	Hefe frisch	1/2 TL	Zimt
100 ml	Wasser	1 Msp	Nelkenpulver
50 g	Butter	1 Msp	Muskatnuß
3	Eigelb	1 EL	Butter
1 EL	Rosenwasser	4 EL	Zucker
1/4 TL	Salz	1 TL	Zimt
400 g	Weißmehl	2 EL	Butter
50 g	Rosinen	1 EL	Rosenwasser
50 g	Sultaninen	3 EL	Puderzucker

Zubereitung: Die Hefe zerbröckeln und mit dem lauwarmen Wasser auflösen. Die Butter schmelzen und etwas auskühlen lassen. Hefe, Butter, Eigelb, Rosenwasser und Salz mischen. Die Hälfte des Mehls in eine Schüssel geben, die Flüssigkeit dazugießen und gut verrühren. Nach und nach das restliche Mehl zugeben und zu einem Teig kneten. An einem warmen Ort unter einem feuchten Tuch 60 Min. aufgehen lassen. Die Rosinen, die Sultaninen und die gehackten Datteln 30 Min. in Marsala einlegen und danach 10 Min. köcheln. Zucker, Zimt, Nelkenpulver und Muskatnuß untermischen. Zwei Drittel des Teigs dünn ausrollen, zu einem Rechteck schneiden, mit flüssiger Butter bestreichen und mit Zucker und Zimt bestreuen. Die Fruchtmasse darauf verteilen und Butterflocken darüber geben. Den Teig einrollen und mit zerlassener Butter bestreichen. Den restlichen Teig rund auswallen und vorsichtig um die Teigrolle schlagen. Mit flüssiger Butter bestreichen und im vorgeheizten Backofen bei 180 Grad ca. 45 Min. backen. Noch heiß mit Rosenwasser beträufeln, mit Puderzucker bestreuen und warm servieren.

Italienische Renaissance-Küche

Die reichen italienischen Handelsstädte Venedig, Genua oder Mailand bildeten im 14. und 15. Jahrhundert die Drehscheibe zwischen Islam und Christentum. Kultur und Wissenschaft blühten auf, auch dank der aus der »Babylonischen Gefangenschaft in Avignon« nach Rom zurückgekehrten Päpste. Man trieb Handel mit den Arabern und lernte von ihnen Buchhaltung, Navigation, Staats- oder auch »nur« Kochkunst. Zugleich besannen sich die Gelehrten auf ihr historisches Erbe, mit dem Schlachtruf »ad fontes« gruben sie alles aus, was aus den Zeiten des Imperium Romanum gerettet worden war.

So steht das Studium der Kochbücher der Antike und der islamischen Welt am Anfang der kulinarischen Renaissance. Maestro Martino aus Como geht es im ersten Kochbuch der Renaissance (übersetzt vom Humanisten Platina) darum, durch »sanftes« Kochen und Braten und gezieltes Würzen den Eigengeschmack von Fleisch und Gemüse zu unterstützen; man nahm Abschied von der Vorstellung, daß gut schmeckt, was teuer und exklusiv ist.

Doch nach wie vor war die Festtafel vor allem ein Zurschaustellen des Luxus; der erwähnte Agostino Chigi ist nur ein Beispiel. Immerhin begannen die Zeremonienmeister Ordnung in die bis dahin relativ chaotischen Freßorgien zu bringen. Einmal wurde das Personal besser ein- und zugeteilt: Tranchierer, Auf- und Abträger, Buffetverantwortlicher … Dann wurde versucht, die Menüfolge in eine sinnvolle Reihenfolge zu bringen: leichte Vorspeisen, dann Fisch-, Wild- oder Fleischgänge und am Ende ein Dessert. Ein neues Arrangement betraf auch die Tafel: Weiße oder farbige Tücher werden eine Selbstverständlichkeit, ebenso wie Silber- oder Goldgeschirr. Zwischen Weingläsern und Karaffen stehen Salzfässer und Gewürzschälchen, Blumen und Marzipan dürfen als Tischschmuck nicht fehlen. Die Gerichte werden auf Platten oft in Form von Figuren oder Pflanzen angeordnet, ja man komponiert ganze Bilder aus Speisen.

So wurde in der italienischen Renaissance das Festmahl als Gesamtkunstwerk wieder entdeckt. Der italienische Dichter Sperone Speroni schrieb über den Küchenchef: »Er sei Dichter, daß er Verse singe, um der Langeweile und Ermüdung zu entgehen. Er sei Geometer beim Auswählen und Anrichten der runden, viereckigen, hellen und dunklen Stücke je nach Gericht und Platte. Er sei Mathematiker beim Zählen seiner Schüsseln und Töpfe, Maler beim Durchfärben seiner Braten, Saucen und Tunken, Arzt dank seiner Kenntnisse vom leicht und schwer Verdaulichen, auf daß die Speisen in der richtigen Reihenfolge auf den Tisch kommen, und Chirurgus, der gut tranchieren kann. Philosoph sei er im Wissen um die Natur der Speisen, der Jahreszeiten, der mehr oder weniger starken Feuerelemente. Er sei heiter wie seine Kunst, bitter und süß zugleich.«

Hochzeitsvorbereitungen

»Die große Stadt, die nur zur Hälfte Brot hat, erleidet noch einen weiteren Schlag am Tag des heiligen Bartholomäus, der sich in der Tiefe ihrer Seele einprägen wird. Nîmes, La Rochelle, Genf und Montpellier, sowie Castres und Lyon, werden sich – Mars tritt dann in den Widder ein – bekämpfen. Und das Ganze für eine Dame.«

(Weissagung des Nostradamus)

Noch einmal sieht der Oberhofkämmerer auf die mit Edelsteinen verzierte Nürnberger Taschenuhr: Eine Minute vor sechs an diesem 23. August 1572. Er nickt den beiden Mägden zu und klopft erst leise, dann laut an die vertäfelte Holztür. »Ihr könnt eintreten«, erschallt schnell eine heisere Stimme. Ihre königliche Majestät, die Königinmutter Katharina von Medici, liegt in einem an Ärmeln und Kragen mit Spitzen besetzten Nachthemd in ihrem breiten Bett. Eine der Mägde zieht die Brokatvorhänge an den Fenstern beiseite; durch die bunten Glasscheiben in den Spitzbogenfenstern fällt Licht auf den hohen Baldachin.

Zwei Dienerinnen fassen die schwere Frau unter die Achseln und helfen ihr aus dem Bett. »La Reine Catherine« deutet auf eine Liege, wo ein schwarzes, mit Silberfäden durchwirktes und mit Samtbroten besetztes Seidengewand liegt, und hebt die Hände. »Kleidet mich an und beeilt Euch! Wir haben mit der Vorbereitung der Hochzeit einiges zu tun!«

Während sich zwei Mägde neben ihr auf Schemel stellen und ihr das Kleid überstülpen, betrachtet sich Katharina in dem großen Wandspiegel. Alt bin ich geworden, sagt sie ohne Selbstmitleid in Gedanken zu sich, und fett! Aber was bleibt einem neben der Politik außer gutem Essen? »Mein Morgenimbiß! Ich habe Hunger!« befiehlt sie. Eine Dienerin bringt auf einem silbernen Tablett dampfende Ravioli und reicht ihr eine Gabel. Sie schließt die Augen und denkt an Italien, wo sie Papst Klemens VII., ihr Cousin, vor fast 40 Jahren zu sich gerufen und ihr eröffnet hatte, sie solle den französischen Königssohn heiraten. Das Haus Medici müsse sich mit dem Haus Valois verbünden und verbinden, hatte er gesagt, und so war sie gemeinsam mit ihm in der päpstlichen Prunkgaleere nach Marseille gesegelt. Heinrich, ihr Mann, freilich war eine Enttäuschung gewesen. Nach der Hochzeitsnacht – ihr Schwiegervater war als Augenzeuge dabei gewesen, und ihr Cousin hatte sich am Morgen persönlich vom Vollzug der Ehe überzeugt – hatte sich der französische Thronerbe wieder der Jagd und seiner Geliebten, der fast 20 Jahre älteren Diane de Poitiers, zugewandt. Ihr war nichts anderes übrig geblieben, als – wie sie es einmal einem Vertrauten sagte – »zu warten und zu hassen«.

»Muß es wirklich sein, Mama«, reißt sie eine dunkle Stimme aus ihren Gedanken. Ihr Sohn Karl hat ihren Schlafraum betreten. »Es muß doch einen anderen Weg geben, und Coligny, das war doch auch dein Freund!« Was für ein Schwächling, denkt Katharina, er hat Angst, das Notwendige zu tun. »Pscht«, sagt sie, legt ihm einen Finger auf die Lippen und streicht ihm über das Haar. »Hier ist nicht die Zeit und der Ort, Staatsgeschäfte zu besprechen. Wir sehen uns nachher im Staatsrat! Ich muß mich vorher noch mit Margot besprechen!«

Katharina von Medici läßt ihren Sohn, den König, stehen und eilt durch den neuen Flügel des Louvre, den sie selbst hat errichten lassen, in die Gemächer ihrer Tochter. »Ich bin so aufgeregt«, sagt Prinzessin Margot, »es wird ein Riesenfest.

Ob es mir gelingt, Heinrich zu beeindrucken? Er ist so förmlich!« – »Nun, die Medici und die Valois heiraten nicht zu ihrem Vergnügen«, erwidert ihre Mutter. »Laß uns etwas zum Essen bringen!« – »Euch zu Ehren Königinsuppe«, mischt sich höflich ein weißhaariger Mann aus dem Hintergrund ein. Mein guter Maestro Vincente, denkt Katharina, er und seine Gehilfen haben mich aus Florenz begleitet. Immer, wenn mich der König allein ließ, hat er mich mit heimischen Genüssen getröstet. »Darf ich Euch die nunmehr endgültige Menüfolge für das Hochzeitsessen vorlesen?« Katharina nickt gnädig und löffelt.

»Auf die Tische stellen wir: Salat auf Blätterteigboden mit Kapern und Trüffeln, Endiviensalat, Radieschen, Rapunzel- Gurken-, Anchovissalat; dicke Rettiche, figurenförmig eingelegt in Form von Tieren und Pflanzen, kleine Rettiche; Schinkenscheiben, aufgeschnittene, gepökelte Rinderzunge, pikanter Aufschnitt mit Zucker und Zimt. Wildleberklops, dicke Mortadella und Leberpastete, feine Salate mit dunkler süßer Tunke. Zum ersten Gang reichen wir Kapaunenbruststücke, in gebackenen Speck gewickelt mit Streuzucker; Wachteln und gebackene Fasanen mit offenen Orangen, glasierten Zwiebeln ...«

Während so die Speisenfolge an ihrem Ohr vorüberrauscht, denkt Katharina zurück. Mit ihren Köchen war sie 1533 in eine kulinarische Einöde geraten. Ihr Schwiegervater Franz I. liebte zwar rauschende Feste, beim Essen galt ihm aber Quantität mehr als Qualität. Sie aber hatte gezeigt, was Köche aus den Speisen wirklich machen konnten, sie hatte auch für ein neues Ambiente gesorgt. Weg mit den schweren Pokalen und dem protzigen Geschirr von der Tafel, dafür filigrane Leuchter, Gläser aus Murano und zierliche, handbemalte Teller. Am schwierigsten hatte sie sich mit der Einführung der Gabel getan; ihr Schwiegervater und ihr Mann hatten sich schlicht geweigert, das langstielige Utensil in die Hand zu nehmen. Erst als ihr inzwischen verstorbener erster Sohn Heinrich König wurde, hatte sie ihn überredet, die Verwendung der Gabel per königlichen Erlaß durchzusetzen. Das war auch bitter nötig, denn nur mit der Gabel oder einem langstieligen Löffel war es möglich, daß die Herren der Schöpfung ihre breiten Halskragen nicht bekleckerten ...

»... und nach einem Zwischenspiel durch die Hofmusikanten servieren wir den fünften Gang: Tauben nach Hausmannsart, Rebhühner in Speckbrühe, Rindfleisch, in Malvasier gebacken nach deutscher Art, Spanferkel am Spieß mit flüssigem Senf begossen ...«

»Halt ein, halt ein, mein lieber Vincente, ich vertraue dir völlig, was die Speisenfolge betrifft.« »Aber es folgen noch die Abschlußgänge, den siebten werden wir mit dreizehn Burgen und Türmen aus Trüffeln eröffnen«, läßt sich der Küchenchef nicht aus dem Konzept bringen.

»Genug«, unterbricht ihn die Königinmutter endgültig, »ich will mit meiner Tochter allein sein«.

»Weißt du, ob er eine Geliebte hat?« fragt Margot wenig später. Ahnt ihre Tochter wirklich nicht, daß die Hochzeit nicht wie geplant stattfinden wird, denkt Katharina. Vermutlich nicht, wir haben unsere Absichten ja wirklich gut verborgen, nicht einmal der Leibarzt meines Sohnes, Michel de Notre-Dame, der sich doch Wahrsager nennt, ahnt, daß eine alte Prophezeiung von ihm nun Wirklichkeit wird. »Ich habe dich etwas gefragt«, hakt ihre Tochter nach. »Nein, unsere Spitzel berichten von keiner Mätresse«, antwortet die Königin. »Ich möchte nicht dasselbe erleben wie du mit Diane de Poitiers.« – »Ich habe sie gehaßt, und doch war sie eine bemerkenswerte Frau. Erst die Geliebte deines Großvaters und dann deines Vaters. Aber sie war klug genug, sich mit mir zu arrangieren.« – »Wie konntest du dich mit so einer Hure arrangieren?« – »Glaubst du, es hat mir Spaß gemacht? Aber sie brachte Heinrich dazu, regelmäßig das Ehebett aufzusuchen. Und so hatte ich von ihm fünf Töchter und vier Söhne. Und Diane von Poitiers hatte, als Heinrich starb, nichts als ihre nie verblassende Schönheit!«

»Ich hätte sie nach Vaters Tod hinrichten lassen oder in die Verbannung geschickt ...« – »... was außerordentlich dumm gewesen wäre, denn sie konnte vermitteln, als dein ältester Bruder von den Hugenotten gefangengenommen wurde. Eine Königin darf sich nie von ihren Gefühlen leiten lassen, das mußt du noch lernen!« Die junge Frau sieht ihre Mutter an und schüttelt den Kopf. »Deine einzige Leidenschaft ist das Essen ...« – »... und die Macht, meine liebe Margot!« unterbricht sie Katharina von Medici und steht auf. »Ich muß in den Staatsrat!«

Wieder eilt sie durch den Louvre, begleitet von ihren Dienern, die vor der Tür gewartet haben. Sie betritt einen langen, schmalen Raum mit einem ovalen Tisch in der Mitte, an dem schon einige Männer sitzen. »Endlich kommst du, Mutter«, sagt ihr Sohn Karl vorwurfsvoll. »Es gibt nicht viel zu besprechen«, erwidert sie, »die Beschlüsse sind gefaßt, die Befehle gegeben!« – »Aber sollten wir nicht noch einmal mit Coligny reden?« König Karl IX. von Frankreich schaut seine Mutter fast flehentlich an. »Er war doch mein Freund – und auch dein Freund!« – »Gott weiß, daß ich alles versucht habe, uns mit den verfluchten Hugenotten auszusöhnen«, erwidert Katharina scharf, »kurz nach dem Tod deines Vaters habe ich ja ein Religionsgespräch vermittelt, das du selbst geleitet hast. Und ich habe den Hugenotten in zwei Edikten Zugeständnisse gemacht. Aber wer dem Teufel den kleinen Finger reicht ...« – »Aber jetzt«, wirft Karl ein, »Margots Heirat mit einem Protestanten sollte doch ein neuer Anfang sein, den Frieden in unserem Land wiederherzustellen!«

Das Gespräch wird durch das Eintreten zweier Diener unterbrochen, die zwei Schüsseln und etwas Gebäck vor Katharina hinstellen. »Wir planen einen Überraschungsschlag und du ißt!« sagt der König vorwurfsvoll, als sie wieder allein sind. »Nimm auch ein Stück Hase, Wild regt den Gedankenfluß an«, erwidert Katharina. »All unser Handeln geht von zwei Zielen aus: Die Einheit Frankreichs muß bewahrt werden und das Haus Valois den Thron behalten. Da sind wir uns doch einig! Wir haben das zwölf Jahre lang mit einer Politik der Aussöhnung und der Zugeständnisse versucht, sind aber letztlich gescheitert ...« – »Aber die Heirat stattfinden zu lassen, wäre das nicht doch einen letzten Versuch wert?« Katharina von Medici schüttelt den Kopf. »Das mißglückte Attentat auf Admiral Coligny, den die Hugenotten als ihren Führer ansehen, hat alles geändert. Hochzeit hin oder her, die Wut ist so groß, daß sie über kurz oder lang gegen uns losschlagen werden. Deshalb müssen wir ihnen zuvorkommen. Und nie, ich wiederhole: nie haben wir eine so günstige Gelegenheit wie heute nacht. Alle wichtigen hugenottischen Führer sind wegen der Hochzeit in Paris versammelt. In einer einzigen Nacht können wir der Schlange den Kopf abschlagen! Du darfst jetzt nicht schwach werden!« Lange Zeit sehen sich Mutter und Sohn schweigend an. »Das Attentat, du hast recht, das ändert alles!« sagt ihr Sohn, »aber ich möchte wirklich wissen, wer dahinter steckt. Vor allem eines, ob du deine Hände im Spiel hattest.« Gedankenversunken nimmt Katharina von Medici ein Stück Melonengebäck in den Mund und schluckt es hastig hinunter. »Willst du das wirklich wissen? Aber wenn es deinem Seelenheil zuträglich ist, dann versichere ich dir, daß ich mit dem Anschlag auf Coligny nichts zu tun habe.« König Karl IX. von Frankreich atmet erleichtert auf und gibt dann den Befehl, auf den alle gewartet haben: »Tötet sie alle, damit keiner übrig bleibt, der mir die Tat vorwerfen kann!«

(Am Abend des 24. August 1572 schlugen die Katholiken los und ermordeten alle Führer und Anhänger der Hugenotten, derer sie habhaft werden konnten. In dieser sprichwörtlich gewordenen Bartholomäusnacht sterben – die Historiker sind sich uneins – zwischen 20000 und 50000 Menschen. Den von ihr gewünschten Erfolg hatte Katharina von Medici nicht. Sie konnte den Hugenotten keinen entscheidenden Schlag versetzen, sondern entfachte nur ihre Wut, die in einen nicht enden wollenden Bürgerkrieg mündete. Sie selbst verlor zunehmend an Einfluß; nach dem frühen Tod ihres Sohnes Karl bestieg ihr homosexueller dritter Sohn Heinrich den Thron, der die Gesellschaft von Männern der ihren vorzog. 1589 starb Katharina von Medici, wenige Monate, bevor ein Attentäter den letzten ihrer Familie ermordete.)

Ein Morgenimbiß für Katharina von Medici

Ravioli mit Hühnerfüllung

Vorbereitung: *60 Min.*
Kochzeit: *4 Min. + 5 Min.*
Für vier Personen:

150 g	Hühnerbrust
	Salz und Pfeffer
$^{1}/_{2}$ EL	Schweineschmalz
$^{1}/_{2}$ TL	Muskatblüten
1 Msp	Safran
50 g	Parmesan
1 EL	Butter
1	Eiweiß
50 g	Parmesan
1 EL	Butter

Zubereitung: Die Hühnerbrüste mit Salz und Pfeffer würzen, im Schweineschmalz durchbraten, fein hacken und mit fein gehackten Muskatblüten, Safran und geriebenem Parmesankäse mischen. Aus dem ausgewallten Ravioliteig Kreise von ca. 8 cm Durchmesser ausstechen. Auf jeden Kreis $^{1}/_{2}$ TL Füllung und 1 Msp Butter geben, den Teigrand mit Eiweiß bestreichen und die Ränder zusammendrücken. In viel kochendes Salzwasser geben und ca. 4 Min. gar ziehen lassen. Mit der Schaumkelle aus dem Wasser heben, in eine feuerfeste Schüssel anrichten, mit Parmesankäse bestreuen, einige Butterflocken darüber geben und im Backofen bei 220° überbacken.

Ravioliteig

Vorbereitung: *10 Min. + 30 Min.*
Für vier Personen:

300 g	Weißmehl
5 EL	lauwarmes Wasser
1 TL	Salz
2	Eier
2 EL	Olivenöl
50 g	Butter

Zubereitung: Das Mehl auf einer flachen Unterlage zu einem Kranz formen. Alle anderen Zutaten mischen, in die Mitte des Kranzes geben und von außen her zu einem Teig kneten. Zugedeckt ca. 30 Min ruhen lassen. Mit dem Wallholz oder mit der Teigmaschine sehr dünn auswallen.

Königinsuppe

Vorbereitung:	*20 Min.*	1	Lorbeerblatt
Kochzeit:	*25 Min.*	1	Zitronenscheibe
Für vier Personen:		2	Weißbrotscheiben
1 l	Hühnerbouillon	1/2 TL	Salz
1/2	Hühnchen gebraten	1 EL	Steinpilze getrocknet
50 g	Mandeln gemahlen	2 EL	Butter
1/2	Rosmarinzweig	1 EL	Granatapfelkerne
1	Petersilienzweig	1/2 EL	Pistazienkerne

Zubereitung: Das Geflügel von den Knochen lösen und das Fleisch grob hacken. Die Knochen zerbrechen. Mandeln, Kräuterbündel, Zitronenscheibe, Brotrinde und das Salz in 4 dl Hühnerbouillon 10 Min. köcheln lassen und danach absieben. Die restliche Hühnerbouillon zusammen mit den Geflügelknochen und den Pilzen ebenfalls 10 Min. kochen und danach absieben. Das Brot in Würfel schneiden, in Butter goldbraun rösten und zusammen mit der Hühnerbrühe, der Mandelbrühe und dem gehackten Fleisch nochmals aufkochen. Einige Granatapfelkerne und gehackte Pistazienkerne in die Suppenteller geben und die Königinsuppe darüber anrichten.

Hase in Kapernsauce

Vorbereitung:	*15 Min.*	3 dl	Fleischbouillon
Kochzeit:	*90 Min.*	1 EL	Kapern frisch
Für vier Personen:		1 dl	Orangensaft
1 kg	Hase	1	Frühlingszwiebel
	Salz und Pfeffer	1	Kräutersträußchen aus Petersilie, Thymian und Lorbeerblatt
1 EL	Mehl		
1 EL	Bratbutter		

Zubereitung: Den gesäuberten Hasen in Stücke schneiden, mit Salz und Pfeffer würzen, in Mehl wenden und in einer Kasserolle in der Bratbutter kräftig anbraten. Mit Fleischbouillon ablöschen, Kapern, Orangensaft, Zwiebel und Kräutersträußchen zugeben und auf kleiner Flamme ca. 90 Min. garen. Das Fleisch immer wieder mit der Sauce begießen. Wenn der Hase gar ist, die Sauce absieben, eventuell etwas einkochen, mit Salz und Pfeffer abschmecken und vor dem Auftragen über die Fleischstücke gießen.
Dazu paßt ein Trockenreis.

Maronenkompott

Vorbereitung: *10 Min.*
Kochzeit: *40 Min.*

Für vier Personen:

400 g	Maronen
300 g	Aprikosenkompott

Zubereitung: Die Maronen kann man fertig gebraten am Maronenstand kaufen. Sie werden geschält und dicht aneinander in eine Bratpfanne gelegt. 8 schöne Aprikosenhälften beiseite legen, das restliche Aprikosenkompott mit dem Mixer pürieren. Mit $^3/_4$ des Pürees die Maronen übergießen und auf kleiner Flamme ca. 40 Min ziehen lassen. Hie und da etwas Aprikosenpüree zugießen. Einen flachen Teller auf die Bratpfanne legen und das Kompott stürzen. Das restliche Aprikosenpüree darauf verteilen und mit den Aprikosenhälften garnieren.

Melonen im Teigmantel

Vorbereitung: *20 Min.*
Kochzeit: *10 Min.*

Für vier Personen:

2	Honigmelonen
100 g	Mehl
$^1/_2$ TL	Salz
1 EL	Zucker
3	Eier
50 g	Mascarpone (ital. Frischkäse)
1 EL	Essig
50 ml	Wasser
1 l	Fritieröl
2 EL	Puderzucker
100 ml	Orangensaft

Zubereitung: Die Melonen halbieren, Schale und Kerne entfernen und das Fruchtfleisch in Scheiben schneiden. Das Mehl, Salz, Zucker, Eigelb, Mascarpone, Essig und Wasser zu einem Teig verrühren. Das Eiweiß zu Schnee schlagen und vorsichtig drunter ziehen. Das frische Öl in der Friteuse erhitzen, die Melonenscheiben an einer Gabel in den Teig tauchen und einzeln im Öl ausbacken. Die fertigen Scheiben auf Küchenpapier legen und etwas entfetten. Vor dem Servieren mit Orangensaft beträufeln und mit Puderzucker bestreuen.

Französische Renaissanceküche

Frankreiches Weg zur ersten Kochnation Europas war steinig. Zwar lebte im Paris des 14. Jahrhunderts mit Taillevant der erste große europäische »chef de cuisine«, aber Krieg, Pest und Hungersnöte rafften im 15. Jahrhundert fast ein Drittel der Bevölkerung hinweg. Um die Not zu bannen, förderten die französischen Könige neue Anbaumethoden und die Einführung neuer Getreide- und Gemüsesorten. Angepflanzt wurden nun auch Wirsing, Mangold, Pastinaken und Radieschen, auf allerhöchsten Erlaß züchtete man neue Spargelsorten, und bei der Obstveredelung wetteiferten Bauern und Landadel. Eine neue wohlschmeckende Pflaume wurde nach der Gemahlin König Franz I. »Reineclaude« genannt, weniger bekannt wurde die ihrer Schwiegertochter Katharina von Medici gewidmete »Katharinenpflaume«.

Freilich, ohne deren Einfluß wäre der Aufschwung der französischen Küche nicht denkbar gewesen. Zahlreiche italienische Köche brachte Katharina an den französischen Hof, sorgte für die Einführung der Gabel und für stilvolle, dabei immer noch prunkvolle Tischdekoration.

Insgesamt gab sich die französische Küche leichter. Es wurde nun auch geschmort, gedämpft und eingelegt. Bratensaft nutzte man als Grundlage für pikante Saucen; Salat und Melone kamen als Vorspeise auf, ein Täubchen als Appetitanreger, die Orange verdrängte die bittere Pomeranze. Die Köche verwendeten Früchte zur Verfeinerung ihrer Saucen, eine über Italien aus der arabischen Welt gekommene Idee. Die Suppe näherte sich den heutigen an, aus der italienischen Minestrone wurde der allseits geschätzte »pot-au-feu«.

In dieser Zeit wurde in Frankreich der Wein Alltagsgetränk. Ähnlich wie in Deutschland pflegte man Verträge und Handelsabschlüsse zu begießen und sich bei Feierlichkeiten zuzuprosten.

Am Ende dieser Periode erschien das zweite wichtige Kochbuch Frankreichs. Der um 1615 geborene François Pierre de la Varenne propagierte in »Le cuisinier François« leichte Speisen, den sparsamen und gezielten Einsatz von Gewürzen – so nur noch einen »Hauch« von Knoblauch … Er gab genau an, welche Fleischstücke zu welchen Gerichten passen und wie man Schwanz, Zunge, Füße oder andere Arme-Leute-Speisen pikant zubereiten kann. Varenne verwandte als erster Eiweiß zum Klären von Gelees, bei ihm finden wir auch das Rezept der »bouillon Roux«, der blonden Mehlschwitze, Gerichte wie das »boeuf à la mode« oder die »oeufs à la neige«.

Varenne starb 1678 als bitterarmer, vergrämter Mann. Die jüngeren Kollegen spotteten über seine schweren Pasteten und die altertümlichen Gewürze: Ambra, Muskat … Der große Meister hatte das Pech, mit Bechamel, dem Küchenchef Ludwigs XIV., und Vatel, dem Koch des Prinzen Condé, jüngere, kreative Nachfolger zu haben. Aber ohne ihn hätte es diese »Sonnenköche« nicht gegeben!

Besuch in Augsburg

»Wir sagen es frei heraus; Deutschland ist niemals reicher, niemals glänzender gewesen als heutzutage. Wo gibt es in Europa prachtvollere Städte als Köln mit seinen herrlichen Kirchen, Rathäusern, Türmen und bleigedeckten Gebäuden, seinen reichen Einwohnern, seinem schönen Strom, seinen fruchtbaren Gefilden ringsum? Augsburg aber übertrifft an Reichtum alle Städte der Welt.«

(Enea Silvio Piccolomini,
italienischer Reiseschriftsteller und Informant
der reichen Handelsstädte am Mittelmeer
in der Mitte des 15. Jahrhunderts,
als Papst nannte er sich Pius II.)

»Wild, Schnepfen, junge Hasen, die ganz anders zubereitet werden als bei uns, sind reichlich vorhanden. Wir trafen nirgends so zarte Fleischspeisen, wie sie dort täglich aufgetragen werden. Mit dem Fleisch werden gekochte Pflaumen, Birnen und Apfelschnitten gereicht … Es wurden uns Pasteten, große und kleine, in irdenen Gefäßen von der Farbe und genau der Form der Pastete selbst serviert. Es vergehen wenige Mahlzeiten, ohne daß einem nicht Zuckerwerk und Büchsen mit Eingemachtem angeboten würden. Das Brot ist das denkbar ausgezeichnetste, die Weine sind gut …«

(Michel de Montaigne über Augsburg)

Kauf einer Kaiserkrone

Hauptbuchhalter Matthäus Schwarz blickt unwillig auf, als es klopft. Die Tür der »Goldenen Schreibstube« öffnet sich und ein vornehm gekleideter Mann tritt ein. Er drückt dem Diener, der ihn hergeführt hat, Stock und »Schaube«, den halblangen pelzgefütterten Mantel, in die Hand. »Matteo«, ruft er, »welche Freude, dich zu sehen!« – »Du bist der Emissär Karls?« fragt Schwarz und wechselt unwillkürlich ins Italienische. »Mercurino Arborio di Gattinara, zu deinen Diensten«, erklärt der Besucher und schwenkt, während er einen übertriebenen Kratzfuß macht, devot sein Barett, »seiner Apostolischen Spanischen Majestät Karl I. Berater in geheimer Mission beim Großfürsten des schnöden Mammon.«

Matthäus Schwarz lacht. »Laß diese Bezeichnung meinen Herrn nicht hören. Er liebt solche Anspielungen auf seinen Reichtum nicht, Jakob Fugger ist sehr dünnhäutig, es gibt zu viel unqualifizierte Kritik an seinem Geschäftsgebaren.« – »Wo ist dein Herr und Meister überhaupt?« – »Du wirst ihn sicher noch sehen«, erwidert der Hauptbuchhalter, »aber für die Vorgespräche mußt du schon mit mir vorliebnehmen. Jakob Fugger verhandelt mit Kaisern und Königen persönlich, aber für deren Diener sind zunächst auch seine Diener da. Aber laß uns hinüber in den Gartenpavillon gehen. Bei einem guten Essen spricht sich's leichter.«

Gattinara nickt zustimmend, sieht sich aber erst einmal in dem Raum um. »Das ist also die Goldene Schreibstube ...« – »Ein Name mit doppeltem Sinn«, erklärt Matthäus, »einmal weil hier viel Gold zur Verzierung von Wänden und Möbeln verwandt wurde. Aber die Dokumente, Kontobücher und Informationen in den mehr als 60 Schubladen des Schrankes – eine jede für eines unserer Kontore – die sind erst wirklich Gold wert. Es ist ein Privileg, daß du hierher gelassen wurdest. Jakob Fugger führt sonst nur Kurfürsten und Kaiser in die Schreibstube. Aber jetzt ist es wirklich Zeit! Frau Sybille, die gestrenge Frau des Herrn, hat einen kleinen Imbiß für uns vorbereiten lassen.«

Sie gehen aus dem riesigen, dreistöckigen Fachwerkhaus der Firma »Jakob Fugger und Gebrüder Söhne«. Auf der fast 70 Meter lange Frontseite befinden sich zwischen bunten Marmorsteinen Wandmalereien aus der deutschen Geschichte, das Dach darüber ist ganz mit Kupfer verkleidet. Gattinara denkt, daß man selten einmal in seiner Heimat Italien, geschweige denn in Madrid so viel Reichtum sieht wie hier in Augsburg. Das zeigt sich auch an den vornehm gekleideten Menschen. Besonders die Frauen in ihren hochgeschnürten Kleidern mit engen Miedern und gefältelten langen Röcken führen die allerneueste Mode vor. Überall sind kleine Schlitze zu sehen, aus denen feiner, unternähter Stoff in allen Regenbogenfarben herausquillt. »Wolltest du nicht einmal Maler werden und auch Kleider entwerfen, Matteo?« fragt der Italiener mit einem Seitenblick auf den alten Freund, der mit seinen hellgrünen Hosen, dem karmesinroten

Wams und dem goldgelben Überwurf selbst in dieser Umgebung heraussticht. »Ich arbeite seit einigen Jahren an einem Kostümbuch und hoffe es bald vollendet zu haben. Aber davon kann ich nicht leben«, erklärt Schwarz und fügt hinzu: »Aber ein wenig bringe ich von meinen künstlerischen Überlegungen in die Firma ein. So sorge ich dafür, daß unsere Angestellten anständig gekleidet sind, daß all unsere Kontore übersichtlich, reinlich und von gepflegtem Aussehen sind!« – »Dann hast du also, wie du es mir damals in Venedig prophezeit hast, den Augsburgern italienische mores gelehrt!« Schwarz schüttelt den Kopf und sagt in einer Art spöttischer Verzweiflung: »Schnell habe ich gemerkt, daß ich dem Herrn des Hauses nichts beibringen konnte. Im Gegenteil, ich schämte mich vor mir selbst, daß ich dem Buchhalten so weit nachgezogen bin und hätte es doch besser in Augsburg gelernt!«

Gattinara deutet auf einen der Stände, in dem ein Mönch Reliquien, geweihte Kreuze und Amulette verkauft. In der Mitte hängt an einem Ständer ein Schriftstück mit roten päpstlichen Siegeln, das den Mann als bevollmächtigten Verkäufer von Ablässen ausweist. »An dem Handel seid ihr ja nicht unbeteiligt!« Schwarz nickt: »Gezwungenermaßen! Es ist der einzige Weg, wie wir die Schulden bei den hohen geistlichen Herren wieder eintreiben können. Die Hälfte vom Ablaßgeld geht an den Papst oder den Erzbischof von Mainz zum Bau des Petersdomes, die andere Hälfte zur Schuldentilgung an uns!« – »Das hat ja für ziemlichen Aufruhr gesorgt. Ist da nicht ein Mönch, ein Martin ...« Der Italiener sucht nach dem Namen. »Dr. Martinus Luther«, hilft der Buchhalter, »kürzlich gab es hier nach dem Reichstag sogar ein Streitgespräch zwischen ihm und einem päpstlichen Beauftragten. Ohne Erfolg natürlich. Aber solche Schwarmgeister kommen und gehen, die Firma Fugger bleibt!«

Er zeigt nach Osten. »Und wir reden nicht nur, wir tun etwas. Da hinten läßt Jakob Fugger eine ganze Siedlung für Bedürftige bauen, die dort für geringes Geld und täglich drei Gebete unterkommen können. Die Leute nennen es die Fuggerei!« – »Na ja, ihr werdet es ja nicht nur eures Seelenheils wegen machen, sondern um der Kritik an euch den Wind aus den Segeln zu nehmen«, meint Gattinara leicht spöttisch. Schwarz zuckt mit den Achseln. »Das muß ja kein Widerspruch sein! So, wir sind da!«

Durch einen Torbogen gelangen die beiden in einen offenen Innenhof, der als großer Garten angelegt ist. Eine Magd führt die beiden an einen kleinen Tisch inmitten eines Pavillons, wo auf weißem Leinen Silbergeschirr und Kristallpokale stehen. »Nimm von der Kalbfleischpastete, Mercurino. Das war – neben Hirschschlegel mit schwäbischen Spätzle – übrigens die Lieblingsspeise Kaiser Maximilians, wenn er hier als Gast geladen war.« – »Aber jetzt ist der Kaiser tot und sein Nachfolger noch nicht gewählt«, lenkt Gattinara das Gespräch zu dem Thema, weswegen er gekommen ist. »Wie kann das Haus Fugger dem König von Spanien in dieser Sache behilflich sein?« fragt der Hauptbuchhalter nun förmlich und geschäftlich kühl: »Bisher hatte er sich ja – entgegen dem Rat seines verstorbenen Oheims Maximilian – mit Geldhäusern in Italien und unseren Augsburger Konkurrenten, dem Bankhaus der Welser, in Verbindung gesetzt.« Gattinara lächelt verbindlich. »Ein Versehen. Aber nun habe ich meinen Herrn davon überzeugt, daß alle finanziellen Angelegenheiten bezüglich der Wahl über euer Haus laufen sollen.« – »Ein guter Rat, fürwahr, Mercurino. Du solltest unbedingt diesen Hecht probieren. Süß-sauer, auf polnische Art.« Matthäus Schwarz spießt mit seiner zierlichen Gabel elegant ein Stück Fisch auf, wendet es in der Sauce und verspeist es genießerisch. Bewußt spannt er sein Gegenüber etwas auf die Folter. Der setzt nach einer kurzen Weile wieder an. »Jakob Fugger war doch der Bankier Maximilians, also schon immer der Bankier der Habsburger ...« – »Wir sind aber auch die Bank der Päpste und wir pflegen mit allen deutschen Fürsten und auch dem Hause Valois gute Beziehungen. Die Offenheit nach allen Seiten gehört zu unserem Geschäft!«

Gattinara atmet tief ein und versucht, sich nicht provozieren zu lassen. »Aber es kann euch nicht egal sein, wer Kaiser wird. Nur Karl wird die nötige Stabilität für Handel und Wandel bieten können!« – »Das sagst du«, meint der Hauptbuchhalter und zieht einen leeren Teller zu sich heran, spießt mit seinem Messer ein schwarz gefärbtes Hühnchenstück auf und legt es darauf. »Schwarz, das ist das Haus Habsburg. In Spanien ist es stark, vor allem durch die Entdeckung der Neuen Welt. Ansonsten hat Maximilian ein schwieriges Erbe hinterlassen, in Italien, in den Niederlanden, ja in seinen Stammländen, überall gärt es!« – »All diese Probleme lassen sich nur durch die Auferstehung des Reichs Karls des Großen, durch eine universale Monarchie beheben«, wirft Gattinara temperamentvoll ein. Schwarz läßt sich nicht beirren und legt ein weiteres Stück Huhn auf seinen Teller: »Weiß, das ist das Haus Valois. Franz I. verfügt über ein gut regiertes zentralistisch geführtes Reich, Jahreseinkommen 3 Millionen Livres, sein einziger Fehler, er ist knausrig und hat wenig Mittel flüssig. Deshalb hat er bei uns um einen Kredit von 300 000 Gulden nachgefragt, die wir ihm nicht bewilligt haben, noch nicht!« – »Laß diese versteckten Drohungen, Matteo«, der Unterhändler aus Spanien schüttelt den Kopf, »wir wissen doch beide, daß die Kurfürsten – und die wählen ja – keinen französischen Herrscher wollen!« Schwarz legt ein weiteres Stück Hühnchen in die Mitte seines Tellers. »Braun, die deutschen Kurfürsten. Sie schwanken zwischen Schwarz und Weiß, Karl und Franz. Sie wollen möglichst selbständig bleiben, das spricht eher für Karl. Aber sie brauchen auch Geld wie der Mainzer Erzbischof und vor allem der Brandenburger ...« – »... der ist schon auf unserer Seite. Wir haben ihm die Hand der Erzherzogin Katharina versprochen!« –«Nach unseren Informationen vergnügt sich die Erzherzogin mit einem anderen, was einer Verbindung zwar nicht im Wege stünde«, erklärt der

Buchhalter süffisant, »allerdings hat Franz I. Joachim von Brandenburg eine Summe geboten, die schwer zu überbieten ist. Karl braucht seine Stimme auch nicht unbedingt. Es gibt ...« Schwarz legt ein goldgelb bestrichenes Stück links auf den Teller, »... noch einen Mitspieler, den Papst. Er hat sich frühzeitig auf Frankreich und gegen Karl festgelegt. Hier liegt, auch wenn das auf den ersten Blick nicht zu erkennen ist, eine Chance für Habsburg. Die Kurfürsten, vor allem die geistlichen, wollen sich auf keinen Fall von Rom in ihre Angelegenheiten hineinreden lassen, sie befürchten bei einer Wahl von Franz einen Eingriff in ihre Privilegien und sie halten – nimm mir das nicht übel, Mercurino – deinen Herrn Karl für eine eher schwache Figur. Und genau in dieser Situation kommen wir ins Spiel!« Matthäus Schwarz legt ein weiteres Hähnchenteil dazu. »Grün, das Haus Fugger. Wir unterstützen die Richtung, in die die Kurfürsten sowieso schon tendieren, mit Geld, je nach Kurfürst rechnen wir mit 100000 bis 150000 Gulden, den Brandenburger lassen wir den Franzosen. Iß doch etwas, das Huhn in verschiedenen Farben ist wirklich köstlich, und nimm noch ein paar dicke Bohnen dazu!«

Gattinara, der in den letzten Minuten keinen Bissen hinunter gebracht hat, verspeist ein weiß bestrichenes Stück. »Und wenn die Kurfürsten dann anders stimmen als versprochen?« – »Glaubst du wirklich, sie können es sich leisten, sich mit den Fuggern anzulegen? Wer bei uns seinen Kredit verspielt, ist schnell ruiniert.« – »Auch ein Kaiser?« fragt Karls Gesandter. »Kaiser genießen bei uns schon immer eine besondere Wertschätzung«, weicht Matthäus Schwarz aus, »aber das Ganze wird nicht billig für Karl von Spanien. Ich schätze die Gesamtkosten auf mehr als eine halbe Million Gulden, mit steigender Tendenz. Wir sind ein wenig spät dran, die Wahl ist schon in ein paar Wochen. Mach kein so saures Gesicht, Mercurino, nimm lieber ein Stück süße Erdbeertorte!«

(Am 28. März 1519 wurde Spaniens König Karl I. als Karl V. zum Kaiser des Heiligen Römischen Reiches Deutscher Nation gewählt. Nach der von Matthäus Schwarz für Jakob Fugger erstellten Endabrechnung kostete die Krone insgesamt 851918 Gulden. Das Haus Fugger berappte davon 543585 Gulden, 143000 kamen von den Welsern und 165000 von genuesischen und florentinischen Bankhäusern. Gattinara wurde als Großkanzler der wichtigste Berater Karls V., in dessen Reich nunmehr »die Sonne nicht mehr unterging«, und propagierte dabei die Idee der »monarchia universalis«, des weltumspannenden, friedensstiftenden Kaisertums.)

Ein Menü für Gattinara

Kalbfleischpastete

Vorbereitung: *150 Min.*
Backzeit: *80 Min.*

Für vier Personen:

800 g	Kalbshaxen am Stück
1 1/2 l	Rinderbouillon
300 g	Kalbsniere mit Nierenfett (beim Metzger vorbestellen)
1 TL	Salz
1 EL	Rosinen
1 Msp	Ingwer
1 Msp	Safran
2	harte Eigelb
300 g	Vollkornmehl
120 g	Butter
150 ml	Salzwasser
1	Ei
1 Msp	Safran
25 ml	saurer Apfelsaft
25 ml	Bouillon
1 Msp	Safran

Zubereitung: Die ganzen Kalbshaxen in kalte Bouillon legen, aufkochen und auf kleinem Feuer ca. 1 1/2 Std. ziehen lassen. Anschließend in der Bouillon erkalten lassen. Das Fleisch von den Knochen lösen und zusammen mit den Kalbsnieren und dem Kalbsnierenfett hacken. Mit Salz, Rosinen, Ingwer und Safran würzen.

Das Vollkornmehl und die Butter miteinander verreiben und mit dem warmen Salzwasser zu einem Teig kneten. 2/3 des Teiges auswallen und in eine gebutterte Springform oder Pastetenform legen. Die Hälfte der Fleischmasse hinein geben, die harten Eigelb darauf legen und mit dem restlichen Fleisch zudecken. Mit dem Teig einen Deckel formen, die Pastete zudecken und die Teigränder mit Eiweiß zusammenkleben. Mit den Teigresten in der Mitte der Pastete eine Rosette formen und auf dem Deckel Verzierungen anbringen. Ein Eigelb mit Safran mischen und die Pastete damit bestreichen. Den Backofen auf 180° vorheizen und die Pastete 50 Min. backen. Den sauren Apfelsaft, die Bouillon und den Safran mischen. Bei der Pastete um die Rosette herum ein Loch schneiden, die Flüssigkeit in die Pastete gießen, mit dem Deckel wieder verschließen und nochmals 30 Min. fertig backen.

Süß-saurer Hecht auf polnische Art

Vorbereitung: *45 Min.*
Kochzeit: *20 Min.*
Für vier Personen:

1,5 kg	Hecht am Stück
2 TL	Salz
1	Zwiebel
1	Apfel
300 ml	trockenen Weißwein
1 EL	Kräuteressig
1 Msp	Safran
1/2 Msp	Ingwer
1 EL	Zucker
	Salz und Pfeffer

Zubereitung: Den ganzen Hecht schuppen, säubern und gut waschen. Mit Küchenpapier trockentupfen. Innen und außen salzen und für 30 Min. im Kühlschrank ruhen lassen. Die Zwiebel und den Apfel schälen, in Ringe schneiden und mit dem Weißwein und dem Essig 20 Min. kochen. Die Sauce etwas auskühlen lassen, den Hecht hineinlegen und ca. 15 Min. bei 70° ziehen lassen. Den Hecht herausheben und warm stellen. Die Sauce mit Safran, Ingwer, Zucker, Salz und Pfeffer würzen, nochmals aufkochen und über den Hecht gießen.

Ein Essen in verschiedenen Farben (gebratene Hühnchen)

Vorbereitung: *30 Min. + 12 Std.*
Für sechs Personen:

6	Hühnchen gebraten

Für die Farben:

Schwarz

1 TL	Nelkenpulver
2	Eier
2 EL	Vollkornmehl
1 Msp	Salz

Weiß

2	Eiweiß
2 EL	Weißmehl
1 Msp	Salz

Braun

1	Ei
2 EL	Vollkornmehl
2 EL	Kirschsaft schwarz

Gelb

2	Eigelb
1 Msp	Safran
2 EL	Weißmehl
1 Msp	Salz

Grün

1 Bd	Petersilie
1	Ei
2 EL	Vollkornmehl
1 Msp	Salz

Zubereitung: Das Nelkenpulver mit einem aufgeschlagenen Ei mischen und 12 Std. einweichen. Mit dem zweiten Ei, dem Mehl und dem Salz zu einer schwarzen Farbe mischen. Für die weiße Farbe das Eiweiß schaumig schlagen und mit dem Weißmehl und dem Salz zu einem dünnen Teig verrühren. Petersilie fein hacken, durch ein ganz feines Sieb drücken und mit Ei, Mehl und Salz zum grünen Teig rühren. Mit den anderen Zutaten die jeweilige Farbe zusammen mischen. Da die Farben dickflüssig sein sollen, müssen sie eventuell mit etwas Mehl verdickt werden. Ein Hühnchen unbehandelt lassen. Die andern noch warmen Hühnchen mit jeweils einer Farbe bestreichen. Vor dem Servieren die Farbe etwas trocknen lassen.

Grüne Bohnen mit Muskatnuß

Vorbereitung:	*30 Min.*		
Kochzeit:	*35 Min.*	1 EL	Butter
Für vier Personen:		1 Msp	Muskatnuß
600 g	dicke Bohnen, z. B. Saubohnen	1/2 TL	Zucker
1/2 l	Gemüsebouillon		Salz und Pfeffer

Zubereitung: Die Bohnen aus den Schoten pellen und in der Gemüsebouillon 30 Min. gar ziehen lassen. Die Butter erhitzen und die abgetropften Bohnen darin anbraten. Zum Schluß gemahlene Muskatnuß und Zucker untermischen und mit Salz und Pfeffer abschmecken.

Erdbeertorte

Vorbereitung:	*10 Min.*	1	Tortenboden
Backzeit:	*15 Min.*	50 g	Zucker
Für vier Personen:		100 ml	süßer Weißwein
500 g	Erdbeeren	100 ml	Rahm

Zubereitung: Die Erdbeeren waschen, abtropfen, halbieren und auf dem fertigen Tortenboden verteilen. Mit Zucker bestreuen und im vorgeheizten Backofen bei 180 Grad ca. 10 Min. backen. Mit dem süßen Weißwein beträufeln und nochmals 5 Min. backen. Mit steif geschlagenem Rahm garnieren und noch warm servieren.

Renaissanceküche in Deutschland

»Nie habe ich schlechter gegessen und länger gewartet als in deutschen Gaststätten«, notierte Erasmus von Rotterdam Anfang des 16. Jahrhunderts. Wem solche Klage sein (Vor-)Urteil über die teutonische Gastronomie zu bestätigen scheint, der ist um so überraschter vom Resümee des großen französischen Gastrokritikers Michel de Montaigne über Augsburgs Wirtshäuser: »Wir trafen nirgends so zarte Fleischspeisen, wie sie dort aufgetragen werden!«

Das Urteil über Deutschlands Küche widerspiegelte nur, wie sich das in sich gespaltene, zerrissene und aufgewühlte Land präsentierte. Auf dem flachen Land war immer noch Schmalhans Küchenmeister. Trotz Dreifelderwirtschaft und besserer Gerätschaft änderte sich wenig, denn der Überschuß kam nicht den Bauern zugute, den Kornhandel kontrollierten zunehmend der weltliche und geistliche Adel sowie die reichen Städter. Dafür kam es in diesen Schichten zu einer ersten kulinarischen Blüte.

An der Spitze dieser Entwicklung standen die reichen Handelsstädte. Wie sie Buchführung und Finanztricks aus Italien übernommen hatten, so übernahmen und verfeinerten sie auch dessen Kochkunst und Tafelsitten.

Kulinarischer Mittelpunkt war Augsburg, wobei uns die Kochbücher zweier Welserinnen einen guten Einblick verschaffen. Das erst vor wenigen Jahrzehnten wieder entdeckte »Kochbuch der Sabina Welserin« mit insgesamt 205 detaillierten Rezepten zeigt, die neue Küche war leichter geworden, auffallend viel Obst- und Gemüsebeilagen erschienen auf dem Speisezettel. Hauptnahrungsmittel war das Fleisch, gebraten, geschmort, gegart, gesotten und in würzige Beizen eingelegt. Etwas differenzierter ging man mit Gewürzen um.

Die Küche war auch international geworden. Sabina Welserin beschrieb böhmische Erbsen, englische Kuchen, polnische Saucen, italienische Ravioli mit Spinatfüllung, spanisches Gebäck und Genueser oder Welsche Torte. Noch internationaler war ihre Verwandte, die schöne Philippine Welser, die gegen den Willen des Kaisers und ihres eigenen Vaters den Erzherzog und Thronfolger Ferdinand heiratete. Als Hausfrau in Burg Tirol sorgte sie dafür, daß jeden Tag 24 verschiedene Gerichte auf dem Tisch standen. Zur Gedächtnisstütze notierte Philippine alle Rezepte zunächst auf Zettel und ließ sie dann abschreiben. Das Ergebnis war ein Buch von fast 300 Seiten. Überhaupt wurde das durch Gutenbergs Erfindung zum Allgemeingut gewordene Buch eine wichtige Voraussetzung für die Weiterentwicklung der Kochkunst. Dort, wo auch die zünftigen Handwerker oder die gelehrten »doctores« zu bescheidenem Wohlstand gekommen waren, bildete sich langsam das heraus, was man später die gutbürgerliche Eßkultur nennen sollte. So kam es parallel zur religiösen auch zu einer »Reformation an Herd und Tafel«.

Kinder, Kirche, Küche

»Gott will nämlich, daß wir fröhlich sein sollen, und er haßt die Traurigkeit. Wenn er nämlich wollte, das wir traurig wären, würde er uns nicht Sonne, Mond und die Früchte der Erde schenken, die er uns alle zur Freude gibt!«

(Martin Luther in seinen Wittenberger Tischgesprächen)

»Meiner freundlichen, lieben Hausfrau, Katharina Luther von Bora, Predigerin, Brauerin, Gärtnerin und was sie mehr sein kann!«

(Anrede in einem Brief Luthers an seine Frau vom 28. Juli 1545)

Katharina von Bora kniet vor dem Hühnerstall und legt die Eier in den Weidenkorb neben sich. »Gott zum Gruß, Doktorin!« hört sie hinter sich eine irgendwie bekannte Stimme. Sie stemmt sich hoch und dreht sich um. »Anton, wie schön, Euch wieder einmal zu sehen. Habt ihr Euch in Eurer neuen Gemeinde gut eingelebt?« – »Mit Gottes Hilfe«, antwortet Anton Lauterbach, Superintendent zu Pirna: »Meine Leute sind kreuzbrav, manchmal fehlt mir geradezu ein guter Streit! Neben der Kirche lege ich übrigens gerade einen Garten an. Ich habe es damals ja bei Euch gelernt!«

Für einen Moment erinnert sich Katharina daran, wie sie, 15 Jahren ist es her, als 26jährige den Doktor Martin Luther geheiratet hatte. Was für ein Skandal! Eine ehemalige Nonne vom Reformator in einer spektakulären Aktion aus dem Kloster entführt, heiratet ihn Jahre später. Und weil ihr Mann von Theologie und Gottesglauben viel, vom täglichen Leben aber wenig verstand, hatte sie hier in der ehemaligen Augustinerabtei zu Wittenberg das organisieren müssen, was ihren gelehrten Martinus so wenig interessierte. So hatte sie den Garten um das Kloster herum bestellt, und Anton Lauterbach, damals noch Studiosus der Theologie, hatte ihr geholfen und dafür Unterkunft erhalten.

»Ich bin Herrin über fünf Pferde, acht Schweine, fünf Kühe, neun Kälber und eine Schar Hühner, Tauben und Gänse. Und jetzt habe ich noch einen zweiten Garten vor dem alten Kloster, durch den ein Bach fließt. Dort konnte ich auch einen Fischteich anlegen. Außerdem leben dort zwei Dutzend Bienenvölker. Und hier im Obstgarten wachsen jetzt nicht nur Äpfel und Birnen, sondern auch Pfirsiche, Pflaumen und Aprikosen!« – »Jeder Garten ist ein Buch Gottes, aus dem das Wunder ersehen werden kann, das Gott täglich tut«, läßt sich da eine sonore Stimme vernehmen.« – »Allerdings«, ergänzt Katharina schlagfertig, »muß man selbst etwas dazutun.«

»Doktor, ich freue mich Euch zu sehen«, sagt Lauterbach erfreut. Er ist älter geworden, denkt er für sich, die ständigen Kämpfe haben sich in sein Gesicht eingegraben. Und ein Bäuchlein hat er auch bekommen! Martin Luther sieht den Blick und sagt lächelnd: »Die regierende Hausfrau, mein Meister Dominus, der Herr Käther sorgt eben allzu gut für mich. Aber kommt mit mir, Anton!«

Die beiden gehen in die Schreibstube, wo Martin Luther täglich mehrere Stunden arbeitet. Die grünlichen Butzenscheiben sind geöffnet, so daß die frische Luft das Zwitschern der Vögel hineinträgt. »Sie ist nicht auf's Maul gefallen, Eure Frau Käthe, aber sie tut Euch gut, Doktor!« Luther nickt. »Ich kann mir gar nicht mehr vorstellen, allein zu Tische zu sitzen und zu erwachen, ohne daß ein paar Zöpfe neben mir liegen!« – »Ich hoffe, mir geht es bald so wie Euch«, Lauterbach lächelt, »ich trage mich auch mit dem Gedanken, in den heiligen Stand der Ehe zu treten! Aber es gibt noch Vorbehalt in der Gemeinde.« – »Ein Seelsorger sollte ein Weib haben, Antonius. Laßt Euch nicht unsicher machen, tut wie ich! Als ich meine

Käthe nehmen wollte, da bat ich unseren Herrgott mit Ernst um seine Zustimmung und nicht irgendwelche Menschen!« – »Habt Dank für Euern Rat, Doktor«, sagt Lauterbach, »meine Agnes ist ein tüchtiges Weib. Aber wie Eure Käthe hat sie Haare auf den Zähnen.« Luther lacht. »Frauen sollten leicht zu biegen sein, wie Weinstöcke, heißt es, aber oft ist es natürlich so, daß wir ihnen allein um des lieben Friedens willen einfach recht geben müssen.«

Unterdessen ist Katharina Melanchthon, sie wohnt mit ihrem Mann Philipp gleich neben den Luthers, in den Garten gekommen. »Noch ein Esser mehr am Mittagstisch, Käthe?« Katharina von Bora legt ein paar Zwiebeln in ihren Korb. »Auf einen mehr oder weniger kommt's nicht an! Zwei Dutzend Mäuler sind es allemal, die Kinder, Nichten und Neffen, Martins Helfer und Freunde, die Dienstboten und dann noch die Herren Studiosi ... Das ist der Anton Lauterbach, der hat auch hier als Student gewohnt.« – »Die Studenten helfen wenigstens noch mit.« – »Das ist nur gut und recht«, meint die Lutherin, »Martin verlangt von ihnen keinen Gulden Studiengebühren, und hier können sie mir in den Gärten, Ställen, beim Fischhandel und in der Brauerei behilflich sein. Martin hat ja überhaupt keinen Sinn für Geld und Gut. Da ist dein Philipp schon anders.« Katharina Melanchthon lacht. »Manchmal mischt er sich mir zu sehr in den Haushalt ein. Da wünschte ich mir dann deinen Martin, aber nur dann! Kannst du dich noch daran erinnern, was du zu mir nach der Hochzeit gesagt hast: Ich muß mir den Doktor anders gewöhnen, auf daß er's macht, wie ich will.« Katharina von Bora stemmt die Arme in die Hüften, streckt sich und nimmt dann die Körbe neben ihr auf. »Weißt du, einiges habe ich an meinem Doktor schon geändert. Und ich bin wirklich froh, daß er mir nicht in den Haushalt pfuscht. Soll er ruhig sagen: ›Wenn ich mich ums Bauen, Mälzen, Kochen würde kümmern, würde ich bald sterben.‹ Männer ...«

Gemeinsam gehen die beiden Frauen vom Kräutergarten in das große Gebäude. Als der Kurfürst es Luther überließ, war es ein heruntergekommenes Kloster, und die frisch verheiratete Katharina mußte nicht nur das faulige Stroh in den Matratzen ersetzen, sondern sie war zur Baumeisterin geworden. Die meisten Wände der kleinen Zimmer und Mönchszellen wurden herausgerissen und eine geräumige Küche mit mehreren Feuerstellen gebaut. Dahinter eine Brot-, Mehl- und Speisekammer, anschließend ein Backhaus. In die Zimmer kamen große Öfen, besonderen Wert legte Katharina auf ein Badezimmer, um die Hygiene der Reformatoren zu reformieren. Drei geräumige Keller waren zur Lagerung von Obst und Früchten aus dem Garten bestimmt. »Also, dann laß uns ans Kochen gehen«, sagt Luthers Frau, »das Rindfleisch siedet schon eine Weile, und die Bohnen sind eingeweicht. Die Mägde sollten jetzt das alte Brot für die Semmelknödel schneiden ...«

Zwei Stunden später sitzt Martin Luther in der Eßstube. Vor seinem geschnitzten Lehnstuhl an der Stirnseite der Tafel stehen seine Kinder. »... und führe uns nicht in Versuchung. Aber was bedeutet diese sechste Bitte aus dem Vaterunser, Johann?« Der fast 20jährige Sohn Luthers überlegt kaum und antwortet, was er auswendig gelernt hat: »Gott versucht zwar niemanden; aber wir bitten in diesem Gebet, daß uns Gott wolle behüten und erhalten, auf daß uns der Teufel, die Welt und unser Fleisch nicht betrüge und verführe in Mißglauben, Verzweiflung und andere große Schande und Laster ...« – »... Und jetzt etwas Leichtes für unsere liebe Maruschel. Wie heißt das sechste Gebot?« Die kleine Margarete, das Nesthäkchen der Luthers, sagt stolz: »Du sollst nicht ehebrechen!« – »Und was bedeutet das, Paul?« Auch beim jüngsten Sohn kommt die Antwort schnell: »Wir sollen Gott fürchten und lieben, daß wir keusch und züchtig leben in Worten und Werken und ein jeglicher sein Gemahl lieben und ehren!«

»Genug«, sagt Luther und wendet sich an Lauterbach, »Ihr seht, ich prüfe meine Kinder immer noch täglich im Katechismus! Aber jetzt ist Zeit für ein gutes Mahl. Käthe, laß die Mägde auftragen.« Zwei Dienerinnen kommen mit je einer Schüssel, auf der große Pasteten liegen. Martin Luther und seine Frau, die an den gegenüberliegenden Spitzen der langen Tafel sitzen, zerschneiden sie mit langen Messern, und die Dienerinnen legen die Stücke den Anwesenden auf ihre Holzteller. Dann steht Philipp Melanchthon auf und betet kurz: »Christus, den Segen sprich über dieses Mahl und die Gaben, daß sie nach deinem Geheiß nähr'n den ermüdeten Leib. Nicht das Brot allein erhält dies zerbrechliche Leben, lange Lebenszeit gibt auch dein himmlisches Wort.« Und der Freund des Reformators fügt hinzu: »Laßt uns, wie es guter Brauch ist, bei dem ersten Gange dieses Mahls schweigen und über die guten Gaben Gottes nachdenken!«

Nachdem alle ihr Stück Nierenpastete verzehrt haben, bricht Luther die Stille: »Herr Käthe, Zeit für ein gutes Bier.« Während die Dienerinnen Zinnkrüge vor alle, die Kinder ausgenommen, hinstellen, kommt ein Student mit einem großen Krug. »Unsere neueste Errungenschaft, Antonius. Meine gute Käthe hat herausgefunden, daß noch ein Braurecht auf dem Kloster liegt und so brauen wir an die 5000 Liter pro anno. Unser Dünnbier laß ich mir sogar auf Reisen nachschicken!« Lauterbach probiert und nickt der Braumeisterin anerkennend zu. »Ich glaube, ich muß meine künftige Frau zu Euch in die Schule schicken.«

»Antonius heiratet nämlich und hat mich um Rat gefragt«, erklärt Luther. Katharina von Bora gibt den Dienstboten einen Wink. Während diese in dampfenden Töpfen Rindfleisch, Bohnen und Semmelknödel auftragen, fragt sie etwas spöttisch zurück. »Und hat Antonius dich als Seelsorger oder als erfahrenen Ehemann gefragt?« Der Reformator nimmt einen Schluck. »Gottes Wille ist schon daraus zu ersehen, wie er Mann und Frau geschaffen hat. Männer haben einen breiten, großen Brustkorb, kleine, schmale Hüften und mehr Verstand als Frauen, die nur einen kleinen, schmalen Brustkorb, dafür aber breite Hüften haben, auf daß sie das Haus hüten, sich ruhig verhalten, den Haushalt versorgen und Kinder gebären und aufziehen ...«

Anton Lauterbach fühlt sich, als wäre er wieder zu Hause angekommen. Jetzt, vom zweiten Gang an, beginnt im Hause Luther die Zeit der Disputatio, der Tischreden, und wie aus alter Gewohnheit beginnt er, die Worte des Reformators zu notieren. »... soll man auch die Weiber regieren, nicht mit großen Knütteln, Flegeln oder ausgezogenen Messern, sondern mit freundlichen Worten, freundlichen Gebärden und mit aller Sanftmut, damit sie nicht schüchtern werden ...« – »... so wie ich oder Katharina Melanchthon«, wirft Katharina von Bora ein. Da er solche Unterbrechungen nicht sonderlich schätzt, beschließt Martin Luther, seine Frau ein wenig aufzuziehen. »Für dich habe ich bei meinem Bibelstudium noch etwas ganz Besonderes entdeckt, liebe Käthe. Es wird noch dahin kommen, daß ein Mann mehr als ein Weib wird nehmen ...« – »Das glaub der Teufel. Sagt nicht Paulus: Ein jeder habe seine eigene Frau.« Worauf Martin Luther triumphierend erwidert. »Siehst du, Paulus sagt: Die eigene, aber nicht eine einzige!« – »In diesem Fall kehre ich lieber wieder zurück ins Kloster und dann hast du wieder nur eine einzige eigene Frau, mein lieber Doktor!« Martin Luther, der solche Neckereien liebt, lenkt ein: »Bleib meine Einzige, meine Zierde, meine Sonne. Freilich«, beginnt er wieder zu dozieren, »sollten die Gedanken einer rechten Frau sich um ihren Mann drehen so wie sich die Sonne um die Erde dreht.«

Nun mischt sich zum erstenmal Lauterbach ins Gespräch ein: »Habt Ihr das Buch des Nikolaus Kopernikus – ›De revolutionibus orbium coelestis‹ gelesen? Darin hat die Erde ihre zentrale Stelle verloren, sie bewegt sich um die Sonne. So wie auch nicht mehr alles auf den Papst ausgerichtet ist, und dafür Gott, sein Sohn und der Heilige Geist im Mittelpunkt stehen sollten.« Anstelle des Lobs, das Lauterbach für diesen geistreichen Vergleich erwartet hat, reagiert Martin Luther unerwartet gereizt: »Ihr bewegt Euch auf gefährlichem Gleis, Antonius. Die Schrift sagt, daß Josua der Sonne befahl, stillzustehen, und nicht der Erde. Dürfen wir die Schrift bezweifeln?« Früher, so denkt Anton Lauterbach, hätte Luther nicht so dogmatisch argumentiert. Aber er ist nicht hierher gekommen, um zu streiten. Und so hört er den Ausführungen des Reformators zu, schreibt sie fein säuberlich für die Nachwelt auf und labt sich an den guten Speisen von Frau Käthe, bis Martin Luther die Tafel mit den berühmten Worten aufhebt: »Warum rülpset und furzet ihr nicht? Hat es euch nicht geschmacket?«

Nierenpastete

Vorbereitung: *40 Min. + 1 Std.*
Kochzeit: *50 Min.*
Für vier Personen:

100 g	Roggen-Vollkornmehl
200 g	Weißmehl
120 g	Butter
100 ml	Salzwasser
600 g	Lammnieren
1/2 l	Rinderbouillon
150 g	Büffelmilch-Mozzarella
200 g	Rohschinken-Scheiben
1	Ei
1 Msp	Safran
1 TL	Zitronensaft
	Salz und Pfeffer

Zubereitung: Das Mehl und die Butter miteinander verreiben, mit dem warmen Salzwasser rasch zu einem Teig kneten und im Kühlschrank ca. 1 Std. ruhen lassen. Die Nieren von den weißen Strängen befreien und häuten. In der Rinderbouillon 10 Minuten köcheln lassen. Die Nieren in Würfel schneiden und dabei alles Weiße im Innern wegschneiden. Den Mozzarella in feine Scheiben schneiden. 2/3 des Teiges auswallen und in eine gebutterte Springform oder Pastetenform legen. Mit dem Schinken den Boden und die Wände auskleiden, die Nierenwürfel hineinlegen und mit Schinken- und den Mozzarella-Scheiben zudecken. Mit Zitronensaft beträufeln und mit Salz und Pfeffer abschmecken. Aus dem restlichen Teig einen Deckel formen, die Pastete zudecken und die Teigränder mit Eiweiß zusammenkleben. Mit den Teigresten auf dem Deckel Verzierungen anbringen. Ein Eigelb mit Safran mischen und die Pastete damit bestreichen. Den Backofen auf 180 Grad vorheizen und die Pastete 50 Min. backen. Warm servieren.

Gedünstetes Rindfleisch

Vorbereitung: *10 Min.*
Kochzeit: *120 Min.*
Für vier Personen:

800 g	Rinderragout
2	Rinderknochen
1/2 l	Wasser
2	Zwiebeln
1 TL	Zimt
1 Msp	Kardamom
1 Msp	Nelkenpulver
1/2 TL	Muskatblüten
2 TL	Salz
1 EL	Petersilie
1 TL	Salbei
4 EL	Paniermehl
10	Safranfäden
1 EL	Weinessig
	Salz und Pfeffer

Zubereitung: Das Rinderragout zusammen mit den Rinderknochen in heißes Wasser geben und 30 Minuten köcheln lassen. Die Knochen entfernen und die Brühe abschäumen. Die gehackten Zwiebeln, die Gewürze und die gehackten Kräuter beigeben und weitere 45 Minuten kochen lassen. Das Paniermehl und den Safran mit dem Weinessig und etwas Brühe mischen, zum Fleisch geben und nochmals 45 Minuten köcheln. Mit Salz und Pfeffer abschmecken.

Bohnenpüree

Vorbereitung:	10 Min. + 12 Std.	1 Zweig	Bohnenkraut
Kochzeit:	45 Min.		Salz und Pfeffer
Für vier Personen:		2 EL	Rotwein
250g	Bohnen getrocknet (rote Kidney und grüne Bohnen)	2	Zwiebeln
		2 EL	Rapsöl

Zubereitung: Die Bohnen über Nacht in Wasser einlegen. Zusammen mit dem Bohnenkraut in kaltem Wasser aufsetzen und erst gegen Ende der Kochzeit mit Salz und Pfeffer würzen. Zusammen mit etwas Kochwasser mit dem Mixer pürieren und den erwärmten Rotwein darunter ziehen. Die Zwiebeln in Ringe schneiden, im Öl goldbraun anrösten und über das Bohnenpüree verteilen.

Semmelknödel

Vorbereitung:	*20 Min.*		
Kochzeit:	*15 Min.*	100 g	Butter
Für vier Personen:		4	Eier
6	alte Brötchen	200 ml	Milch
2 EL	Paniermehl	1 Msp	Muskatnuß
1	Zwiebel		Salz und Pfeffer
1/2 Bd.	Petersilie	200 g	Weißmehl

Zubereitung: Die harten Brötchen sehr klein schneiden und zusammen mit dem Paniermehl in Butter rösten. Feingehackte Zwiebeln und Petersilie in Butter andämpfen. Alles mit den verquirlten Eiern und der Milch mischen und mit Muskatnuß, Salz und Pfeffer würzen. Nach und nach das Mehl darunter ziehen. Zu Kugeln formen und im heissen Salzwasser ca. 15 Minuten garen.

Die Anfänge der bürgerlichen Eß- (und Trink-)Kultur

Der bescheidene Wohlstand der Handwerksmeister, Gelehrten, mittleren Amtsdiener und Beamten in der Renaissancezeit ermöglichte eine Arbeitsteilung zwischen den Geschlechtern: Die Frau konnte für den Haushalt »freigestellt« werden. Auch wenn in den Familien von Arbeitern, Bauern und Taglöhnern noch lange die Frauen sich quasi nur nebenbei um Kind und Küche kümmern konnten, war die fast ausschließliche Konzentration auf den Haushalt bei den wohlhabenderen Kreisen etwas Neues. Einer der Propagandisten und Ideologen der neuen Frauenrolle war der Reformator Martin Luther.

Er gilt auch als der Gründer des – freilich oft idealisierten – bürgerlichen Mittagstisches. Bei Luthers wurde während des Mahls zwar immer wieder einmal gebetet und für eine Weile geschwiegen, ansonsten ging es eher laut und fröhlich zu, vielleicht auch wegen des Dünnbiers, das der Reformator so liebte … Doch während an seinem Tisch das gesellige, argumentative (Streit-)Gespräch gepflegt wurde, sieht er an den deutschen Höfen den Geist verkommen, stattdessen eine ausufernde Sauf(un-)kultur: »Es muß aber jegliches Land seinen eignen Teufel haben … Unser teutscher Teufel wird ein guter Weinschlauch sein und muss Sauff heissen, da er so durstig ist, das er mit grossem Sauffen Weins und Biers nicht kann gekület werden. Und wird solch ewiger Durst teutschen Landes Plage bleiben, hab ich Sorg, bis an den jüngsten Tag!«

Nicht zu Unrecht heißt das 16. Jahrhundert in Deutschland auch »Saufzeitalter«. Statistiker errechneten, daß die damaligen Erwachsenen im Durchschnitt einen Liter Wein pro Tag konsumierten. Dazu trugen auch die Trinkgesellschaften bei, deren Rituale bis heute in studentischen Verbindungen, aber auch am ganz gewöhnlichen Stammtisch gepflegt werden. Aber schon damals gab es Gegenbewegungen. Der hessische Landgraf Moritz etwa gründete einen Mäßigkeitsorden, dem nur beitreten durfte, wer nicht mehr als 14 Glas Wein pro Tag zu sich nahm …

Noch zwei weitere Linien ziehen sich von der bürgerlichen Küche des 16. Jahrhunderts in die Gegenwart. Die Köche oder besser die Köchinnen waren Meister der Konservierung. Sie räucherten, beizten, dörrten, salzten ein. Alle nur denkbaren Fischarten wurden eingelegt. Man schätzt, daß um diese Zeit jährlich rund dreißigtausend Tonnen eingesalzener Hering in den Handel kamen. Kraut wurde durch Einsäuern konserviert, Kirschen in Backöfen gedörrt und so weiter und so fort. So wurde das »rechte Haushalten« Allgemeingut.

Zudem verbesserten sich die Tischsitten. Luthertum und Calvinismus verstärkten die Tendenz, daß fleißige und ehrliche Handwerker und Bürger sich bewußt absetzen wollten von dem nach wie vor übermäßigen Prunk an den Fürsten- und Königshöfen.

Die Früchte der Neuen Welt

»... ich habe die fluchen hören, denen ich das Evangelium der Liebe gepredigt habe, und ratlos mitangesehen, daß Sterbende das Sakrament verweigerten, um nicht in das Paradies der Spanier zu kommen. Vor mir stürzten die Seelen der Unglücklichen in die ewige Verdammnis herab! Und welche Schreie habe ich gehört! Die Schreie derer, die unter Peitschenhieben starben, und derer, die lebendig verbrannt wurden, und derer, die in der Folter hingen. Und die Schreie sind noch nicht das Furchtbarste, viel schlimmer sind die Klagen und das Weinen und die stummen, vor Tränen quellenden Augen, die nicht begreifen können und emporblicken zum Himmel und suchen und nicht wissen, wer da oben wohnt.«

(Reinhold Schneider, Las Casas vor Karl V.)

Es ist später Abend und ich tue das, was mich mein Herr so lange und geduldig gelehrt hat: Ich schreibe. Mein Brief und meine Gedanken gelten euch, liebe Stammesbrüder, denn ich weiß nicht, ob ich die Heimat wiedersehen werde. Ich sehne mich danach, wieder unter freiem Himmel auf einem weichen Tierfell zu schlafen und nicht auf einem muffigen Strohsack in einem feuchten Zimmer. Ich sehne mich nach den milden Nächten und dem Licht unserer Sterne. Ich hoffe, bald zurückzukommen und gemeinsam mit euch eine Kolonie des Friedens zu errichten. Aber ich will nicht vorgreifen und erzählen, was ich erlebt habe in der Hoffnung, daß einer von Euch diese Zeilen liest, falls ich nicht zurückkomme und euch die guten Mönche diese Zeichen verstehen lehren.

Die erste Begegnung mit einem Mönch hatte ich im Alter von elf Jahren. Ich sehe noch das riesiges Schiff mit dem Kreuz auf den blähenden Segeln in die Bucht einfahren und uns in den Booten die weißen Götter begrüßen. Was dann kam, sind Fetzen der Erinnerung, Bilder, die ich nie vergesse: Unser Häuptling inmitten gepanzerter Weißer mit gebundenen Händen; der Kazike und die Männer und Frauen unseres Stammes, die Perlen und Gold in eine Schale zu Füßen eines Spaniers werfen; ein Pfeil, der in den Hals eines Weißen fährt; die brennenden Hütten unseres Dorfes und schließlich die Männer, denen ein Mann in einer langen weißen Kutte das silberne Kreuz an den Mund legt und dann mit Weihwasser ihren Kopf besprengt, bevor er vom Rumpf getrennt wurde.

Uns Kinder hatte man verschont, wir sollten arbeiten, und ich wurde zu einem Weißen gegeben, dessen Bart ob seiner Jugend so dünn war wie der unseres Kaziken. Er hieß Bartolomé de las Casas, zum Dank für seine Teilnahme an der »Niederschlagung eines Aufstandes der Indios«, wie die Weißen das Gemetzel an unserem Stamm nannten, erhielt er eine »Encomienda«, ein Stück fruchtbares Land, und die Überlebenden unseres Dorfes als Arbeitskräfte.

Ich habe ihn mit allen Fasern meiner Seele gehaßt, noch mehr, als er nach zwei Jahren Abwesenheit aus seiner Heimat zurückkehrte und sagte, daß er nun auch Priester geworden sei. Aber langsam änderte sich meine Haltung, ich erkannte, daß es unter den Eroberern gute und schlechte Menschen gab, wie bei uns auch. Ich merkte, daß mein Herr sich für unsere Sitten, unsere Traditionen, unsere Früchte, unsere Tiere interessierte, nicht nur, um daraus seinen Gewinn zu schlagen. Während er uns von seinem gütigen Gott erzählte, vom Paradies und dem Erlöser, der für uns am Kreuz gestorben sei, lernte ich seine Sprache. Ich sah, daß er unsere Zweifel an seiner Religion ernst zu nehmen begann, nicht in dem Sinn, daß er seinen Glauben verlor, sondern daß er die Art und Weise, wie Eroberung und die Verbreitung des Christentums miteinander verknüpft wurden, zusehends kritisierte.

Freilich, ohne die um diese Zeit auf die Insel gekommenen Dominikanermönche – die so anders waren als die Kuttenträger im Gefolge der Konquistadoren – hätten er und ich uns nicht gewandelt. Es muß Allerheiligen im Jahre des Herrn 1510 gewesen sein, da kam unser Herr mit leuchtenden Augen zu unseren Hütten und bat uns, sofort zur Kirche zu gehen. Da saß auf einer Bank ein bärtiger Mönch mit faltigem Gesicht und einem Kruzifix in der Hand und erklärte mit Händen und Füßen, wie Gott die Welt geschaffen habe, wie er seinen Sohn zu uns gesandt habe und wie der ans Kreuz geschlagen wurde. Und daß es der Gott der Armen, also auch unser Gott sei.

Dies war der Anfang meiner Unterweisung durch Fra Pedro und der Aussöhnung mit jener fremden Religion. Und neben mir saß ebenso wißbegierig mein Herr, der seine Freunde unter den spanischen Rittern mehr und mehr vernachlässigte und neue unter den Mönchen gewann. Vor allem einer, der uns später hierher ins kalte Europa begleitete, Fra Antonio Montesino, wurde unser Bruder und Held, der als erster unseren neuen Herren mutig ins Gewissen redete.

Es war am 4. Advent 1511, wieder so ein Tag, der sich mir fest ins Gedächtnis gebrannt hat.

Der Dominikaner hatte alle wichtigen Leute von Hispaniola – sie haben unserer Insel ihren Namen genommen und nach ihrer Heimat benannt – in die Kathedrale von Santo Domingo zu einer, wie er sagte, wichtigen Predigt eingeladen. Und so stieg er auf die Kanzel, um das Bibelwort: »Ich bin die Stimme des Rufers in der Wüste« auszulegen.

Bewußt hatte er knapp hundert von uns »Indios« – wir dürfen ja keine eigenen Stammesnamen mehr haben – in den Hinterteil des Kirchenschiffs bringen lassen, obwohl nur wenige von uns seine Sprache verstanden. Ich aber erinnere mich an jedes Wort: »Ihr seid alle in Todsünde und lebt und sterbt in ihr wegen eurer Grausamkeit und Tyrannei, die ihr gegen jene unschuldigen Völker gebraucht habt«, donnerte er von der Kanzel und zeigte auf uns: »Sagt, mit welchem Recht und mit welcher Gerechtigkeit haltet ihr jene Indianer in einer so grausamen und schrecklichen Sklaverei? ... Wie könnt ihr sie so unterdrücken und plagen, sie durch das Übermaß an Arbeit krank werden und dahinsterben lassen, oder besser gesagt: Ihr tötet um des Goldes willen. ... Sind sie denn keine Menschen? Haben sie keine vernunftbegabten Seelen? Seid ihr nicht verpflichtet, sie zu lieben wie euch selbst?«

Sie spürten nach dieser Predigt vor allem Empörung und verlangten einen Widerruf. Fra Antonio aber lud sie am nächsten Sonntag erneut zur Predigt über das Wort: »Ich wiederhole, was ich von Anfang wußte und will beweisen, daß meine Worte die Wahrheit sind!« Der Text stammt aus dem Buch Hiob, in dem ich selbst viel Trost finde, wenn ich über unser Volk nachdenke.

So hatte ich erstmals die Kraft dieser Religion erlebt. Auch mein Herr erlebte sie: Obwohl im ständigen Gespräch mit den Mönchen, verweigerten sie ihm wie den anderen Plantagenbesitzern nach der Beichte die Absolution. Zwar verbot der

Bischof schließlich den Padres ihr hartes Vorgehen, aber so ward in seine Seele ein Saatkorn gelegt, aus dem ein ganz neues Denken erwuchs. Sklavenhalter und Priester, das paßte nicht zusammen, er mußte eine Entscheidung treffen. Sie fiel Bartolomé de las Casas nicht leicht, aber im August 1514 verkündete er vor uns in seiner Sonntagspredigt, daß er auf seine Encomienda verzichten und uns in die Freiheit entlassen wolle. Es war ein Zeichen, mehr nicht. Denn ihrer Freiheit würden sich meine Stammesbrüder nicht lange erfreuen können.

Mein Herr aber ging gemeinsam mit Fra Antonio zurück nach Spanien, um für unsere Rechte zu kämpfen, und er fragte mich, ob ich mitkäme. Ein Indio, der spanisch spreche und den christlichen Glauben angenommen habe, sei ein gutes Beispiel. Natürlich hatte ich Angst, gehorchte aber. Wir waren zu fünft, als wir aufbrachen, zwei Europäer und drei Indios. Meine beiden Gefährten starben schon bald in dem neuen Land an einem Fieber, so daß nur ich übrig blieb. Schon auf dem Schiff wurden wir gleich von einer Krankheit geschüttelt, vor der uns unser Herr schon gewarnt hatte. Wir konnten keine Mahlzeit behalten, nur bei frischer Seeluft ließ der Würgreiz nach. Aber die Seeleute wiesen uns meist unter Deck zu unseren Hängematten. Und dorthin kam kein Lufthauch, es stank erbärmlich, wir verstanden nicht, wie es die Weißen aushielten. So waren wir heilfroh, als wir endlich wieder Boden unter den Füßen hatten.

Das Land Hispania ist ein seltsames Land und seine Menschen sind noch merkwürdiger. Sie umringten, betasteten und befühlten uns, kaum daß wir das Ufer betreten hatten. Viele rieben an meiner Haut, um zu sehen, ob die Farbe abging. Ihre Haut dagegen war kaum zu sehen, so sehr hüllen sich die Leute hier in ihre Kleider ein, noch mehr als die Weißen bei uns. Und von ihren Frauen sieht man kaum mehr als das Gesicht, das oft noch von einem kleinen Wedel verdeckt wird, mit dem sie sich frische Luft zufächeln. Außerdem sind die Frauen hier anders als die unseren. Sie haben ganz schmale Taillen und breite Hüften.

Als erstes wurde ich der Familie meines Herrn vorgestellt, die in einem großen Gebäude in einer Stadt namens Sevilla lebte. Stadt, das heißt eine gewaltige Ansammlung von Behausungen, die oft höher als ein Baum, aus Steinen gefügt und innen dunkel sind. Nur durch ein paar viereckige Löcher kommt etwas Licht hinein. Freie Feuerstellen kennen sie auch nicht, sondern sie haben gemauerte im Haus und der Rauch wird durch lange Schächte ins Freie geleitet.

Diese Küche wurde für die ersten Wochen mein Zuhause und Arbeitsplatz, denn mein Herr hatte die Idee, daß ich dem Koch, seinen Gehilfen und den Mägden dort die Zubereitung heimatlicher Speisen zeigen sollte. Am einfachsten war es mit dem Truthahn, dem »indianischen Huhn«, wie es hier heißt, und den Maisküchlein. Früchte wie Avocados oder Kartoffeln erregten zunächst das höchste Mißtrauen, erst nach gutem Zureden konnten ich eine gute Creme aus den Avocados und ein einfaches Kartoffelgericht machen. Mein Herr lud zuerst

Freunde, dann wichtige Männer des Landes zu »indianischen Essen« ein, bei denen er seine Ansichten vortrug. Zumindest unser Essen erntete immer großes Lob! Schließlich wurden wir sogar in den Palast eingeladen, wobei der Weg dorthin beschwerlich war. Ihr müßt wissen, so riesig die Häuser der Weißen auch sind, so schlecht sind die Straßen dazwischen. Es wimmelt dort von Leuten und Karren, vor allem stinkt es fürchterlich. Die Leute hier werfen nicht nur alles, was sie nicht mehr brauchen, nach unten, sondern auch ihr Kot kommt aus Löchern von oben. Die kleinen Bächlein, die durch die Straßen laufen, können das nicht alles wegschaffen. Auf jeden Fall weiß ich jetzt, warum die weißen Männer Leder an den Füßen haben.

So quälten wir uns durch die Straßen und erreichten am Ende ein ummauertes Gebäude, in dem mehrere unserer Stämme bequem Platz hätten und in dem ihr Häuptling, den sie König oder Kaiser nennen, wohnt. Freilich, zu ihm wurden wir nicht vorgelassen, sondern zu seinem Großkanzler, dessen seltsamen Namen ich mir gemerkt habe: Mercurinio de Gattinara. Aber vielleicht klingen unsere Namen für die Weißen ebenso komisch wie die ihren für uns ...

Auf jeden Fall teilte uns dieser Kanzler mit, daß wir damit rechnen dürften, ein riesiges Stück Land zu erhalten, auf dem wir eine Kolonie des Friedens errichten durften, in dem wir alle unterstützt von den Mönchen als freie Menschen leben können. Ich bete zu Gott, daß wir diese Chance erhalten. Einen Erfolg, so konnten wir erfahren, hatten wir auf jeden Fall erzielt: Nicht nur am spanischen Hof, sondern auch in anderen reichen Handelsstädten gehören unser gefüllter Truthahn und der Zuckerrohrschnaps inzwischen zu den beliebtesten Speisen und Getränken ...

(Am 19. Mai 1520 sprach Karl V. zwei Bettelorden einen etwa 600 km langen fruchtbaren Küstenstreifen im Sinne von las Casas' »Conquista de Paz« zu. Als er ein Jahr später mit 70 spanischen Bauern zu diesem Projekt der Dominikaner und Franziskaner eintraf, war der Versuch durch eine Intrige gescheitert. Der zuständige Gouverneur hatte das Gebiet für den Menschenhandel freigegeben, daraufhin erfolgte Sklavenraubzüge hatten einen Aufstand ausgelöst, und dieser wurde nach bewährter Konquistadorenmanier in einem Meer von Blut erstickt. Bartolomé de las Casas sollte sich weiter mit aller Kraft für die Rechte der Ureinwohner einsetzen und wurde so zum Mahner und Gewissen Europas.)

Menü zur Besänftigung von Konquistadoren

Avocadocreme

Vorbereitung: *10 Min.*

Für vier Personen:

1	Avocado
1/2 EL	Brunnen-Kresse
1 EL	Schnittlauch
1 EL	Petersilie
1 EL	Zitronensaft
2 EL	Halbrahm
2 EL	Mayonnaise
1	Sardellenfilet
	Salz und Pfeffer
	Tabasco
8	Toastbrotscheiben
2	Knoblauchzehen

Zubereitung: Die Avocados schälen, das Fruchtfleisch würfeln und zusammen mit den Kräutern, dem Zitronensaft, dem Halbrahm, der Mayonnaise und dem Sardellenfilet mit dem Mixer pürieren. Mit Salz, Pfeffer und Tabasco nach Belieben abschmecken. Auf getoastete und mit Knoblauch eingeriebene Brotscheiben streichen.

Kartoffel-Knoblauch-Creme

Vorbereitung: *60 Min.*
Kochzeit: *15 Min.*

Für vier Personen:

1	Peperoni rot
1	Tomate
250 g	Kartoffeln (mehlig kochende Sorte)
1	Zwiebel
4	Knoblauchzehen
1/2 TL	Kreuzkümmel (Cumin)
3 EL	Olivenöl
	Salz und Pfeffer
	Vollkornbrot

Zubereitung: Die Peperoni halbieren, die Kerne entfernen, mit der Hautseite nach oben auf ein Backblech legen und im Backofen bei 200 Grad ca. 50 Min. grillen, bis die Haut dunkle Blasen wirft. Zugedeckt etwas auskühlen lassen, die Haut abziehen und die Peperoni in Stücke schneiden. Die Haut der Tomate einritzen, in kochendem Wasser blanchieren und die Haut ebenfalls abziehen. Die geschälten Kartoffeln in Würfel schneiden und zusammen mit der geschälten ganzen Zwiebel in wenig Salzwasser ca. 15 Minuten kochen. Gegen Ende der Kochzeit die Peperoni und die Tomate zugeben und kurz mitkochen. Die Knoblauchzehen und den Kreuzkümmel (Cumin) im Olivenöl kurz andämpfen und zusammen mit dem abgetropften Gemüse mit dem Mixer pürieren. Mit Salz und Pfeffer abschmecken. Dazu paßt ein Vollkornbrot sehr gut.

Gefüllter Truthahn

Vorbereitung: *30 Min.*
Kochzeit: *2 Std. 10 Min.*
Für acht Personen:

200 g	Aprikosenhälften getrocknet
100 g	Rosinen
100 ml	Sherry trocken
1	Truthahn- oder Kalbsleber
200 g	Schweinefilet
200 g	Schinken roh
8	kleine Bauernbratwürstchen
2 EL	Schweinefett
50 g	Pinienkerne
200 g	weiße Bohnen (aus der Büchse)
100 ml	Weißwein trocken
	Salz und Pfeffer
1/2 TL	Zimt
1	Kräuterbündel (Petersilie, Thymian, Oregano, Lorbeerblatt)
3 kg	Truthahn
1/2 l	Hühnerbouillon
	Küchenfaden
	Alufolie

Zubereitung: Die getrockneten Aprikosen und die Rosinen im Sherry 5 Min. köcheln. Danach die Aprikosen in kleine Stücke schneiden. Die Truthahnleber und das Schweinefilet in dünne Scheiben und den Schinken in kleine Würfel schneiden und die Bratwürstchen halbieren. Im heißen Schweinefett das Fleisch schnell anbraten, Aprikosen, Rosinen, Pinienkerne und weiße Bohnen zugeben und kurz mitbraten. Mit Weißwein ablöschen und mit Salz, Pfeffer, Zimt und dem Kräuterbündel würzen. Den Truthahn innen und außen mit Salz und Pfeffer einreiben, mit den Zutaten füllen und alle Öffnungen mit Küchenfaden zunähen. Im heißen Schweinefett rundum kräftig anbraten und mit Alufolie zugedeckt im Backofen bei 220 Grad ca. 2 Stunden garen. Immer wieder mit Hühnerbouillon, Weißwein und Bratfett übergießen. Gegen Schluss der Bratzeit den Truthahn abdecken und bräunen lassen. Vor dem Aufschneiden 10 Min. zugedeckt ruhen lassen.

Auberginen in der Form

Vorbereitung: *25 Min.*
Kochzeit: *15 Min.*
Für vier Personen:

3	Auberginen
1/2	Zitrone
2 EL	Olivenöl
100 g	Mandeln geschält
1 EL	Kapern
2 EL	Rosinen
	Salz und Pfeffer
1/4 l	Halbrahm
1 EL	Butter
3	Eier hartgekocht
2 EL	Paniermehl
1 EL	Butter

Zubereitung: Die Auberginen schälen, mit Zitronensaft einreiben und im Salzwasser 10 Min. kochen. Danach in kleine Stücke schneiden. Das Olivenöl in einer Pfanne erhitzen und die Auberginen zusammen mit den gehackten Mandeln, Kapern, Rosinen, Salz, Pfeffer und der Hälfte des Halbrahms zugedeckt für 5 Min. schmoren. Eine feuerfeste Form mit Butter ausstreichen, die Hälfte der Auberginenmasse hineingeben, die in Scheiben geschnittenen Eier darauf verteilen, mit der Masse zudecken, den restlichen Halbrahm, Paniermehl und Butterflocken darüber verteilen, und im vorgeheizten Backofen bei 200 Grad 15 Minuten gratinieren.

Maiskuchen mit Rosinen

Vorbereitung: *20 Min. + 2 Std. + 12 Std.*
Kochzeit: *30 Min.*
Für acht Personen:

100 g	Rosinen
100 ml	Brandy
40 g	Hefe frisch
200 g	Maismehl
500 g	Weißmehl
3	Eier
150 g	Zucker
150 g	Butter
100 ml	Anislikör (z. B. Pernod)
1	Eigelb
1 EL	Hagelzucker (grober Zucker)

Zubereitung: Die Rosinen 12 Stunden in Brandy einlegen. Die Hefe mit 1 dl lauwarmem Wasser, einer Prise Salz und 2 EL Zucker verrühren. Maismehl und Weißmehl mischen und mit den Eiern, Zucker, weicher Butter, Anislikör und aufgelöster Hefe zu einem festen Teig kneten. Mit einem feuchten Tuch zugedeckt an einem warmen Ort ca. 2 Std. aufgehen lassen. Ein Backblech mit Mehl bestäuben, die Hälfte des Teigs auf die Größe des Backblechs auswallen und auf das Blech legen. Die Rosinen darauf verteilen und mit dem restlichen Teig bedecken. Mit dem Eigelb bepinseln und mit Hagelzucker bestreuen. Im vorgeheizten Backofen bei 200 Grad 30 Minuten backen.

Die Schätze der Neuen Welt

Die Entdeckung der Neuen Welt erweiterte nicht nur den europäischen Horizont, sondern auch das kulinarische Angebot. Aus Amerika kamen Mais, Tapioka, Bataten, Kartoffeln, verschiedene Bohnensorten, Paprika, Tomaten, Erdnüsse, Pekannüsse, Avocados, Ananas, Kakao, Jamaika-Pfeffer, Sonnenblumen, Vanille und Truthähne, die Liste ließe sich beliebig fortsetzen. Das Ganze war übrigens keine Einbahnstraße: Viele Pflanzen wurden von Europäern in die Neue Welt gebracht und kamen dank der günstigeren Anbaubedingungen als begehrte Waren zurück. Beispiele sind Zuckerrohr und Zitrusfrüchte, die Alexander aus Indien mitgebracht hatte. Auch die Banane wurde durch einen Franziskanermönch 1516 als mögliches »Volksnahrungsmittel« für die Indios auf die Karibischen Inseln eingeführt.

Viele neue Lebensmittel verbreiteten sich problemlos. Das »indianische Huhn«, der Truthahn, wurde schon Mitte des 16. Jahrhunderts an fast allen Fürstenhöfen gezüchtet. Wohl am schnellsten wurde der Mais angenommen. Bereits im 16. Jahrhundert ersetzte er im südlichen Spanien und im nördlichen Italien als Armenspeise den stets knappen und teuren Weizen, im 17. Jahrhundert in ganz Westeuropa die Hirse. Dank des großflächigen Anbaus in den USA besitzt er heute eine Schlüsselstellung bei der Welternährung, was ihn für die heutige Gentechnologie besonders interessant macht. Schnell ging es auch mit der Paprika, die wir schon im 16. Jahrhundert in Südeuropa finden. Die kleineren, schärferen Formen wurden als Alternative zum importierten »Schwarzen Pfeffer« in den Gärten der Armen und des Bürgertums angebaut.

Andere Früchte der Neuen Welt benötigten viel Zeit, bis sie im alten Europa geschätzt wurden. Von den Konquistadoren als »kleine Trüffel« angepriesen, dauerte es ein Vierteljahrtausend, bis die Kartoffeln (aus italienisch »Tartuffoli«) zur Volksspeise wurden. Erst die Hungersnöte des Siebenjährigen Krieges und die Knute des Alten Fritz brachte Preußen und Deutsche »rin in die Kartoffeln, raus aus die Kartoffeln«.

Eine ähnlich lange Einführungszeit hatte der Kakao. Er sei eher eine bitteres »Getränk für Schweine als für die Menschheit«, schrieb der Italiener Benzoni. Den Durchbruch brachte erst die Idee, das Getränk mit Rohrzucker zu süßen. Höchst phantasievoll zeigten sich die Europäer bei der Einführung des Suchtmittels Tabak. Die Raucher in Shakespeares England verteidigten ihr Laster als »Räuchermittel gegen die Pest« und in Deutschland wollte man bemerkt haben, daß sich weniger Ungeziefer einnistete. Allerhöchstes Wohlgefallen fand der Tabakgenuß allerdings erst, als findige rauchende Majestäten wie Preußens Friedrich Wilhelm I. und sein Sohn Friedrich II. auf die Idee kamen, solche »Lüsternheitswaaren« mit einer hohen Steuer zu belegen …

Tod eines Küchenchefs

»Ich bin entehrt, das ist eine Schande, die ich nicht ertragen kann.«

(François Vatel nach einer kleinen Panne
beim Festessen für Ludwig XIV.)

»Der große Vatel, dieser Mann von einer so hervorragenden Begabung, dessen Kopf ausgereicht hätte, alle Probleme einer Staatsregierung zu bewältigen, konnte solche Schmach nicht ertragen: Er hat sich erstochen!«

(Aus einem Brief von Madame de Sévigné)

Maître Vatel ist echauffiert. »Wo ist die Moschusessenz? Das Ambra?« Er schlägt die Hände über dem Kopf zusammen. »Wie soll ich dem König denn einen Götterwein servieren ohne diese köstlichen Zusätze? Wir hatten doch genug davon!« Fünf Jahre lang hat sich der König im Grand Château von Chantilly angesagt, am heutigen 24. April 1671 wird er kommen. François Vatel, Herr über 61 Köche, 31 Einkäufer, 22 Bäcker und 97 Servierer und Tischdekorateure im Haushalt des Prinzen Condé, sieht den Oberhofzeremonienmeister und winkt ihm zu: »Monsieur de Gourville, könnt Ihr nicht helfen, mir fehlen Ambra und Moschus für den Götterwein!«

Gourville kennt sein Kochgenie. »Beruhigt Euch doch, Vatel. Ihr selbst habt gestern angeordnet, eine ausreichende Menge davon beiseitezuschaffen!« Der Küchenchef wischt sich mit einem Tüchlein den Schweiß von der Stirn. »Habt Dank, Gourville. Wie konnte ich das vergessen? Ach, ich weiß gar nicht, wo mir der Kopf steht. Stellt Euch vor, meine Einkäufer bringen mir winzige Champignons, wo ich doch eiergroße brauche. Madame Dubarry schätzt doch gefüllte Champignons so sehr!« – »Wartet doch einen Moment, es sind ja erst ein Dutzend Eurer Einkäufer zurück, ich bin sicher, alles wird gut!« Er hält Vatel ein Riechfläschchen unter die Nase: »Das beruhigt die Nerven!« Aber der Koch hat kaum Zeit, eine Prise des erfrischenden Aromas zu nehmen. Er erblickt zwei seiner Einkäufer und rennt auf sie zu. Der Zeremonienmeister schüttelt den Kopf. Wenn ich ihm jetzt noch gesagt hätte, daß die Entourage des Königs größer ist als angemeldet, dann würde er mir vollends zusammenbrechen.

Erschöpft, aber einigermaßen zufrieden steht Maître Vatel Stunden später am Eingang des großen Speisesaals von Chantilly. Die Aperitif-Weine und die Vorspeisen scheinen gut angekommen zu sein, nach dem Suppengang – es gab Schildkröten-, Königin-, Rindfleisch- und Lattichsuppe – hat der König, der ein großer Suppenesser ist, ihm durch einen Diener sogar einen Ring schicken lassen. Und während sich die Gesellschaft im Schloßhof Molières »Tartuffe« ansieht – Ludwig XIV. liebt dieses Stück, schon weil es die Kirche verbieten lassen wollte –, überwacht der Haushofmeister und Küchenchef die Vorbereitungen für den Hauptgang.

12 Dutzend goldene Teller werden aufgestellt, am Tisch des Königs gibt es selbstverständlich auch nur goldenes Besteck. Alle Speisen werden in silbergetriebenen Schüsseln und Platten aufgetragen, jeder Gast erhält mehrere Kristallgläser für die verschiedenen Getränke. Dann werden die Vorhänge aus grüngoldenem Brokat zugezogen und die Hunderte von Kerzen auf den Kristallüstern angezündet, so daß die Schlachtenbilder auf den flandrischen Wandgobelins durch das Flackern gespenstische Lebendigkeit gewinnen.

Einer seiner Untergebenen flüstert Vatel etwas ins Ohr. Der Maître wird blaß, schüttelt den Kopf und kann sich nur noch aufrecht halten, indem er sich an die

Wand lehnt. Der Hofzeremonienmeister sieht das, eilt herbei und fragt: »Was ist los, François?« – »Die Kalbslende«, flüstert der Koch, »an zwei Tischen fehlt es an Kalbslende.« Gourville versucht zu beruhigen: »Ja, es sind etwas mehr Leute mit dem König gekommen als geplant. Und es hat doch auch an ihren Tischen hinten genug Köstlichkeiten: Hammelkeule, Zungenragout, Kapaun mit Austern, Fasan in Pfeffersauce ...« – »Ich kenne die Speisenfolge auswendig«, unterbricht ihn Vatel, »aber ein von mir geplantes Mahl muß perfekt sein. Gerade, wenn der König zu Gast ist. Ich bin entehrt, das ist eine Schande, die ich nicht ertragen kann. Was soll ich tun?« – »Weitermachen wie bisher«, antwortet der Hofzeremonienmeister, »dann sind wir beiden die einzigen, die überhaupt etwas merken!« Vatel schüttelt den Kopf. »Das kann ich nicht. Mir schwindelt der Kopf, ich habe zwölf Tage lang nicht mehr geschlafen. Helft mir, die nötigen Anweisungen zu geben.«

Gourville macht sich bereit, für seinen Küchenmeister einzuspringen, falls irgendein weiterer Mangel auftreten sollte. Aber es ist nicht nötig, die Organisation ist genau geplant. Zwischen Hauptgang und Dessert raunt er die Geschichte seinem Herrn zu. Und Prinz Condé hat eine Idee. »Ruf mir den Vatel her, ich werde ihn wieder aufrichten. Er muß ja morgen noch einmal sein Bestes geben!« Der Küchenmeister erscheint am Tisch des Königs, der leckt sich die Finger vom Rest des Desserts: »Ah, Euer berühmter Vatel, Condé! Deine Sahnetorte ist exzellent, du hast Marzipan verwandt, habe ich recht?« Der Küchenchef verneigt sich tief: »Die Zunge des größten Feinschmeckers des Landes ist unvergleichlich!« Und auch der Prinz lobt: »Alles klappt hervorragend, hier an der Tafel des Königs speisten wir unvergleichlich!«

Vatel schüttelt verlegen den Kopf: »Sire, Monseigneur, Eure Güte erdrückt mich, aber ich weiß, daß auf zwei Tischen der Lendenbraten fehlte.« – »Das macht doch nichts«, sagt der Sonnenkönig leutselig, »versöhnt mich morgen mit der guten Aalpastete, von der mir mein guter Condé so vorgeschwärmt hat!«

Langsam verlagert sich die Gesellschaft aus dem Schloß in den Garten. Die Männer in ihren roten oder braunen Kniehosen, darüber die langen Samtjacken, die von den vergoldeten Borten, den eingefügten Juwelen oder Perlenstickereien so steif sind, daß man sich nur vorsichtig darin bewegen kann. An ihren Seiten die Damen mit schmalen Taillen und hohen Frisuren, mit ausgeschnittenen Dekolletés, weit gebauschten Seiden- und Brokaträcken, darüber gold- und silberbestickte Roben. An hohen Hecken und weißen Marmorstatuen vorbei geht es zu einem offenen Viereck im Schloßgarten. Fackeln werden angezündet, die Götterstandbilder erglühen in rotem und blauem Schein. Feuerkaskaden und Lichträder sind von allen Seiten zu sehen, nur Eingeweihten wie Maître Vatel fällt auf, daß das eigentlich geplante Feuerwerk nicht stattfindet. »Auch das noch«, ärgert sich der Küchenchef, »morgen darf nichts mehr schief gehen!« Die anderen Gäste amüsieren sich prächtig und so klingt der Abend mit dem traditionellen »Vive le roi soleil! Es lebe der Sonnenkönig!« aus.

Am nächsten Morgen ist Vatel schon wieder um vier Uhr morgens auf den Beinen. Alles will er sehen, alles noch einmal genau überwachen. Einer der Einkäufer, er kommt vom Fischmarkt, trägt zwei Pakete. »Ist das alles?«, will Vatel wissen, »und wo ist der Aal?« – »Das ist alles«, sagt der Mann und geht in eine der Vorbereitungsküchen. Das kann nicht sein, das darf nicht sein, hämmert es in Vatels Kopf. Er eilt durch den Küchenkomplex, sieht Fleisch, Geflügel, Gemüse, aber keinen Fisch. Schließlich läuft ihm Gourville in die Arme. »Diese Schande überlebe ich nicht«, sagt er dumpf, »kein Fisch und vor allem kein Aal für die Pastete, die der König gewünscht hat!« – »Das hat doch noch Zeit«, meint Gourville, »wartet doch noch ein wenig ab! Ihr geltet nach wie vor als der beste Koch dieses Landes, Aal hin oder her!« Und er lacht Vatel einfach aus.

Dem ist zum Lachen überhaupt nicht zumute. Er wartet noch eine Stunde und vergißt dabei, daß er selbst angeordnet hat, den Fisch nicht nur vom Pariser Markt, sondern von mehreren Seehäfen anzufordern. Und von dort kann er erst am Vormittag da sein. Um sieben Uhr geht der Maìtre in sein Zimmer, holt seinen Degen hervor, lehnt ihn waagrecht gegen die Türe und stößt ihn sich mehrmals in den Leib. Der dritte Stoß ist tödlich.

Fast zur gleichen Zeit erzählt der Hofzeremonienmeister seinem Herrn von den Schwierigkeiten des Kochs. »Verschone mich mit den Grillen Vatels. Er ist ein Genie, aber auch eine Mimose«, faucht der Prinz. »Ich muß zum Levé!« Vor dem Schlafgemach des Königs haben sich schon ein gutes Dutzend Würdenträger versammelt, weniger als in Versailles, da das diplomatische Corps bei diesem Privatausflug des Königs fehlt. Condé wirft einem seiner Lakaien einen fragenden Blick zu. Der nickt, also hat die Gespielin der Nacht das Zimmer Ludwigs verlassen.

Acht dumpfe Schläge tönen von der Standuhr neben der Tür, der Leibarzt des Königs öffnet die Tür, nach ihm betreten alle Anwesenden den Raum und verbeugen sich tief, ihre Federhüte schwingend, vor dem noch geschlossenen Himmelbett, das eigens für diesen Anlaß nach Chantilly gebracht wurde. Die erste Hofdame zieht ein wenig an der azurblauen Seide und öffnet so einen Spalt, durch den sie zum König tritt. Sie hat das Vorrecht, ihn wachzuküssen, und nimmt ihm dabei die Schlafhaube ab. Der Arzt fühlt den Puls, der Beichtvater macht ihm die obligaten Vorwürfe ob seiner Völlerei und des Umgangs mit Frauenzimmern und erteilt dann den Segen. Schließlich ziehen zwei Dienerinnen die Vorhänge an beiden Seiten nach hinten, so daß der König auf seinem erhöhten Bett für alle sichtbar wird. Noch einmal rauscht das Schwingen der Federhüte durch den hohen Saal.

Prinz Condé kommt die Ehre zu, das auf einem Stuhl bereitliegende seidene, parfümierte Untergewand zu reichen. Der Monarch läßt es sich von zwei Herzögen, die links und rechts von ihm stehen, überstreifen. Der erste Friseur des Hofes drückt einem Grafen die Allongeperücke mit den prächtigen Locken in der Hand, die der dem König vorsichtig aufs Haupt setzen darf. Der Herzog von Rochefoucault hält ihm den Spiegel vor, während die Hofdamen Parfumwolken sprühen und Puder auflegen. Kleidungsstück für Kleidungsstück erhält Ludwig XIV. in dieser Zeremonie, bis er in seinem goldbestickten Rock aus roter Seide, darüber das blaue Ordensband, ganz der König ist. Er nickt, hängt sich beim Gastgeber ein und läßt sich – die Würdenträger hinter den beiden – zur Schloßkapelle führen.

Während die Herren beten, fragt einer der Einkäufer Gourville, ob er den Küchenchef gesehen habe. Inzwischen seien aus allen Seehäfen Massen von Fisch gekommen und er müsse auswählen, welchen er verwenden wolle. Der Hofzeremonienmeister lacht und schüttelt den Kopf. »Vermutlich hat sich unser alter Schwarzseher irgendwo verkrochen. Ich hole ihn«, verspricht er. Gourville geht in die Gemächer Vatels und findet ihn tot in seinem Blut liegen.

»Wie bedauerlich, mein Freund«, sagt der Sonnenkönig, als Condé ihm den Vorfall mitteilte, »ich werde Euch sofort nach Versailles schicken, daß sie Euch mit einem meiner Köche aushelfen!« – »Nicht nötig, Sire«, erwidert der Hausherr, »für das heutige Essen hat Vatel noch alles ausgezeichnet vorbereitet. Lassen wir uns den Tag nicht durch solch einen unglückseligen Zwischenfall verderben!«

»Gourville versuchte, den Verlust von Vatel zu ersetzen und es gelang ihm ausgezeichnet. Man speiste vorzüglich, frühstückte, soupierte, ging spazieren, jagte, alles war durchduftet von Narzissen und alles war exzellent.«
(Aus dem Brief von Madame de Sévigné, einer Augenzeugin)

Götterwein

Vorbereitung: *10 Min. + 3 Std.*

Für vier Personen:

2	Zitronen
2	Äpfel
700 ml	roter Burgunderwein
50 g	Puderzucker
6	Nelkenköpfe
1/2 TL	Orangenblüten
1 EL	Cynar

Zubereitung: Die Zitronen und die Äpfel schälen und in dünne Scheiben schneiden. Mit dem Rotwein, dem Puderzucker, den Nelken, den Orangenblüten und dem Cynar mischen und zugedeckt für min. 3 Std. in den Kühlschrank stellen. Absieben und kalt als Aperitif servieren.

Gefüllte Champignons

Vorbereitung: *20 Min.*

Kochzeit: *30 Min.*

Für vier Personen:

2	Eier
50 g	Kalbsbrät
50 g	Schweinebrät
1 EL	Petersilie fein gehackt
1/2 EL	Kerbel fein gehackt
	Salz und Pfeffer
24	große Champignons
5	Speckscheiben
1 EL	Butter

Zubereitung: Die Eier hart kochen, das Eigelb zerdrücken und das Eiweiß fein hacken. Die Hälfte des Eigelbs mit dem Kalbsbrät und 1/2 EL Petersilie mischen und mit Salz und Pfeffer würzen. Das Schweinebrät auf gleiche Weise vorbereiten. Das gehackte Eiweiß mit dem Kerbel mischen und mit Salz und Pfeffer würzen. Die Pilze reinigen, die Stiele ausdrehen und die Füllungen in die Pilzköpfe geben. Eine feuerfeste Form mit Speckscheiben belegen und die mit Fleisch gefüllten Champignons darauf setzen. Für die »Vegetarischen Pilze« eine zweite Form mit Butter bestreichen und die Champignons hineinlegen. Alle Pilzköpfe mit einer Butterflocke belegen und im vorgeheizten Backofen bei 180 Grad ca. 30 Min. backen.

Aalpastete

Vorbereitung:	*40 Min.*	2	Eier
Kochzeit:	*50 Min.*	1 EL	Petersilie
Für vier Personen:			Salz und Pfeffer
200 g	Weißmehl	1/2 EL	Butter
80 g	Butter	1 EL	weißer Traubensaft
100 ml	Salzwasser	1	Ei
800 g	frischer Aal	2 EL	Weißwein trocken
200 g	Champignons	1	Eigelb
200 g	Spargel gekocht	1 Msp	Muskatnuß

Zubereitung: Das Mehl mit der Butter verreiben, mit warmem Salzwasser mischen und zu einem Teig kneten. Etwas ruhen lassen. Den gehäuteten Aal sowie die Champignons in dünne Scheiben und den Spargel in ca. 4 cm lange Stücke schneiden. Die Eier kochen, schälen und das harte Eigelb zusammen mit der Petersilie hacken. Alles mischen und mit Salz und Pfeffer würzen. 2/3 des Teigs dünn auswallen und eine gebutterte Kuchenform damit auslegen. Die Aalfüllung darauf verteilen und mit Traubensaft beträufeln. Mit dem restlichen Teig einen Deckel auswallen, mit Eiweiß auf die Pastete kleben, mit Teigresten in der Mitte eine Rosette anbringen und mit verquirltem Eigelb bestreichen. Im vorgeheizten Backofen bei 200 Grad ca. 30 Min. backen. Den Weißwein mit dem Eigelb verrühren und mit Muskatnuß, Salz und Pfeffer würzen. Die Rosette auf der Pastete aufschneiden, die Weinmischung hineingießen, wieder zudecken und nochmals 20 Min. backen.

Mariniertes Kalbslendenstück

Vorbereitung:	*10 Min. + 24 Std.*	2	Nelkenköpfe
Kochzeit:	*130 Min.*	1	Lorbeerblatt
Für vier Personen:		1/2 TL	Orangenschalen
1 kg	Kalbslendenbraten gespickt	1/2 TL	Zitronenschalen
4 EL	Olivenöl	1 Zweig	Rosmarin
1 EL	Weißweinessig	1/2 EL	Mehl
	Salz und Pfeffer	1/2 EL	Butter
1	Zwiebel	200 g	Spargelspitzen

Zubereitung: Den Kalbsbraten vom Metzger mit Speck spicken lassen. Eine Marinade aus Olivenöl, Essig, Salz, Pfeffer, einer mit Nelken und Lorbeerblatt besteckten Zwiebel, Orangen- und Zitronenschalen und Rosmarin mischen und das Fleisch darin 24 Std. marinieren. Danach gut abtrocknen, mit Salz und Pfeffer würzen und am Drehspieß auf dem Grill ca. 120 Min. braten. Immer wieder mit der Marinade begießen. Die restliche Marinade absieben und zusammen mit dem aufgefangenen Bratensaft aufkochen. Mehl und Butter miteinander verkneten, die Sauce damit binden, mit Salz und Pfeffer abschmecken und ca. 10 Min. köcheln lassen. Die Sauce über den aufgeschnittenen Braten verteilen und mit Spargelspitzen garnieren.
Dazu passen Nudeln.

Sahnetorte

Vorbereitung: *20 Min. + 2 Std.*
Backzeit: *70 Min.*

Für vier Personen:

5	Eier
300 g	Zucker
5 EL	Wasser
250 g	Weißmehl
1 Msp	Salz
1/2 TL	Zitronenschale
7 g	Backpulver
1/2 EL	Butter
500 ml	Rahm
4	Eigelb
50 g	Marzipan
20 g	Puderzucker

Zubereitung: Die Eigelbe, den Zucker und das Wasser schaumig rühren. Das Eiweiß zu steifem Schnee schlagen. Mehl, Salz, fein gehackte Zitronenschale und Backpulver vermischen, die Eiercreme zugeben und am Schluß vorsichtig das Eiweiß darunter heben. In einer gebutterten und mit Mehl bestäubten Springform im vorgeheizten Backofen bei 160 Grad ca. 50 Min. backen. Für die Füllung den Rahm in einer Pfanne 5 Min. köcheln. Die Eigelbe verrühren und das Marzipan zerdrücken. Ein Teil des Rahms etwas erkalten lassen und mit dem Eigelb und dem Marzipan vermischen, zum kochenden Rahm geben und unter stetigem Rühren nochmals 10 Min. kochen. Abkühlen lassen und kalt stellen. Die erkaltete Torte durchschneiden, mit der Rahmsauce füllen und nochmals 10 Min. backen. Vor dem Servieren mit Puderzucker bestreuen.

Sonnenköche

Versailles, 7. Mai 1664. Ludwig XIV. geruht, seiner Favoritin, der Herzogin von Lavallière, einen kleinen Imbiß (für gerade mal 600 Gäste) zu geben. Dabei besteht dieses Versailles nur aus Baugruben und einigen Mauern. Doch der Wettergott lacht dem Sonnenkönig: Es wird eine Feldküche installiert, es kommen Eistruhen, Öfen zum Warmhalten, tragbare und vierrädrige Tabletts und ein Wagen mit Theaterrequisiten. Die Komödianten des Herzogs von Orléans führen ein von der griechischen Antike inspiriertes Stück auf. Griechische Jäger servieren Zicklein und Hammel; Schweinefleisch und Pasteten bringen gut gebaute »Mädchen vom Lande«, die nicht nur kulinarischen Vergnügungen zugänglich sind. Fortuna persönlich leert ihr Füllhorn über die Gäste. Sechs Tage lang dauert das Fest. Voilà, die berühmteste Küche der Welt hat ihren Einstand gegeben!

Nun begann auch der Ruhm der Köche, der »Maîtres«. Diese geboten über ein in die Hunderte gehendes Personal. Bechamel, Vatel, de la Varenne, de Lune oder Massialot – und wie sie alle hießen – waren aber vor allem im kulinarischen Bereich kreativ und verstanden ihre Schöpfungen als Gesamtkunstwerk. Programmatisch lesen wir in einer »Abhandlung über die gute Küche« aus dem Jahr 1674: »Heute gilt es nicht mehr, eine ungeheure Fülle von Platten zu geben ... Wichtig ist die Auswahl hervorragenden Fleisches, die Feinheit der Zubereitung, die Eleganz und Sauberkeit des Anrichtens!«

Eine Ironie der Geschichte freilich war, daß gerade der erste Esser des Landes, Ludwig XIV., von solch modernen Regeln wenig hielt. Er war schlicht ein Vielfraß, der die Suppen und die aus der Mode gekommenen dicken Saucen liebte.

Die neuen Speisesitten und die moderne Kochkunst setzten sich nicht zuletzt dank des 1651 erschienenen Kochbuch »Le Cuisinier français« von François de la Varenne durch. Das Werk erlebte bis 1750 mehr als 50 Auflagen, was nicht zuletzt daran lag, daß Varenne auch »tausend Sorten von Lebensmitteln und Gemüse für bescheidenere Auslagen« beschreibt.

Am Ende des 17. Jahrhunderts erschien der »Cuisinier royal et bourgeois« von François Massialot, der bei den Herzögen von Chartres und Orléans und anderen französischen Fürsten gekocht hatte. Er zeigte sich als Meister raffinierten Würzens, verwandte dazu auch Trüffeln, Morchel und andere Speisepilze. Er nahm für seine Saucen als erster die Vorläufer des Champagner, legierte mit Eiern statt mit Brotbröseln und würzte – heute erscheint es uns banal – mit Fleischbrühe. Im Vorwort zu seinem Buch schrieb er: »Man darf mit Recht behaupten, daß die französische Küche nicht hinter jener der weiten Welt zurücksteht!« Im Gegenteil: Frankreich befindet sich auf dem Weg zur »haute cuisine«.

Ein Tag in St. Petersburg

»Seine Majestät der Zar ließ von General Lefort einen Schmaus zurichten. Er besprach noch bei Tisch ohne Rücksicht auf die anwesenden ausländischen Vertreter etliche Fragen mit seinen Bojaren. Aber die Beratung war einem Gezänk zum Verwechseln ähnlich. Man sparte nicht mit Worten und nicht mit Handbewegungen, da jeder mit übersteigerter und vor den Augen Seiner Majestät gefährlicher Heftigkeit seine Meinung hartnäckig zu verteidigen bestrebt war …
Nach der Tafel folgte Tanz. S. M. der Zar beteiligte sich mit freudestrahlendem Gesicht an den Reigentänzen und zum Beweis seiner großen Lustigkeit mußten die Musikanten die Weisen spielen, zu denen er, wie er sagte, bei seinem allerliebsten Bruder Friedrich August getanzt hatte …
Zwei Fräulein, die sich davon gestohlen hatten, wurden auf Befehl des Zaren durch Soldaten zurückgebracht. Wieder gaben fünfundzwanzig Geschütze feierliche Kunde von den Trinksprüchen, und die Freuden des Gelages dehnten sich bis halb sechs Uhr früh aus.«

(Aus dem Tagebuch des österreichischen Legationssekretärs Johann Georg Kolb)

Moskau, 17. Juli 1710

Mein lieber Gerard,

Noch ist es still hier im Palast von Sankt Petersburg, nur ein paar Offiziere warten mit mir darauf, daß der Zar erwacht. Vor elf Uhr wird das kaum der Fall sein, ich habe also Zeit, Dir endlich zu schreiben. Du wolltest ja von mir wissen, ob Du und Deine Freunde hier in Rußland Geld investieren sollen. Ihr mißtraut ja, wie Du mir schriebst, dem ungeschlachten »Bären aus dem Norden«! Ich denke, Rußland ist das Land der unbegrenzten Möglichkeiten. Um sie zu nutzen, muß man seinen Charakter, seine Seele verstehen. Und kaum einer verkörpert sie besser als ihr Zar Peter. Vielleicht verstehst Du mehr von ihm und diesem Land, wenn ich Dir den gestrigen Tag schildere, einen typischen, einen ganz normalen Tag ...

Er beginnt wie immer gegen elf Uhr. Der Zar, wir Offiziere hören es, ist aufgewacht. Er verzichtet auf jedes Morgenzeremoniell, kleidet sich selbst an, flucht und schimpft lauthals, wenn irgend etwas fehlt. Dann poltert er die große Treppe hinunter, wo eilends Diener mit silbernen Tabletts erscheinen, auf denen geröstete Brote mit einer dicken Schicht verschiedenfarbigen Kaviars liegen. Während wir europäischen Offiziere um diese Zeit noch keinen Alkohol trinken – worüber sich der Zar immer wieder lustig macht –, spülen er und seine russischen Leibgardisten den Kaviar mit eisgekühltem Wodka herunter. Peter ist um diese Zeit hellwach, er erkundigt sich nach allem und jedem, weiß um die privaten Sorgen jedes Anwesenden, schimpft und tobt, lobt und belohnt. Manchmal erscheint er mir wie der personifizierte Widerspruch, das war schon so, als ich ihn zum erstenmal sah.

Es war am 30. April 1690. Ein denkwürdiges Datum, denn der Zar tat etwas Unglaubliches. Er hatte sich zum Abendessen bei seinem schottischen Generalmajor Gordon in der Moskauer Ausländervorstadt angesagt. Der russische Adel, die hohe Geistlichkeit in den Klöstern und Kirchen war empört: Der Selbstherrscher, der allerheiligste und gesalbte Zar bei ausländischen Ketzern zu Gast! Nach stundenlangem Warten und fast unerträglicher Spannung trat ein Riese von über zwei Metern Größe mit langem braunem Haar, einem zierlichen Schnurrbart, einem vorstehenden Kinn und immer wieder nervös zwinkernden Augen ein. Peter war geblendet von der Pracht. Noch nie hatte er europäische Luxusmöbel gesehen. Vor allem war er schockiert und fasziniert von den Frauen, die zeigten, was der russische Ehemann höchstens im Halbdunkel der Schlafkammer erblicken darf: nackte Arme, freie Schultern und volle Dekolletés. Die Schlankheit der Frauen erschien dem Zaren wie ein Wunder, denn von einem Korsett hatte er noch nie etwas gehört.

Vergebens mühte er sich mit Messer und Gabel ab, schließlich griff er gierig mit den Händen in die Schüsseln. Gleichzeitig verfolgte er wachsam jedes Gespräch, war aber meist zu schüchtern, selbst etwas zu sagen. Aber ich sah ihm an, daß er alles hören, daß er lernen wollte … Freilich, seine Zurückhaltung endete bei seiner schönen Nachbarin. Er beschäftigte sich intensiv mit Anna Mons, der Mätresse unseres Freundes Lefort. Und der schaute ohne Murren zu, ging sein Plan doch auf. Die Gunst des Zaren war ihm mehr wert als seine Geliebte und heute ist Lefort ja der wichtigste Militär Peters …

Schon hier zeigte sich, was ich immer wieder erlebe: Zurückhaltung, ja Schüchternheit ist bei Peter gepaart mit animalischer Wildheit, beide Stimmungslagen können bei ihm in Sekundenschnelle wechseln so wie gestern Mittag. Kaum hat er mit all seinen Offizieren gesprochen, verlangt er nach seinem Pferd. Und wir müssen natürlich mit. Als erstes reitet der Zar zum neuen Hafen, seinem derzeit wichtigsten Anliegen. Rußland, so hat er einmal gesagt, sei ein Riese mit zwei zugenähten Ärmeln. Wenn Schiffe aus aller Welt hier anlegen, so glaubt er, ist zumindest einer der Arme wieder frei …

Und so reitet er herum, treibt die Werftarbeiter fluchend an, peitscht sie aus, weil ihm alles zu langsam geht. Dann aber zieht er selbst Rock und Hemd aus und packt mit an, um einen Karren, dessen Rad gebrochen ist, aus dem Weg zu schaffen. So findet er Verständnis und Bewunderung bei denen, die seine Knute fürchten. Und weil sie um seine Vorlieben wissen, laden ihn die Arbeiter zu einem dampfenden Topf »Ucha«, der traditionellen Fischsuppe, ein. Und sie sind stolz, für sie ist er, auch wenn er mitten unter ihnen ist, ihr »Väterchen Zar«, der sie loben und züchtigen, der toben und ihre Wangen tätscheln darf.

Dieser Herrscher ist nur zu verstehen, wenn man seine Kindheit kennt: Mit zehn Jahren zum Zaren gekrönt, war er zunächst Spielball der Fürstengeschlechter. Eine Partei hatte ihn anstelle seines schwachsinnigen älteren Bruders Iwan auf den Thron gesetzt. Dann aber wiegelten die Gegenspieler mit dem Gerücht, Peters Mutter, die Regentin, habe Iwan umbringen lassen, die russischen Elitesoldaten, die Strelitzen, auf.

Am 17. Mai 1682 stürmten wilde, rotgekleidete Gestalten mit den Worten »Tod der Zarin und ihrer Familie« die große Freitreppe des Kreml hinauf, wo ihnen die Zarin entgegentrat, an der rechten Hand Peter, an der linken den totgesagten Iwan. Die Strelitzen stutzten für einen Moment, hasteten dann aber wodkabenebelt weiter. Es kümmerte sie nicht mehr, daß Iwan lebte. Jetzt grölten sie nach mehr Sold, mehr Privilegien. Der Onkel Peters stellte sich schützend vor die Zarin. Wenige Augenblicke später rollte sein Kopf vor Peters Füße. Der Junge floh und versteckte sich mit seiner Mutter in der Kapelle des Palastes, in dem die Strelitzen wilde Orgien feierten und Iwan zum Zaren krönten. Aber in Wirklichkeit übernahm Peters Halbschwester Sophie, die auch die Rebellion inszeniert hatte, die Herrschaft und verbannte den Jungen auf eine Sommerresidenz am Rande Moskaus.

Das war auch die Chance von uns Ausländern. Denn Peter wollte nichts mehr vom »alten Rußland« hören, das ihn hier einsperrte und das er für seine Lage und das schreckliche Geschehen verantwortlich machte. Er holte europäische Militärs in sein Schlößchen, er stahl sich heimlich in die Ausländerstadt, lernte segeln, sein Traum von einer eigenen russischen Flotte entstand. Immer wieder stieß er auf Neues und Faszinierendes, und er lernte wie ein Besessener. Das war die Zivilisation, die er seinen Russen bringen und notfalls aufzwingen wollte!

Auch gestern, als er wie fast jeden Tag im Hafen die neue russische Flotte besuchte: Er wurde schon wütend, als ihn die Matrosen leutselig und jubelnd begrüßten anstatt ihn wie in England üblich mit einer Pfeife und einem kleinen Defilee zu empfangen. Dann scheuchte er die Matrosen die Strickleitern hinauf und prügelte alle, die nur einen Anflug von Höhenangst zeigten. Schließlich kletterte er mit einem der Flinksten um die Wette bis zum Mast hinauf, wurde natürlich erster und brüllte herunter: »So macht man's in Europa!«

Zum ersten Mal hörte ich diesen Satz am 5. September 1698. Nach einem Strelitzenaufstand hatte Peter seine Europareise abgebrochen und die Edlen des Landes, die Bojaren in ihren langen Kaftanen und wallenden Bärten, zum Empfang im Kreml gebeten. Genußvoll kauten sie die Piroschki, die traditionellen Teigkrapfen mit Fleischfüllung, die Diener allen Anwesenden servierten. »Ich habe euch ein Geschenk mitgebracht«, sagte er strahlend, zog mit freundlichster Miene eine große Schere hervor und sprang auf einen General zu. Bevor der reagieren konnte, hatte er ihm den Bart abgeschnitten und seinen Kaftan auf Kniehöhe gekürzt. Der Zar lachte wild und brüllte: »So macht man's in Europa!«

Zitternd ließen die Bojaren das Schreckliche über sich ergehen. Wie sollte Gott, der Herr sie denn am jüngsten Tag bartlos erkennen? War nicht der Bart das Symbol der Männlichkeit? Die meisten von ihnen waren nun davon überzeugt, daß die Popen recht hätten, wenn sie sagten, diesen Zaren habe der Satan geschickt!

Aber der Tag, an dem Peter die Zivilisierung Rußlands begann, war noch nicht zu Ende. Peter erfuhr von seinen Stellvertretern, daß nur 52 der aufständischen Strelitzen gehängt worden waren. Der Zar rief nach seinem Pferd und winkte uns Europäern, ihm zu folgen. Im Gefängnis ließ er sich die zerlumpten Häftlinge vorführen und brüllte: »Ihr wolltet mir also wieder ans Leben, ihr Hunde!« Und er nahm die Axt, die er nach seiner Zimmermannlehre wohl zu führen wußte, und schlug fünf Strelitzen die Köpfe ab. Er forderte Lefort und mich auf, es ihm gleich zu tun, wir lehnten natürlich dankend ab. Also setzte er seine Hinrichtung alleine weiter fort. Nachdem er zwei Dutzend weitere Gefangene erschlagen hatte, setzte er sich schwitzend und blutbespritzt auf sein Pferd, nicht ohne einen Seitenblick zu uns: »Um Rußland zu zähmen, seid ihr Europäer zu weich!«

Aber zurück zum gestrigen Tag. Erst am späten Nachmittag reiten wir zurück zum Palast, wo ein Fest beginnt. Französische Garderobe ist vorgeschrieben und natürlich gibt es auch französische Küche. Freilich, wie bei den Eßsitten hat sich

Peter auch hier nicht angepaßt. Er schaufelt lieber Stück um Stück von dem deftigen Hasenbraten in sich hinein und spült alles mit reichlich Kwaß, dem russischen Brotbier, hinunter. Und mit der Zeit schwindet auch alle europäische Tünche von der Feier. Da prügeln sich zwei Generäle, Peter mischt sich eigenhändig ein. Ein Edler aus Nowgorod soll Zahnschmerzen haben. Hocherfreut springt der Zar auf, holt seine Silberzange und reißt dem sich heftig Wehrenden den angeblich faulen Zahn heraus. Ein Diener säubert ihn und gibt ihn in einen Lederbeutel zu einigen Tausend anderer Zähne russischer Adeliger. Erst als die ersten Bojaren kurz vor Mitternacht schon unter den Tischen schlafen, begibt sich der Zar in seinen Arbeitsraum.

Dort steht für ihn zwischen unzähligen Büchern, Akten und Berichten aus allen Teilen des Reiches ein Gurjewer Kascha, das ist eine Art Nuß-Grieß-Auflauf, bereit. Während er seine Lieblingsspeise mampft, studiert er alles. Nebenan sitzen Beamte und warten auf ein Glockenzeichen, wenn der Zar eine Erläuterung wünscht. Zunächst vertieft er sich in neue technisch-mathematische Werke aus Europa und kritzelt dann in sein Notizbuch: »Leibniz wegen Perpetuum mobile anfragen!« Dann sieht er ein Memorandum über die Fischerei in Rußland und diktiert einen Ukas (Zarenerlaß): »Der Walfang ist zu fördern!« Er klingelt einem Beamten und befiehlt ihm ungnädig, künftig für mehr französische Zeitungen zu sorgen. Schließlich plagt ihn der Entwurf eines neuen Schulbuchs für Bauernkinder, sie sollen lesen und schreiben lernen.

Ach ja, einer von uns Europäern ist immer dabei und muß verdammt aufpassen, daß ihm die Augen nicht zufallen. Sonst wird er relativ unsanft geweckt. Gestern hatte ich diese Ehre und kam in den Genuß, gegen fünf Uhr früh mit dem Zaren über weitere Expansionspläne zu reden. Nachdem er Schwarzes Meer und Ostsee erreicht hat, locken ihn hinter China, Indien und dem Mongolenland weitere Ozeane. Während er sich mit mir unterhält, liest er gleichzeitig weitere Berichte, auf die er Anweisungen kritzelt. Erst als der Morgen graut, legt er sich auf sein Feldbett …

Und jetzt höre ich ihn schon wieder in seinen Gemächern poltern, ich muß Schluß machen. Kein Zweifel, Rußland ist durch Peter, den seine Landsleute schon den Großen nennen, ein anderes Land geworden, in dem es sich für Dich und Deine Freunde lohnt, zu investieren …

Appetithäppchen für Zar Peter

Kaviar mit Toastbrot und Wodka

Vorbereitung: *10 Min.*

Für vier Personen:

40 g	Russischer Kaviar z. B. Sevruga
8	Toastbrotscheiben
100 g	Crème fraîche
	Wodka

Zubereitung: Kaviar auf einem gekühlten Plättchen zusammen mit gebuttertem Toastbrot und Crème Fraîche servieren. Dazu ein Gläschen Wodka oder auch zwei.

Ucha aus Seefisch (Fischsuppe)

Vorbereitung: *10 Min.*
Kochzeit: *25 Min.*

Für vier Personen:

2	Kartoffeln
1	kleine Karotte
1	Zwiebel
$^1/_2$	Petersilienwurzel
1 l	Salzwasser
1	Lauch (nur das Weiße)
2	Lorbeerblätter
8	Pfefferkörner
1 Msp	Safran
800 g	Seebarschfilets
1 EL	Dill
4	Zitronenscheiben

Zubereitung: Die Kartoffeln in kleine Würfel, die Karotte in Scheiben, die Zwiebel in Ringe und die Petersilienwurzel in kleine Stücke schneiden und im Salzwasser 10 Min. köcheln lassen. Den Lauch in feine Ringe schneiden und zusammen mit den Lorbeerblätter, Pfefferkörnern und Safran 5 Min. mitkochen. Danach den in mundgerechte Stücke geschnittenen Fisch zugeben und nochmals 10 Min. bei kleiner Hitze köcheln lassen. Die Pfanne vom Feuer nehmen, Lorbeerblätter und Pfefferkörner entfernen und die Fischsuppe zugedeckt 5 Min. ziehen lassen. Den gehackten Dill und die Zitronenscheiben in Suppenteller verteilen und die Fischsuppe darüber anrichten.

Piroschki (Teigkrapfen mit Fleischfüllung)

Vorbereitung: *20 Min. + 20 Min.*
Kochzeit: *30 Min.*
Für vier Personen:

400 g	Mehl
100 g	Butter
2	Eier
180 g	saurer Rahm
1/2 TL	Salz
300 g	Rindfleisch zum Schnellbraten
1	Zwiebel
1 EL	Bratfett
1 Msp	Muskatnuß
	Salz und Pfeffer
2	Eier hartgekocht
	kleine Eiswürfel
2 EL	Butter flüssig

Zubereitung: Das Mehl mit der Butter verreiben, die Eier verquirlen und zusammen mit dem sauren Rahm und dem Salz dazu geben und zu einem Teig kneten. Zugedeckt mindestens 20 Min. ruhen lassen. Das Rindfleisch in Würfel schneiden, die Zwiebeln hacken und beides im Bratfett anbraten. Etwas erkalten lassen, hacken und mit Muskatnuß, Pfeffer und Salz kräftig würzen. Die hartgekochten Eier ebenfalls hacken und zum Fleisch geben. Den Teig sehr dünn auswallen und Quadrate von ca. 10 cm Seitenlänge schneiden. In die Mitte der Teigstücke 2 EL Füllung und einen kleinen Eiswürfel geben, die Quadrate zu Dreiecken zusammenfalten und die Ränder gut andrücken. Die Piroschki mit flüssiger Butter bestreichen und im vorgeheizten Backofen bei 220 Grad 10 Min. backen. Dann die Temperatur auf 180 Grad senken und nochmals 20 Min. fertig backen.

Hasenbraten

Vorbereitung: *25 Min. + 36 Std.*
Kochzeit: *85 Min.*
Für vier Personen:

1	Petersilienwurzel
1	Karotte
1	Sellerieknolle
1	Zwiebel
2 EL	Salz
10	Pimentkörner (Nelkenpfeffer)
5	Lorbeerblätter
4	Gewürznelken
3	Kardamom-Kapseln
200 ml	Weinessig
400 ml	Wasser
4	Knoblauchzehen
1	Hase (ca. 1,5 kg)
4	Pfefferkörner
2	Nelkenköpfe
10	Wacholderbeeren
50 g	Spickspeck
	Salz
40 g	Butter
100 g	saurer Halbrahm

Zubereitung: Die Petersilienwurzel, Karotte und Sellerie in kleine Würfel, die Zwiebel in Ringe schneiden und zusammen mit dem Salz, den Pimentkörnern, Lorbeerblättern, Gewürznelken und Kardamom im Wasser/Essig-Gemisch 15 Min. kochen. Knoblauch hacken, zugeben und die Beize erkalten lassen. Den vorbereiteten Hasen darin 36 Std. beizen. Danach aus der Marinade nehmen und gut trockentupfen. Pfeffer, Nelken und Wacholderbeeren im Mörser zerquetschen, den Speck in Streifen schneiden und in den Gewürzen wenden. Mit Hilfe einer Spicknadel den Hasen mit den Speckstreifen spicken, innen und außen mit Salz und Butter einreiben und im vorgeheizten Backofen bei 200 Grad 15 Min. braten. Dann die Hitze auf 180 Grad reduzieren, weitere 60 Min. braten und immer wieder mit Bratensaft und Beize begießen. Danach den Hasen mit saurem Halbrahm überziehen und 10 Min. fertig kochen. Falls geschälte und gewürfelte Kartoffeln mitgegart werden sollen, diese ca. 30 Min. vor Ende der Kochzeit zugeben.
Im Wildsaft gedämpfte Kartoffel und in Butter gebratene saure Äpfel schmecken sehr gut dazu. Als Getränk paßt »Kwaß« dazu, das erfrischende Brotbier der Russen aus Roggenbrot, Hefe, Zucker und Rosinen.
Wir haben das Gericht auch mit Kaninchenragout ausprobiert, wobei wir die Fleischstücke mit Bratspeck umwickelt haben. Das Resultat war ebenfalls ausgezeichnet.

Gurjewer Kascha (Nuß-Grieß-Auflauf)

Vorbereitung:	30 Min.		Milch (nach Bedarf)
Kochzeit:	70 Min.	4 EL	Zucker
Für vier Personen:		2 EL	Butter
250 g	Haselnüsse gemahlen (o. Haut)	1 TL	Zimt
250 g	Walnüsse gemahlen (o. Haut)	1 Msp	Kardamom
3/4 l	Rahm	300 g	Erdbeerkonfitüre
100 g	Grieß	1 Msp	Sternanis

Zubereitung: Die fein gemahlenen Nüsse mit 2 dl warmem Wasser in einem Mörser zerstoßen. Den Rahm in eine Auflaufform geben und in den auf 180 Grad vorgeheizten Backofen stellen. Auf der Oberfläche bildet sich starker Schaum. Sobald dieser sich zu bräunen beginnt, abschöpfen und dies ca. 10mal wiederholen und den Schaum zur Seite stellen. Den verbleibenden Rahm in eine Pfanne geben, Grieß dazu rühren, evtl. etwas Milch zugeben und 30 Min. zu einem dicken Brei kochen. Nüsse, Zucker, Butter, Zimt und gemahlenen Kardamom zugeben und gut umrühren. Eine Springform mit Butter einfetten, eine Schicht Grießbrei einfüllen, etwas Rahmschaum darauf verteilen usw. In die vorletzte Grießbreischicht etwas Erdbeerkonfitüre und gemahlenen Sternanis mischen. Im vorgeheizten Backofen bei 180 Grad ca. 40 Min. backen, bis eine feuchte, kompakte Torte entsteht. Vor dem Servieren auf eine Platte stürzen, mit Erdbeerkonfitüre bestreichen und warm oder kalt auf den Tisch bringen.

Küche im Reich der Zaren

Mehr noch als andere europäische Länder war das zaristische Rußland auch kulinarisch ein Reich der Gegensätze: Auf der einen Seite Luxusdiners in Moskau und St. Petersburg, auf der anderen kärgliche Kost für die große Mehrheit der Bevölkerung. Die bestand v. a. aus Getreide, speziell dem robusten Roggen. Aus ihm buk die Bäuerin das dunkle Brot, das zu allen Mahlzeiten gereicht wurde.

Dazu kam »Kascha«: ein Buchweizen-Auflauf. Ein weiteres Grundnahrungsmittel war Kohl, im Sommer frisch, im Winter als Sauerkraut. Bis heute gilt der alte Spruch: »Schtschi da kascha matj nascha – Kohlsuppe und Buchweizengrütze sind unsere Mutter!«

Bei der durch Krieg und Handel weiter herumgekommen Oberschicht entwickelte sich das, was im 17.–19. Jahrhundert zur russischen Küche wird, aus slawischen, nordischen und byzantinischen Elementen. Slawisch sind Gerste, Rote Bete, Kohl, Pilze, Waldhonig, Nüsse und Wild; nordisch Fisch, Räucherfleisch, saure Sahne und starke Alkoholika; byzantinische Einflüsse zeigen sich durch Kaviar, Hammel, Buchweizen, getrocknete, kandierte Früchte und das kulinarische Ambiente.

Im 19. Jahrhundert wurde die französische Küche modern, die Menüs behielten aber durchaus ihre russische Note. Jedes Essen begann mit einem Büffet an kleinen Leckerbissen, den »Sakuska« genannten Vorspeisen: Fleischklößchen, Hühnerleber, Nierchen, Würstchen und »Piroschki«. Dazu kamen zahlreiche Fleischpasteten, eingelegte Gemüse oder Pilze und natürlich Fische wie Aal, Sprotten oder Heringe.

Im Mittelpunkt standen aber die zwei Statussymbole der russischen Küche, der Kaviar und der Wodka. Gut zehn Millionen Kilo wurden im Zarenreich jährlich produziert, wobei besonders der Rogen des Störs geschätzt wurde. In den Salons galt es als vornehm, mehrere farblich unterschiedliche Sorten auf gerösteten Weißbrotscheiben zu servieren. Zuvor hatten die Gäste schon mehrere Gläschen Wodka genossen, besser hinuntergestürzt. Auch hier gab es eine große Auswahl, entweder den »Klaren« oder den mit Trüffel, Büffelgras, Johannisbeere oder Pfeffer versetzten Wodka.

Ausländische Diplomaten warnten Neuankömmlinge, diese »sakusska« schon für die Hauptmahlzeit zu halten. Denn das eigentlich Essen begann erst nach diesen Vorspeisen mit einer Reihe von Suppen, dann folgte der Fischgang und schließlich kamen Wild und Fleischspeisen. All dies unterschied sich wenig von der europäischen Hofküche, die regionale russische Küche fand höchstens durch Joghurtsaucen, Schaschlik, mehr Kohl und Sauerampfer ihren Eingang. Dafür setzte nach dem Dessert wieder etwas typisch Russisches den Schlußpunkt: Tee, aus einem dampfenden Samowar.

Im Reiche seiner Omnipotenz

»Schweig prahlerisches Rom, von Titus und Trajan,
August hat mehreren als jene wohlgetan!
Es wird ganz Sachsenland und alle Welt bekennen,
Er sei mehr Vater als nur König zu benennen.
Wie man mit Klugheit herrscht, mit Gütigkeit regiert,
Das Volk bei Friedenszeit zur Kriegsschule führt,
Wie man mit Wissenschaft so Pracht als Kunst verbindet,
Die stolzen Feinde schlägt, sich selber überwindet,
Der Rache Süßigkeit ganz außer Augen setzt,
Des Landes Wohlfahrt mehr als eitle Ruhmessucht schätzt,
Dies alles hat August, ja noch viel mehr bewiesen,
Was uns im Altertum von Herkules gepriesen!«

(Aus der Lobrede des Hofrats Hanken
auf August den Starken 1733)

»Köstlich, diese gefüllten Eier, nicht wahr?« Sergej Tolstoi dreht sich um und erblickt einen ihm unbekannten Mann. Der zwirbelt seinen Schnurrbart und fragt gedehnt: »Ihr kommt vom ... Zimmermann?« – »Das Väterchen schickt mich«, nickt Sergej, »und Ihr seid ...« »Gelnhausen, Baron Heinrich von Gelnhausen, ein Sachse in Diensten der russischen Gesandtschaft und jetzt zu Euren Diensten. Ihr seid Tolstoi und von Zar Peter als sein Beobachter zu dieser Hochzeit geschickt. Seid Ihr mit dem Geheimrat und Berater des Zaren verwandt?« – »Um viele Ecken schon, aber ich bin ein ganz gewöhnlicher russischer Edelmann ...« – »und trotzdem schon in geheimer Mission unterwegs«, unterbricht ihn der Deutsche, »aber laßt uns später vom Geschäft reden, und nehmt noch ein paar dieser Sakuska, die jetzt so beliebt in Dresden sind. Das Rezept hat Kurfürst August übrigens mit der Königskrone aus Polen gebracht, die Sachsen rätseln nur, von welcher seiner Mätressen er es hat, von der feinen Gräfin Lubomirska oder der heißblütigen Warschauer Weinwirtin Renard ...«

Die beiden schlendern durch den Innenhof der neuen riesigen Schloßanlage Dresdens, des Zwingers, dessen Einweihung in diesem September 1719 gefeiert wird. Der Termin ist so gelegt, daß er mit der Hochzeit des Kurprinzen August mit der Habsburger Kaisertochter Maria Josepha zusammenfällt. Überall gibt es Stände, an denen sich Tausende von Gästen verpflegen und dann wieder auf die Tribünen steigen, von wo sie das Geschehen verfolgen können. Bis vor kurzem fand in einem Geviert inmitten des Hofes ein Roßballett nach Wiener Muster statt, für das sich aber Sergej weniger begeistern kann als für die Ritterspiele, bei denen die Holzlanzen krachen und schon einmal einer der Männer in hohem Bogen aus dem Sattel fliegt.

»Der König wollte die Einweihung unbedingt mit der Hochzeit verbinden, weil da Fürsten und Diplomaten aus aller Herren Länder anwesend sind. Deshalb hat er«, Gelnhausen nähert sich verschwörerisch Sergejs Ohr, »Teile der Schloßanlage, die noch nicht fertig waren, einfach aus Holz nachbauen und anstreichen lassen!« – »Zumindest was Feste und Frauen betrifft, will August unbedingt der erste unter den europäischen Monarchen sein!« spottet Sergej. »Unterschätzt den König nicht«, erwidert der Sachse, »er liebt es zwar, große Feste zu geben und sein eigener Zeremonienmeister zu sein. Schade, daß Ihr nicht den Einzug oder besser die Einfahrt des Kurprinzen und seiner Braut vorgestern erlebt habt. Die beiden fuhren auf einer goldenen Barke die Elbe hinunter und wurden von zehn Regimentern bei den Elbwiesen erwartet, in der Mitte August der Starke ganz in Purpur und mit Diamanten geschmückt, umgeben von seiner türkischen Garde im glitzernden Brokat. Der König versteht sich auf Feste und Zeremonien, aber er weiß auch um deren Bedeutung. In ganz Europa werden Wohlstand und Bedeutung eines Volkes am Glanz und Prunk des Hofes gemessen. Aufsehen erregen heißt auch Geld ins Land zu holen. Was Ihr hier an Kleidern, Schmuck, Möbeln seht, ist aus sächsischen Landen und kann gekauft werden. Einzelne Manufakturen haben sogar auf dem Festgelände Pavillons eingerichtet, wo Schaustücke besichtigt und Waren bestellt werden können.«

»Ist es auch möglich, die Manufakturen zu besichtigen, wo sie hergestellt werden?« fragt Sergej, »Zar Peter hat mir aufgetragen, möglichst viele zu besuchen.« – »Ihr solltet den König um eine Erlaubnis bitten, Tolstoi«, meint Gelnhausen, »ohne die werdet Ihr leicht für einen ausländischen Spion gehalten, und mit denen machen sie auch hier in Sachsen kurzen Prozeß!« – »Aber Ihr wißt doch, was der Zar herausbekommen will: Das Geheimnis der Porzellanherstellung!« Gelnhausen nickt. »Ich kenne seinen Befehl. Aber das ist eine lange Geschichte. Stärken wir uns erst einmal, da vorne gibt es eine gute polnische Gurkensuppe!«

Nachdem die beiden auf einer Parkbank aus hölzernen Schüsseln ihre Suppe geschlürft haben, beginnt der Sachse zu erzählen: »Es war kurz nach der Jahrhundertwende, als ich aus Moskau zurückkam und in der russischen Gesandtschaft zu arbeiten begann. Da erhielt ich einen der berühmten kurzen Befehle des Zaren: ›Goldmacher finden und nach Rußland schaffen!‹ Ich forschte nach und fand bald heraus, daß der Goldmacher ein Schüler des berühmten Alchemisten Johannes Kunckel war, ein gewisser Johann Friedrich Böttger, der in Wittenberg Medizin studiert hatte und dann plötzlich verschwunden war. Ein Gewährsmann am Hofe verriet mir dann, daß ihn der Kurfürst habe entführen und auf die Festung Königstein bringen lassen. Böttger würde sicher bis heute noch vergeblich Gold herzustellen versuchen, wäre da nicht Graf Tschirnhaus gekommen, ein Mathematiker und Physiker, der Böttgers Begabung für Stoffe erkannte, aber vom Gold weg in eine andere Richtung lenkte. Als sie mit einem eisenhaltigen Ton experimentierten, gelang es ihnen, ein sehr hartes Steingut herzustellen und dann weißes Porzellan, das härter und haltbarer als das chinesische ist. 1710 wurde Böttger dann Leiter der Porzellan-Manufaktur in Dresden, erhielt aber erst vier Jahre später seine Freiheit zurück, und vor ein paar Monaten ist er gestorben. Aber nach wie vor ist die genaue Mischung, mit der dieses ›weiße Gold‹ hergestellt wird, eines der bestgehüteten Geheimnisse des Landes. Ich würde August auf keinen Fall darauf ansprechen!«

– »Wann kann ich ihn sehen? Habt Ihr schon etwas arrangieren können?«, fragt Sergej. »Wartet ab, und laßt uns einmal zum großen Festzelt gehen!« Die beiden drängen sich durch die immer dichter werdende Menge: »Ist es richtig, daß auch gemeine Leute an so einem Fest dabei sein dürfen?« fragt der Russe. »Ja, Handwerker und Bürger Dresdens werden damit belohnt, an so einem Fest teilnehmen zu können, und natürlich sind es ausgewählte, protegierte Leute, die auch nicht überall Zugang haben. Sie dürfen auf den Festplatz, aber nicht ins Schloß. Trotzdem, solche Einfälle machen den König beim Volk natürlich überaus populär!«

Am Eingang des Zelts stehen einige Soldaten, die alle Ankommenden genau mustern und ihre Einladungen prüfen. Gelnhausen zeigt ihnen ein gesiegeltes Schreiben, worauf sie eingelassen werden. »Gehen wir erst einmal zum Wirt«, sagt Heinrich verschmitzt. »Nicht schon wieder essen!« stöhnt der Russe, »das ist ja schon fast wie bei Zar Peter!« Gelnhausen nimmt den Widerstrebenden am Arm und schiebt ihn nach vorn zu einer Theke, wo ein gut zwei Zentner schwerer Mann die Gäste bedient. Mit einem Schlachtermesser tranchiert er geschickt am Spieß gebratene Enten, legt die Teile in kleine Schüsseln und gießt eine dampfende Sauce darüber. Als er Gelnhausen sieht, winkt er ihm lachend zu: »Herbei, sächsischer Russe. Ihr und Euer Begleiter müßt unbedingt von der Mastente kosten. Zusammen mit Sauerkirschsauce einfach köstlich …« – »Also, wirklich nicht«, protestiert Sergej, doch sein Begleiter stößt ihm mit dem Ellenbogen in die Seite und zischt: »Ihr müsst …« – »… würde sogar meinem Cousin Peter schmecken«, poltert der Riese von einem Wirt. »Also ist das …« entfährt es dem Russen. »August, Kurfürst von Sachsen und König von Polen«, ergänzt Gelnhausen flüsternd, »und spielt ja die Scharade mit, wenn Ihr in den nächsten Tagen eine Audienz haben wollt!« – »Habt Dank, Herr Wirt. Wirklich köstlich«, sagt Tolstoi, nachdem er einen Bissen gekostet hat und daraufhin mit wohlwollendem Nicken entlassen wird.

»Jetzt weiß ich wirklich, warum dieser Mann August der Starke genannt wird«, meint er zu Heinrich. »Der König hat in letzter Zeit eher abgenommen, ich kenne ihn mit noch wesentlich größerem Leibesumfang«, sagt der Sachse, »man munkelt von einer Krankheit und daß er auch längst nicht mehr so viel wie früher den Frauen beiwohne!« – »Daher soll ja auch sein Beiname kommen«, ergänzt Sergej, »ich habe munkeln gehört, daß man ihn auch den ›zum Stier gewordenen Kraftmeier’ oder ›Lustkoloß‹ nennt.« – »Ihr müßt hier Wahrheit und böswillige Legende unterscheiden, Tolstoi. August war ein Weiberheld und ist es in Maßen vielleicht auch heute noch. Neben seiner angestammten Ehefrau Christiane Eberhardine, die er im übrigen auf Druck seines älteren Bruders und gegen seinen Willen heiraten mußte, hatte er immer Mätressen.« – »Doch wohl nicht allein als Reaktion auf die erzwungene Ehe?« vermutet Sergej. »Wohl auch deswegen, weil einer, der ein großer europäischer Fürst sein will, es dem König von Frankreich gleichtun, ja ihn möglichst übertreffen muß. Denn das ist – ich darf das als Dresdner sagen – das Problem Sachsens und seines Herrschers: Sachsen ist zu klein, um im Konzert der Großen wirklich mithalten zu können, ja es ist nicht einmal in der Lage, mit einer Mittelmacht wie Preußen gleichzuziehen. Was also an realer Macht fehlt, versucht man durch Pracht und Glanz auszugleichen.« – »Und durch Potenz«, fügt der Russe spöttisch hinzu.

»Aber auch hier ist August mäßiger, als alle meinen. Er hat einen legitimen Erben, der ja morgen heiratet, und sieben weitere, uneheliche Kinder, um die er sich übrigens alle kümmert. Er erkennt sie an und ist ein guter Vater. Im Laufe seiner Herrschaft hat er vier mehr oder weniger offizielle Mätressen gehabt und vielleicht noch ein halbes Dutzend Liebschaften. Das ist nicht mehr als guter europäischer Durchschnitt ...« – »Aber er hat doch angeblich 364 Kinder gezeugt!« – »Na ja, schon die Zahl – so viel Kinder wie das Jahr Tage hat – sollte stutzig machen. Ich bin ziemlich sicher, daß diese Gerüchte direkt aus der lutherischen Kirche Sachsens stammen, denn sie kamen just in dem Moment auf, als August vom evangelischen zum katholischen Glauben übertrat, denn nur so konnte er die polnische Krone erwerben ...«

Und wieder nimmt Gelnhausen den Russen am Arm und zieht ihn mit. »Ich weiß, daß solche Gerüchte das Bild Augusts bei den Nachkommen immer prägen werden. Aber er ist eben nicht nur der ›Kraftprotz im Bett‹, sondern er fördert die Wirtschaft und er hat unvergleichliche Kunstwerke bauen lassen. Kommt mit!« Sie gehen am französischen Pavillon vorbei und finden sich plötzlich in einer Wasserwelt wieder. Flüssige Fontänen und Kaskaden steigen nach oben und unten, Delphine und griechische Meeresgötter scheinen Wasserstrahlen dem Strom entgegenzuschleudern und von großen Wandnischen sehen steinerne Nymphen dem Ganzen zu. Auch dort entspringen Wasser, von oben ragen phantastische, tropfsteinähnliche Gebilde. »August der Starke mag ja ein Schaudarsteller sein, aber welcher Schauspieler hat sich schon so eine majestätische Kulisse geschaffen?«

(Am Ende seiner 39jährigen Regierungszeit brachte August der Starke nur noch knapp 70 Kilo auf die Waage. Stehen und Laufen fielen ihm immer schwerer und trotz immer größerer Anfälligkeit für Krankheiten ließ er von seinen Lebensgewohnheiten nicht ab. Er feierte Feste, aß ausgiebig und trank zu viel. Auf seiner letzten Reise nach Polen brach er zusammen und starb am 1. Februar 1733.)

Sakuska (Gefüllte Eier)

Vorbereitung:	*30 Min.*
Kochzeit:	*10 Min.*

Für vier Personen:

8	Eier (hartgekocht)
4	Heringsfilets (eingelegte)
1	Frühlingszwiebel
1	Apfel
1	Kartoffel gekocht
1/2 EL	Kapern
3 EL	Sonnenblumenöl
1 TL	Dijon-Senf
	Salz und Pfeffer
1 EL	Petersilie gehackt
1 TL	rote Paprikaschote gehackt

Zubereitung: Die hartgekochten Eier halbieren und das Eigelb herausnehmen. Die Heringsfilets, die Zwiebel, den Apfel, die gekochte Kartoffel und die Kapern ganz fein hacken. Das abgekühlte Eigelb mit einer Gabel fein zerdrücken und mit dem Öl verrühren, bis die Creme hellgelb ist. Mit Senf, Salz und Pfeffer würzen, mit den anderen Zutaten mischen und in die Eiweißhälften füllen. Die Hälfte der Eier mit feingehackter Petersilie bestreuen und die andere Hälfte vorsichtig mit feingehackten roten Paprikaschoten.

Die restliche Eier/Fisch-Füllung kann als Brotaufstrich verwendet werden.

Gurkensuppe mit Rindfleisch

Vorbereitung:	*20 Min.*
Kochzeit:	*130 Min.*

Für vier Personen:

800 g	Rindfleisch zum Sieden
1	Lauch
1	Karotte
1/4	Sellerieknolle
1 Zweig	Petersilie
1	Zwiebel
1	Lorbeerblatt
1	Nelkenkopf
1/2 EL	Salz
500 g	Gewürzgurke
250 ml	Joghurt oder saurer Halbrahm
	Salz und Pfeffer
	Gurken-Einmachflüssigkeit
1 EL	Dill

Zubereitung: Das Rindfleisch zusammen mit dem Lauch, der Karotte, dem Sellerie, der Petersilie, der mit Lorbeerblatt und Nelkenkopf besteckten Zwiebel und dem Salz in 1 Liter kaltes Wasser geben, aufkochen und auf kleinem Feuer ca. 120 Min. kochen lassen. Petersilie und Zwiebel entfernen, 1/4 des Fleisches und das Gemüse in Würfel schneiden, die Gewürzgurken grob raffeln und alles zusammen in der Fleischbrühe aufkochen. Das Joghurt oder den sauren Halbrahm zugeben, mit Salz, Pfeffer und etwas Gurken-Einmachflüssigkeit abschmecken und mit gehacktem Dill bestreuen. Das restliche Fleisch zu einem späteren Zeitpunkt verwenden.

Mastente mit Sauerkirschen

Vorbereitung: *10 Min.*
Kochzeit: *90 Min.*
Für sechs Personen:

1 Ente (ca. 2 kg)
Salz und Pfeffer
500 g Sauerkirschen
200 ml Rotwein

Zubereitung: Die Ente innen und aussen mit Salz und Pfeffer würzen, den Backofen auf 220 Grad vorheizen, eine Tasse Wasser in die Bratschale gießen, die Ente auf ein Bratgitter legen und ca. 80 Min braten. Öfters begießen und nach der halben Bratzeit wenden. In der Bratschale muß immer etwas Wasser sein. Die Ente herausnehmen, mit Alufolie bedecken und 10 Min. ruhen lassen. Die entsteinten Sauerkirschen 5 Min. im Rotwein köcheln. Die Sauce aus der Bratschale in eine Pfanne gießen, entfetten, die Sauerkirschen zugeben, nochmals aufkochen und mit Salz und Pfeffer würzen. Die Sauce um die tranchierte Ente anrichten.

Weincreme

Vorbereitung: *5 Min.*
Kochzeit: *20 Min.*
Für vier Personen:

8 Eigelb
2 EL Zitronensaft
150 g Zucker
300 ml Moselwein
1 Limone

Zubereitung: Die Eigelbe verquirlen, Zitronensaft, 2 EL Wein und Zucker zugeben und gut verrühren. Den Wein aufkochen und unter stetem Rühren zu den Eiern geben. Am Besten im heißen Wasserbad erwärmen, aber nicht kochen, dabei mit dem Schwingbesen immer gut umrühren, bis die Creme bindet. Erkalten lassen, mit Limonenscheiben garniern und kalt servieren.

Rokoko-Küche in Sachsen und Polen

Rokoko-Küche in Deutschland, das war vor allem französische Küche, deren »maîtres« man für teures Geld abzuwerben suchte. Immerhin, die deutschen Lande sorgten für das Dekor: Die »chokolade« wurde in Meißner Tassen gereicht, das Geschirr kam nicht aus Sèvres, sondern aus Frankenthal und Nymphenburg und die zierlichen Gläser auch aus Thüringen.

August der Starke zumindest lebte in Dresden »wie Gott in Frankreich«, wobei er wie der Sonnenkönig nicht nur »Gourmet«, sondern auch »Gourmand«, zu deutsch ein Vielfraß war. Natürlich verband er seine kulinarische Leidenschaft mit seiner anderen Liebe, den Frauen. Solange die Gräfin Aurora von Königsmarck Favoritin war, teilte er deren Vorliebe für die französische Küche. Geblieben davon ist das »Poulet Aurora«, ein Huhn mit Austern- und Trüffelfüllung. Für die geliebte Türkin Fatima ließ er eigens Zuckerbäcker aus Istanbul kommen, und seiner polnischen Liebe, der Gräfin Lubomirska, verdanken wir das Rezept für die »Sakuska«: Die gefüllten Eier sind in Teilen Ost- und Mitteleuropas immer noch Mittelpunkt des Osterfrühstücks. August der Starke versprach sich davon freilich auch eine Steigerung der Manneskraft.

Verlassen wir den königlichen Schwerenöter, bleiben aber am Hof in Dresden. Dort fand am 21. August 1754 unter Vorsitz der Kurprinzessin Maria Antonia ein Wettkochen statt. Es gab Rebhuhnpastete nach russischer Art, Hammelkeule mit Gurken und Hühnerbrüsten, geschnetzeltes Kalbfleisch mit Trüffeln und Champignons – das Gericht hatte den schönen Namen »Katzengeschrey« – oder Truthahnragout in weißer Sauce. Die Schirmherrin stellte eine Biskuitsuppe mit pochierten Eiern vor, und einer ihrer Generäle bereitete gar einen »Pichelsteiner«. Was heißt, daß die regionale deutsche Küche sich nicht zu verstecken brauchte.

Überhaupt gab es an den europäischen Höfen zu dieser Zeit eigentlich keine nationale Küche, wie ja überhaupt der Nationalgedanke zu diesem Zeitpunkt noch keine Rolle spielte. Es gab eine europäische Küche, die seit Ludwig XIV. von Frankreich geprägt, aber zugleich international war, in die einzelne Gerichte aus Regionalküchen einflossen.

Für Polen typisch war zunächst einmal die Ökonomie im Umgang mit den Rohstoffen. Um den harten Winter zu überstehen, wurden die Köche Meister im Konservieren. Sie legten die Nahrungsmittel süß oder sauer ein, trockneten sie und pulverisierten sie, um sie dann zusammen mit reichlich Fisch oder Fleisch wieder aufzubereiten. Und wenn man zwei Gemüsesorten herausstreichen will, dann Gurken und Pilze. Auch heute noch laben sich die Feinschmecker an den Gurkentöpfen und Pilzgerichten aus Polen …

Rendezvous mit dem Ruhm

»Die Politik hat ausgeplant
Den Anschlag kriegerisch und weise,
Niemand hat ihn vorausgeahnt,
Tatkraft hat ihm den Weg gebahnt,
Und Frohsinn ging mit auf die Reise!«

(Voltaire am 28. 1. 1741
zum Einmarsch Friedrichs II.
in Schlesien)

Mitternacht ist lang vorbei, und doch ist die Herberge in der kleinen schlesischen Ortschaft Löwen noch hell erleuchtet. Preußische Grenadiere stehen mit ebenso müden wir grimmigen Gesichtern vor der Tür, in der kleinen Küche herrscht Hochbetrieb. In der Gaststube sitzt allein an einem Tisch ein junger Mann in einer reichlich verdreckten Offiziersuniform. Aber das stört ihn nicht, gierig teilt er mit den Händen die Taschenkrebse und schlürft sie aus. Dann wischt er sich die Finger an der Hose ab. »Ruf Er den Schreiber!« herrscht er einen in der Tür stehenden Lakaien an, »und sag Er dem Wirt, daß er sich mit dem nächsten Gang beeilen soll.«

Eine Magd erscheint mit einem dampfenden Topf und schöpft mit einer Kelle Suppe in einen Holznapf. Der junge Mann probiert, zuckt zusammen und spuckt das Gebräu auf den Boden. »Verdammt heiß«, flucht er, »und bitter, was geben die hier für ein Bier in die Suppe? Aber es ist ja auch ein bitterer Tag!« sagt er zu sich selbst. Inzwischen hat fast lautlos der Schreiber den Raum betreten, sich am Nebentisch niedergelassen und Papier und Feder vorbereitet.

Friedrich II., noch nicht einmal ein Jahr König von Preußen, steht auf und verschränkt die Hände hinter dem Rücken. »Schreib Er! Gegeben am 10. April 1741 ...« Er unterbricht sich. »Nein, es ist ja schon der 11. April, und wo sind wir überhaupt?« – »In Löwen, das ist in der Nähe von Breslau«, antwortet der Schreiber. Der nicht einmal 30jährige König stützt sich auf seinen versilberten Stock und diktiert.

»Gegeben irgendwo im tiefsten Schlesien am 11. April des Jahres 1741.

Mein lieber Voltaire,

Die Würfel sind gefallen, das Spiel ist verloren, Gott straft mich hart. Gestern sind wir auf die Truppen der Österreicherin gestoßen. Obwohl wir in der Übermacht waren, drückte der Feind den rechten Flügel ein und schlug meine Kavallerie in die Flucht. Feldmarschall Schwerin nötigte mich, sofort das Schlachtfeld zu verlassen, und so kamen wir schließlich hier im Gasthof in irgendeinem gottverdammten kleinen Städtchen an.«

Der König setzt sich wieder an den Tisch. Ganz so einfach war es nicht, denkt er, während er die inzwischen lauwarme Suppe schlürft. Es war nicht mehr und nicht weniger als eine Flucht, gesteht er sich ein, bei der wir auch noch großes Glück hatten. Die Troßabteilung, die ihn begleitete, hatte sich verirrt und war versehentlich vor das feindliche Oppeln geraten. Dort hatte sie die österreichische Besatzung mit Schüssen empfangen. Nicht auszudenken, wenn sie ihn eingelassen und dann gefangengenommen hätten! Friedrich steht wieder auf.

»Schreib er weiter. Nicht einmal ein Jahr her und doch so unendlich weit weg erscheint mir der Taumel der ersten Regierungstage, wo ich zwischen dem Verfassen des neuen Heeresreglements und den Schreiben an die europäischen Könige noch ein Solo komponieren und ein Gedicht für Euch verfassen konnte.

Der junge Friedrich in der Schlacht

Dabei muß ich mir nichts vorwerfen, ich habe in den ersten Monaten viel getan. Zunächst habe ich die Heeresmacht um 16 Bataillone, 5 Schwadronen Husaren und eine Schwadron Gardes du Corpes vermehrt. Ich habe den Grund zu unserer neuen Akademie gelegt und eine neue Behörde für Handel und Gewerbe eingerichtet …«

Der König hält in seinem Diktat inne, als die Magd eintritt und Brotscheiben in einem Korb und auf einem Zinnteller grobe Leberwurst bringt. Friedrich bemerkt, wie hungrig er immer noch ist, und stopft sich etwas von dem Fleisch in den Mund. Mein guter Voltaire wäre entsetzt, wenn er mich so sähe, denkt er. »Sag Sie dem Wirt, ich hätte auch noch Lust auf etwas Warmes«, befiehlt er der Frau. Und während er nun weniger gierig ißt, erinnert er sich an den Konflikt mit dem Philosophen, den er damals zum erstenmal sah. Noch als Kronprinz hatte er einen »Antimachiavelli« verfaßt, den Voltaire gegenlesen und dann anonym veröffentlichen sollte. Freilich, bald hätte jeder Gebildete in Europa gewußt, welcher brillante Kopf hinter dem Antimachiavelli steckte, dafür wollte er schon sorgen. Aber als König durfte er eben nicht nur Philosoph, sondern auch ein Machtpolitiker sein …

»Ja, ich mußte Euch damals bitten, die Herausgabe meines Antimachiavell wenn nicht zu verhindern, so doch einige Aussagen zu entschärfen. Denn gerade wer ›le premier domestique de l'etat‹ sein will, darf sich der Staatsraison nicht verschließen. Und die heißt für den König von Preußen vor allem ›L'agrandissement‹, die fortschreitende Vergrößerung des Staates, um aus den vielen zusammenhanglosen Enklaven ein einziges Staatsgebilde zu machen. Und als der Habsburger Kaiser Karl VI. starb, änderte dieser Todesfall all meine friedlichen Absichten. Pulver, Soldaten und Laufgräben wurden für mich wichtiger als Schauspielerinnen, Ballette und Theater.«

Friedrich stockt und ißt die letzten Stückchen Leberwurst. Er erinnert sich an das verdutzte Gesicht seines Außenministers Podewilis und an das von Feldmarschall von Schwerin, als er sie am 26. Oktober 1740 zu sich rief und erklärte, er beabsichtige in Schlesien einzumarschieren. Sie schlugen vor, erst einmal zu verhandeln und Bündnispartner zu suchen. Aber er hatte sich auf keine Diskussion eingelassen und gesagt: »Wenn man im Vorteil ist, soll man sich das zunutze machen, oder nicht? Wir haben schlagfertige Truppen, einen wohlgefüllten Staatsschatz und einen König mit lebhaftem Temperament!«

Vermutlich, überlegt Friedrich düster, ist mein Temperament mit mir durchgegangen. Muß ich nun kapitulieren, gar zurücktreten? Er geht wieder auf und ab und diktiert weiter. »Werden spätere Generationen mir vorwerfen, was ich Euch einmal selbstironisch schrieb, daß mich die Genugtuung, meinen Namen in den Gazetten der Zeitungen zu sehen, zum Krieg verführte? Noch heute bin ich davon überzeugt, daß die Situation extrem günstig war. Alle europäischen Mächte an einer Schwächung Habsburgs interessiert und dann noch eine schwache Frau auf dem Thron in Wien! Ich mußte doch erst handeln, dann verhandeln!«

Für einen Moment hält er inne, schnuppert und bemerkt den aromatischen Duft, der von einer dampfenden Schüssel kommt, die sein Leibdiener auf den Tisch gestellt hat. »Wie hat Er das geschafft?« ruft er und tätschelt dem tadellos gekleideten Lakaien die Wange. »Teltower Rübchen mit Kastanien, mein Leibgericht. Das macht einen guten Morgen nach einem schlimmen Tag!« Dieses Gericht hatte er auch gegessen, als er seine Offiziere im Dezember verabschiedet hatte: »Meine Herren, wir werden die Truppen angreifen, die unter dem Prinzen Eugen die Bewunderung der Welt errungen haben. Brechen Sie mit mir auf zu einem Rendezvous mit dem Ruhm!«

Und es hatte auch so vielversprechend begonnen. Binnen zwei Tagen war die Feste Glogau eingeschlossen, Breslau öffnete seine Tore …

»… und Ihr, mein Freund Voltaire, erhieltet zahlreiche Gedichte ›pas trop mal pour la veille d'une grand bataille‹. Aber das starrköpfige Weib in Wien dachte gar nicht daran, sich in die Niederlage zu fügen, und mobilisierte immer neue Regimenter. Ja, Neipperg, ihr Oberbefehlshaber, wollte sogar an mir vorbeimarschieren und mir den Rückzug abschneiden. Aber ich durchschaute seinen Plan und konnte ihn gestern stellen, bei Mollwitz. Wir waren sogar in der Übermacht, 22000 Preussen gegen 18000 Österreicher. Aber das Kriegsglück war gegen mich. C'est la vie!

Nicht wissend, was das Schicksal mit mir vorhat, verbleibe ich für Sie auch weiterhin ein eifriger Bürger, ein skeptischer Philosoph und ein wirklicher Freund, Fridericus rex, noch rex!«

Der König hört Lärm und lautes Rufen von draußen vor der Herberge. Sind das schon die Österreicher? Er strafft sich, umklammert hart den Knauf des Spazierstocks. Die Tür wird stürmisch geöffnet, Friedrichs Adjutant erscheint mit einer Glasschüssel. »Ich bringe Euch den Grießpudding«, sagt er ernst, beginnt dann aber über das ganze Gesicht zu strahlen, »und eine Nachricht. Eure Infanterie hat sich todesmutig dem Feind entgegengestellt und ihn niedergeworfen. Ihr habt einen grandiosen Sieg errungen.«

Der junge Friedrich, den noch niemand den Großen nennt, nimmt gedankenlos einen Löffel Pudding. Langsam beginnt er zu begreifen. Alle Müdigkeit, alle Bitterkeit sind verflogen, die Tatkraft, ja ein Anflug von Übermut kehrt zurück. »Wir ordnen für morgen einen Dankgottesdienst an und …« er denkt an seine Gegenspielerin in der Wiener Hofburg, »der Feldkaplan soll über das Bibelwort predigen: ›Zu lehren aber verstatte ich dem Weibe nicht, noch sich zu erheben über den Mann, sondern sich ruhig zu verhalten!‹«

(Friedrich II. von Preußen erinnerte sich später ungern an diese Nacht der Verzweiflung. Mit dem angeblich so schwachen Weib in Wien sollte er noch lange Kriege führen und in herzlicher Haßliebe verbunden bleiben.)

Ein Henkersmahl für den Jungen Fritz

Krebse à la Friedrich dem Großen

Vorbereitung: *15 Min.*
Kochzeit: *35 Min. + ca. 2 Std.*
Für vier Personen:

2	Lauchstangen (nur das Weiße)
2	junge Karotten
3	Frühlingszwiebeln
2 EL	Butter
2 l	Rinderbouillon
1/2 l	Weißwein trocken
1 TL	Zitronensaft
1/2 TL	Kümmel
1 Msp	Cayennepfeffer
1 Zweig	Petersilie
1 Zweig	Dill
1,5 kg	Flußkrebse
100 g	Dill
8	Pumpernickel
	Butter

Zubereitung: Das Gemüse rüsten und in dünne Scheiben schneiden, in Butter andünsten, mit Rinderbouillon und Weißwein ablöschen, mit Zitronensaft, Kümmel, Cayennepfeffer, einem Dill- und Petersilie-Zweig würzen und 30 Min. kochen lassen. Durch ein Sieb passieren, wieder aufkochen, die gereinigten Krebse portionsweise kopfvoran in den kochenden Sud geben und ca. 5 Min. kochen. Eine Schüssel mit Dill auslegen, die Krebse mit einem Schaumlöffel aus dem Sud heben und auf den Dill legen. Den Sud auf die Hälfte einkochen, über die Krebse gießen, etwas erkalten lassen und lauwarm zusammen mit Pumpernickel und Butter servieren.
Es können auch Taschenkrebse verwendet werden. Deren Kochzeit beträgt aber ca. 20 Min. Auch mit Krebsfleisch aus der Dose schmeckt das Gericht sehr gut.

Biersuppe

Vorbereitung: *15 Min.*
Kochzeit: *20 Min.*
Für vier Personen:

2	Zwiebeln
1 EL	Schweineschmalz
1 l	Rinderbouillon
1 Zweig	Majoran
	Salz und Pfeffer
1 Msp	Zimt
1/2 l	Malzbier oder Bockbier
100 g	Roggenbrot
50 g	Speckwürfelchen
1 EL	eingesottene Butter

Zubereitung: Die geschälten Zwiebeln in Scheiben schneiden und im Schweineschmalz goldbraun anbraten. Mit Rinderbouillon ablöschen und zusammen mit dem Majoran 15 Min. köcheln lassen. Den Majoran-Zweig entfernen, das Bier zugeben, nochmals erwärmen und mit Salz, Pfeffer und Zimt abschmecken. Das Brot in kleine Würfel schneiden, zusammen mit den Speckwürfelchen in eingesottener Butter knusprig braten, in den Suppentellern anrichten und mit der heißen Biersuppe übergießen.
Je nach Biersorte wird die Suppe mehr oder weniger bitter. Zubereitet mit einem milden Malzbier schmeckte uns die Suppe am besten.

Hausgemachte Leberwurst

Vorbereitung: *30 Min.*
Kochzeit: *150 Min.*
Für 12 Personen:

250 g	Schweinebauch frisch
250 g	Schweinebacke frisch
1	Lorbeerblatt
500 g	Schweineleber
1	Zwiebeln
1 EL	eingesottene Butter
250 g	Kalbslunge
	Fleischbouillon
	Pökelsalz, Salz und Pfeffer
	Sterilisierungsgläser

Zubereitung: Den Schweinebauch und die Schweinebacke zusammen mit dem Lorbeerblatt ca. 60 Min. in wenig Wasser weich dünsten. Die Schweineleber von Sehnen und Häutchen befreien, mit kochendem Wasser übergießen und in kleine Stücke schneiden. Zusammen mit dem klein geschnittenen Fleisch und den gehackten Zwiebeln in der Butter anbraten. Die Kalbslunge zusammen mit den anderen Zutaten mehrmals durch die feinste Scheibe des Fleischwolfs drehen, etwas Fleischbouillon zugeben, so daß eine geschmeidige Füllung entsteht. Kräftig mit Pökelsalz, Salz und Pfeffer würzen. Saubere Sterilisierungsgläser $^3/_4$ damit füllen, gut andrücken und verschließen. Die Gläser auf einem Drahtgitter in eine Pfanne stellen, mit Wasser bis auf $^3/_4$ der Höhe der Gläser auffüllen, die Pfanne zudecken und ca. 90 Min. leise köcheln lassen. Zum Abkühlen auf ein Tuch stellen und mit einem Tuch abdecken. Kalt zusammen mit Brot servieren.
Es empfiehlt sich rechtzeitig Kontakt mit dem Metzger aufzunehmen, da einige Zutaten nicht ohne weiteres erhältlich sind.

Teltower Rübchen mit Kastanien

Vorbereitung: *20 Min. + 30 Min. zum Schälen der Kastanien*
Kochzeit: *20 Min.*
Für vier Personen:

600 g	Edelkastanien frisch oder tiefgekühlt
1 EL	Butter
1 TL	Zucker
200 ml	Gemüsebouillon
1 kg	Teltower Rübchen oder andere weiße Rübchen
2 EL	Butter
2 TL	Zucker
300 ml	Gemüsebouillon

Zubereitung: Die Edelkastanien mit einem scharfen Messer längs über die Rundung einschneiden, 10 Min. in Wasser kochen, abgießen und anschließend schälen. Es können auch geschälte und tiefgekühlte Kastanien verwendet werden. In Bouillon ca. 15 Min. köcheln und danach gut abtropfen lassen. Den Zucker in der heißen Butter leicht caramelisieren und Kastanien darin wenden, bis sie ganz mit Zucker und Butter überzogen sind. Die geputzten, ganzen Rübchen ebenfalls in Bouillon ca. 15 Min. kochen, abgießen und in Butter und Zucker caramelisieren. Die Rübchen in die Mitte einer Servierplatte geben und die Kastanien als Kranz um die Rübchen anrichten.

Grießpudding mit Fruchtsauce

Vorbereitung:	*15 Min.*		
Kochzeit:	*100 Min.*	125 g	Grieß
Für vier Personen:		50 g	Butter
500 g	Himbeeren	3	Eier
100 g	Puderzucker	1/2 TL	Zitronenschale
1/2 l	Milch	2 EL	Mandeln grob gehackt
3 EL	Zucker	1 TL	Butter
1 Msp	Salz	1 EL	Paniermehl

Zubereitung: Die Himbeeren zusammen mit dem Puderzucker 10 Min. kochen und danach durch ein Sieb streichen. Die Milch, den Zucker und eine Prise Salz zum Kochen bringen, den Grieß dazu geben und unter stetigem Rühren ca. 5 Min. leise kochen lassen. Etwas auskühlen lassen, danach die Butter, die Eigelbe und die abgeriebene Zitronenschale darunter ziehen. Die Eiweiß steif schlagen und zusammen mit den Mandeln unterrühren. Eine Gugelhupf-Form mit Butter einfetten, mit Paniermehl bestreuen, mit dem Grießbrei füllen und mit Alufolie abdecken. Im Backofen bei ca. 180 Grad in einem Wasserbad ca. 90 Min. fest werden lassen, auf eine Platte stürzen und warm servieren. Die Himbeersauce separat dazu reichen.

König Friedrichs II. Tafelrunde in Sanssouci

Frühstück im Freien

Zum Frühstück bei Bismarck

Hier erholt sich Familie Dellbeck

100 Campbell Suppendosen

Afrikanische Familie

Tafel 16

Die Völlereien des alten Fritz

»Immer bekam man zu wenig aufgetragen, noch dazu waren die Speisen übel aufbereitet!« So schimpfte Prinzessin Wilhelmine, die Schwester Friedrichs II. und spätere Markgräfin von Bayreuth, über die Mittagstafel ihres Vaters. In der Tat hatte der Soldatenkönig befohlen, in seiner Küche nur einheimische Zutaten zu verwenden, und so galt die preußische Küche bis 1740 als »fad, eintönig und karg«.

Mit Friedrich II. kam auch ein kulinarischer Umschwung. In seinen ersten Regierungsjahren liebte er Geselligkeit und gutes Essen, auch wenn er seine Köche vor schwierige finanzielle Probleme stellte: 30 Taler durfte die königliche Küche pro Tag (incl. Gästebewirtung) verbrauchen. So kam vor allem auf den Tisch, was die königlichen Gärtner und Jäger kostenlos lieferten. Um Voltaire zu beeindrucken, lockerte Friedrich allerdings den Sparstrumpf etwas.

Nach 1762 widmete sich der »Alte Fritz«, immer mehr der Gesellschaft entsagend, um so mehr seiner – inzwischen von finanziellen Zwängen befreiten – Küche. Das Essen war einer der höchsten Budgetposten geworden: Chefkoch Noël erhielt 1000 Taler im Jahr, etwa so viel wie ein preußischer Minister. Friedrich widmete ihm für eine gelungene Krautpastete sogar eine musikalische Hymne. Andere Flötentöne schlug er gegenüber seinen Leibärzten an, die ihm wegen seiner Gicht so stetig wie vergeblich zur Mäßigung rieten. Der König schlürfte weiterhin an manchen Tagen an die 100 Austern, die ihm der treue Noël öffnete. Und nur eingefleischten Friedrich-Fans mit starken Mägen sei sein Lieblingskäsekuchen empfohlen, der zur Hälfte aus Parmesankäse, zur anderen aus türkischem Weizen bestand.

Einmal sagte der alte Mann von Sanssouci zu seinem Chefkoch: »Noël, wenn Er mir mehr dergleichen vorsetzt, fürchte ich, mich durch Völlerei zu versündigen. Am Ende kommen wir beide in die Hölle!« Worauf der schlagfertige Franzose erwiderte: »Macht nichts – weiß doch alle Welt, daß wir beide das Feuer nicht scheuen!«

Insgesamt hat sich Friedrich der Große um die Entwicklung der Kochkunst in Preußen – mit Ausnahme seiner eigenen Tafel – nicht bewußt bemüht. Nicht vergessen freilich sollte man die Förderung neuer landwirtschaftlicher Methoden und Produkte. Am bekanntesten ist die Einführung der Kartoffel. Gefördert wurden auch Genußmittel wie Tabak und Kaffee. Zur Sanierung der Staatsfinanzen ließ Friedrich beide nur noch über einen Monopolbetrieb zu überhöhten Preisen verkaufen. Freilich nicht mit dem erwarteten Ergebnis: Der Tabak- und Kaffeeschmuggel erlebte einen Riesenaufschwung, und die Staatskasse wurde nicht wirklich entlastet. Woraufhin man frustriert den Monopolbetrieb wieder aufgab. Nun hatte auch der »Alte Fritz« erfahren, daß Dirigismus vor allem eines schafft: einen blühenden Schwarzmarkt.

Die lange Nacht der Maria Theresia

»... mit warmen und andern Speisen, gebrattenen Pasteten, Dorten etc. für selbe auf 40 Couverts zubereitet stunde, und ware anbei verschiedenes Geflügelwerck ebenfalls maschiret auf den Tisch fest gemachet, welches denen Gästen preiß gegeben wurde; und ware sehr lächerlich, daß eine arme Ganß aus lauter Angst auf den Tisch ein Ei geleget.«

(So verwöhnte Graf Khevenhüller im Juni 1756 das kaiserliche Paar wie die Dorfleute, die einen der damals so beliebten Bauerntänze aufgeführt hatten.)

Immer, wenn mich etwas nicht in Ruhe läßt, dann muß ich essen. Meine Berater tuscheln dann hinter vorgehaltener Hand, aber wer außer dem Franz wagt schon, mich zu kritisieren. Die Artischockensuppe mag ich besonders gern, die machen's mir hier in Innsbruck immer, wenn ich abends noch arbeit' und nicht schlafen kann. Heut' hab ich's im Theater nicht mehr ausgehalten, als der Franz gegangen ist. Es geht ihm gut, hat er g'sagt, aber Vorsicht sei die Mutter der Porzellankiste. Er liebt ja so modische Ausdrücke.

A bisserl Sorgen mach ich mir natürlich schon um ihm. Gestern nacht is er plötzlich aufg'wacht und konnt' nimma richtig red'n. Ich hab ihn in die Arm g'nommen und dann hat er sich beruhigt wie immer. Und der Arzt hat dann g'meint, es könnt a Schlägerl g'wesen sein, aber nicht so schlimm.

War ja auch wirklich viel los die letzten Tage. Der Poldi hat sich's nicht nehmen lassen, seine Braut in Italien abzuholen, und ist ab über den Brenner. Na ja, die Marie Luise mit ihren schönen braunen Augen hat's ihm angetan und ich schau drauf, daß die Buben auch glücklich werden mit ihren Frauen. So wie der Franz und ich. Freilich politisch ist die Heirat mit Spanien ja auch eine g'schickte Sach'. »Tu felix Austria nube«, sag'ns spöttisch in ganz Europa. Ja lieber heiraten als dauernd Kriege führen wie der böse Mann in Berlin! Jetzt, wo wir endlich Frieden haben.

Hätt' eine rundum schöne Heirat werden können hier in Innsbruck. Aber der Poldl hat sich in den Alpen so verkältet, daß er die Trauung kaum durchg'halten hat und sich danach sofort hinleg'n hat müssen. Und dann bin ich neben sei'm Bett g'sessen, so wie so oft bei den Kindern. Und der Kaunitz is ans Krankenbett 'kommen mit seinen Staatsgeschäften. Trübsinnig hätt' ich werden können, wenn da nicht der Franz g'wesen wär' mit seiner Fröhlichkeit und seinen lockern Sprüch. Und jetzt, wo der Poldl scho fast wieder g'sund is, wird er krank. Aber net schlimm, haben die Ärzte ja g'sagt.

Mein Gott, ohne den Franz könnt' ich gar nicht leben. Eigentlich hab ich ja nur mit ihm richtig g'lebt und g'lacht, mit ihm bin ich immer wieder mal der Hofgesellschaft mit ihren ewig faden und engen Etiketten entkommen. Einmal, des war besonders lustig, da ham wir uns auf einen Weinberg davong'schlichen. Im Gras sind wir g'sessen, und der Franz hat mir ein paar Trauben gebracht. Und dann ist der Besitzer 'kommen und hat uns g'schimpft und mit der Gendarmerie droht, wenn wir net sofort fünf Gulden zahlen. Hätten wir auch getan, nur, wann hat a Kaiserin und a Kaiser scho a Portemonnaie dabei! Und der Winzer schimpft noch lauter und ruft nach der Polizei, bis dem Franz der Kragen platzt und er sagt, ob er wirklich seine Kaiserin verhaften lassen will. Da ist der Winzer erst richtig verrückt 'worden und hat gesagt: »Verorschen lass' i mi fei net!« Und dann machte er sich erbost auf die Suche nach Soldaten und kam mit zwei Männern aus unserer Leibgarde zurück, die uns schon verzweifelt g'sucht hatte. Das war eine Gaudi ...

Medaille mit Porträt Maria Theresias

Da draußen is so a Lärm. Ob was mit dem Franz is? Nein, ich mach' mich nur lächerlich, wenn ich rausschau'! Die Leut kommen z'ruck aus dem Theater. Ohne den Franz wär ich nie so oft ins Theater und in die Oper gekommen, er begeistert sich ja so für die Schauspieler. Ja, und manchmal auch für die Schauspielerinnen, er ist halt auch nur ein Mann! Manche Leut' glaub'n, i wüßt net, dass er immer wieder an andern Töpferl nascht. Am Anfang hat's mich schon a wenig verruckt g'macht, aber er hat's net bös g'meint, s' geht halt mit ihm durch, wenn er a schöne Frau sieht. Und ich lass' ihm seine kleinen »Jagdabenteuer«, wo er doch immer zu mir zurückkommt. Und manchmal is es mir auch lieber, wenn er mich in Arm nimmt und mir den neuesten Klatsch erzählt, aber net mehr von mir will. Ich denke, es sind auch die Frauen schuld, die den Männern schöne Augen machen, bis die schwach werden. Ich hab sogar mal eine »Keuschheitskommission« gegründet, die dagegen angehen sollte. Wir haben zwar ein paar allzu lockere Weibersleut ins Kloster geschickt, aber genutzt hat das alles nicht viel.

Meine Wiener können des natürlich überhaupt net verstehen und die Herren Geheimpolizisten tragen mir dann deren Spottverse zu: »Frau Resl, gib acht auf den Franzl, er geht zu der Kathl am Schanzl!« singen sie. Aber die Wiener mit ihrer Goschn haben sich mit dem Franz lange nicht abgefunden. Ein Ausländer mit französischen Manieren, ein Schwächling sei er, und so haben sie über ihn ihre Witze gerissen. So haben sie erzählt, ich hätte nach einem anstrengenden Tag meine Zofe um die Pantoffeln gebeten und dann nachdenklich g'sagt: »Apropos Pantoffeln – wissens net, wo mein Gemahl ist?« Also, ich könnt das schon so g'sagt haben, mach' ja auch gern Witze. Aber so gemeint hab ich's natürlich nicht. Der Franzl ist für mich kein Pantoffelheld, ohne ihn war ich gar nix. Wird schon wieder alles gut werden …

Ich glaub', ich war weniger eifersüchtig auf seine kleinen Affären als er auf den Kaunitz. Na ja, ich versteh ihn schon, hab ich doch auf den Kaunitz immer mehr gehört als auf den eigenen Mann. Ich weiß noch, als ich dem Kanzler nach einem Vortrag die Hand zum Kuß gereicht hatte, da hat der Franzl einen roten Kopf bekommen und ist ohne ein Wort aus dem Staatsrat gelaufen. Und dann hat er sogar noch die Kinder gegen mich aufgebracht. Kommen doch die Mariann und der Joseph, grad erst zwölf geworden, zu mir und sagen, daß ich net so bös zum Papa sein darf. Der hätte sich jetzt in seinem Zimmer eingeschlossen. Aber da hab' ich nicht nachgeben dürfen. Ohne den Kaunitz hätt ich es nie geschafft, mit dem bösen Mann in Preußen fertig zu werden. Aber irgendwie hat dann der Franz das eingesehen und mir dann eines seiner Brieferl geschrieben: »Ma vivasite fig mir Regt an et je vous dret ne lavoyre pas fay pour bocoup«. Na ja, schreiben kann er net und seine Mischung aus Deutsch und französisch versteh' sowieso nur ich. Als ich dem Kaunitz das gezeigt und übersetzt hab – dem Franzl sei das Temperament halt wieder einmal durchgegangen und er wäre sehr froh, wenn das nicht passiert wäre – hat er mir versichert, für ihn habe der Vorfall nicht stattgefunden. Und den Franzl hab ich aus dem Zimmer gelockt mit einem Zettel unter der Tür, es gäb' jetzt bei mir eine von meinen Poularden mit Trüffel und Rindszunge, die er so gern mag. Da ist er dann gleich gekommen. Ich weiß auch nicht, wie das Rezept dann aus der Hofküch'n ins ganze Land gegangen ist, jetzt ist's für alle eine »Poularde à la Maria Theresia«.

Ob ich ihm was kochen soll! Das tät ihm sicher gut, eine Spinattort'n, die mag er auch so gern. Aber vielleicht laß ich ihn doch lieber schlafen, dann kommt wieder alles gut. Er ist ja noch so gut beianand. Ist noch gar nicht so lange her, als wir bei der Gräfin Fuchs in Mannersdorf waren. Alle mußten wir slowakische Trachtenkleider tragen. Und als wir ums Johannisfeuer tanzten, ist der Franzl als erster darüber gesprungen. Trotz seiner Wamp'n. Da müßt ich mir mehr Sorgen machen. Hat mir der Kaunitz neulich einen Brief gezeigt, den sie bei einem preußischen Spion gefunden haben. Schreibt der doch über mich, daß »… die zahlreichen Geburten, die Maria Theresia hinter sich hat, dazu ihre Vorliebe für gutes Essen und Trinken, sie arg dick und schwerfällig hat werden lassen«. Eigentlich eine Frechheit! Klar, ich hab 16 Kinder geboren, das macht das Becken breit. A bisserl stattlicher bin ich schon geworden, aber dick? Und wenn ich manchmal kräftig zulang', wenn wieder einmal die Sorgen drücken, das ist doch normal. Und der Franz, der ist halt doch auch ein Feinschmecker!

Wie oft habe ich ihn in den ersten Jahren unsrer Ehe am späten Vormittag gesucht in der Stadt, meinen geliebten Halodri? Gefunden hab' ich ihn fast immer beim Kolschitzky, im ersten Kaffeehaus in der Stadt, wo in der kleinen Nebenstube stets ein Tisch für ihn reserviert ist. So was liebt er, mit anderen Männern sitzen, eine Gazette lesen, Kaffee schlürfen und nicht an die Staatsgeschäfte denken. Und wenn ich dann da war, ist der junge Kolschitzky angewieselt 'kommen und hat mich gefragt, ob ich auch ein Tasserl will. Und dann erzählt, wie sein Vater, der die Türken bei der Belagerung von Wien für uns ausspioniert hat, nach dem großen Sieg von 1683 die Schwechater davon abgehalten hat, die Bohnen in die Donau zu schütten. Die haben den Kaffee für Kamelfutter gehalten. Und daß der Vater dann das Kaffeehaus hier gleich beim Steffel aufgemacht hat und den Kaffee mit einem Gebäck in Halbmondform, das an den Sieg erinnern sollte, serviert habe, den ›Kipferln‹. Ich hab mir dann immer eine andere orientalische Nascherei kommen lassen, eine türkische Tort'n. Und dann ham wir ein zweites Mal vergnügt ganz für uns im Kolschitzky unser zweites Frühstück g'habt, der Franzl und ich.

Der Franz hat gesagt, daß er den türkischen Kaffee, wie er in der Hofküche serviert werde, gar nicht mag, aber den im Kaffeehaus schon. Da habe ich natürlich den Kolschitzky kommen lassen und ihn nach dem Geheimnis seines Kaffees gefragt. Gelacht hat er und mir erzählt, was schon sein Vater herausgefunden hat. Daß die Wiener den direkten Aufguß der gemahlenen Bohnen in der Tasse gar nicht mögen wie die Türken und er ihn deshalb durch einen Sieb laufen läßt und dann entfernt. Und um den bitteren Geschmack zu mildern, tut er ein wenig Honig und etwas Milch hinein. Seither wird auch in der Hofburg diese »Melange mit Kipferln« serviert. Der Franzl ist trotzdem noch immer gerne zum Kolschitzky gegangen, ich hab' halt immer seltener dazu Zeit gehabt. Mein Gott, wie lange war ich nicht mehr beim Kolschitzky? Wenn der Franzl wieder gesund wird, geh' ma gleich hin …

Schon wieder so ein Lärm. Jetzt halt ich's nimmer aus. Also, was is los? Is was mit dem Franz? Warum laßt ihr mich net in sein Zimmer. Mein Gott, da liegt er. Völlig reglos. Warum lassen Sie mich net zu ihm hin. Auch der Joseph ist da, mit dem ist er doch aus dem Theater gekommen. Der Joseph weint. Lieber Gott, er ist doch erst 57 und ich bin 48, da kannst du ihn mir doch nicht nehmen. Das ist nicht gerecht …

(Am 18. August 1765 starb Franz Joseph von Lothringen, als Kaiser Franz I. der Mann an ihrer Seite. Maria Theresia brach noch im Krankenzimmer zusammen, dann kniete sie stundenlang neben seiner Leiche, am nächsten Tag ließ sie sich die Haare kurz schneiden. Die 15 Jahre, die sie ihren Mann überlebte, trug sie in der Öffentlichkeit ausschließlich schwarze Witwentracht. Die Zügel der Regierung nahm sie aber bald wieder in die Hand, korrekt, fleißig, aber ohne Freude.)

Ein Abendimbiß für Maria Theresia

Gefüllte Artischocken-Suppe

Vorbereitung: *60 Min.*
Kochzeit: *30 Min.*
Für vier Personen:

6	Artischocken
1 TL	Zitronensaft
200 g	Fischfilets (z. B. Kabeljau)
	Salz und Pfeffer
1 Msp	Muskatnuß
1	Zwiebel
4	Nelkenköpfe
1 EL	Butter
20 g	Pistazienkerne
50 g	Erbsen gelb
1 Zweig	Petersilie
1 Zweig	Rosmarin
1/2 TL	Muskatblüten
2 EL	Fischsauce
50 g	Toastbrot
2 EL	Butter

Zubereitung: Bei den Artischocken die Stiele und die oberen Drittel der Blätter abschneiden. Salzwasser mit etwas Zitronensaft zum Kochen bringen und die Artischocken ca. 30 Minuten garen. Das Kochwasser auffangen und auf die Seite stellen. Bei vier Artischocken die innersten Blätter und das Heu entfernen. Die restlichen Artischocken von allen Blättern und vom Heu befreien und die Böden in kleine Stücke schneiden. Die Fischfilets mit Salz, Pfeffer und Muskatnuß würzen und zusammen mit einer mit Nelken besteckten Zwiebel in Butter anbraten, danach die Filets hacken und die Artischocken damit füllen. Einige gehackte Pistazienkerne darüber verteilen. Die besteckte Zwiebel zusammen mit den Erbsen, Petersilie, Rosmarin, Muskatblüte und Fischsauce in 1 Liter Artischocken-Kochwasser geben und 20 Minuten kochen. Abseien, Artischocken-Stückchen und gehackte Petersilie zugeben, mit Salz und Pfeffer abschmecken und über die gefüllten Arischocken und die gerösteten Brotwürfelchen anrichten.

Poularde à la Maria Theresia

Vorbereitung: *5 Min. + 15 Min.*
Kochzeit: *60 Min.*
Für vier Personen:

1,5 kg	Poularde
	Salz und Pfeffer
400 g	Trockenreis
2 EL	Butter
4	Trüffelscheiben
4	Rinderzungen-Scheiben gekocht
1	Frühlingszwiebel
30 g	Butter
30 g	Weißmehl
500 ml	Milch
	Salz und Pfeffer
1 Msp	Muskatnuß

Zubereitung: Die Poularde innen und außen mit Salz und Pfeffer würzen. Zwei Liter Salzwasser aufkochen und die Poularde 40 Minuten bei schwacher Hitze weich kochen. Das Brust- und Schenkelfleisch von den Knochen lösen, die Haut abziehen und warm stellen. Das restliche Fleisch klein schneiden. Den Reis in Butter kurz andämpfen, mit der Poulardebrühe ablöschen und 15 Minuten kochen. Gegen Schluß der Garzeit das klein geschnittene Fleisch zugeben. Evtl. überschüssige Brühe abgießen und den Reis in der Mitte einer Platte anrichten. Rundherum abwechslungsweise die Trüffel- und warmen Zungenscheiben und Brust- und Schenkelfleisch anrichten. Nach Belieben folgende weiße Sauce dazu servieren: Feingehackte Zwiebel in Butter andämpfen, das Mehl dazu geben und weiterdünsten, ohne daß es Farbe annimmt. Die Pfanne vom Feuer nehmen und die kalte Milch mit dem Schwingbesen unter das Mehl ziehen. Unter ständigem Rühren die Sauce erwärmen und 15 Minuten auf kleinem Feuer köcheln. Mit Salz, Pfeffer und Muskatnuß würzen.

Spinattorte

Vorbereitung: *20 Min. + 2 Std.*
Backzeit: *40 Min.*
Für vier Personen:

100 g	Weißmehl
50 g	Butter (evtl. halb Butter, halb Schweinefett)
50 ml	Salzwasser
500 g	Spinat
50 g	Paniermehl hell
1 EL	Parmesan gerieben
50 g	Butter
1/2 TL	Muskatblüten
	Salz und Pfeffer
2	Eigelb

Zubereitung: Das Mehl mit der kalten Butter verreiben und mit dem Salzwasser rasch zu einem Teig mischen. Für 2 Stunden im Kühlen ruhen lassen. Die gerüsteten Spinatblätter 10 Min. in Salzwasser kochen, abgießen, grob hacken und mit Paniermehl, Parmesan, flüssiger Butter, zerstoßenen Muskatblüten, Salz, Pfeffer und den verquirlten Eigelben gut mischen. Eine Kuchenform mit Butter ausstreichen, mit dem Teig belegen, die Spinatfüllung darauf verteilen und im vorgeheizten Backofen bei 180 Grad 40 Minuten backen.

Türkische Torte

Vorbereitung: *30 Min. + 1 Std.*
Backzeit: *40 Min.*
Für vier Personen:

250 g	Weißmehl
150 g	Mandeln gerieben
150 g	Puderzucker
1 Prise	Salz
150 g	Butter
2	Eier
150 g	Datteln
150 g	Feigen
150 g	Trauben
50 g	Rosinen
50 g	Pistazienkerne
1	Zitrone
4 EL	Honig
1/2 TL	Zimt
1 Msp	Ingwer
1 Msp	Muskatnuß
1 Msp	Nelkenpulver

Zubereitung: Mehl, Mandeln, Puderzucker, Salz, flüssige Butter und verquirlte Eier zu einem Teig kneten und 1 Std. im Kühlschrank ruhen lassen. Datteln und Feigen fein schneiden, Trauben halbieren, mit den Rosinen, Pistazienkernen, Zitronensaft und Honig mischen und mit Zimt, Ingwer, Muskatnuß und Nelkenpulver würzen. Eine Backform mit Butter bestreichen und mit 3/4 des Teigs auslegen. Die Obstfüllung darauf verteilen und mit dem restlichen Teig zudecken. Im vorgeheizten Backofen bei 180 Grad 40 Minuten backen. Mit aufgeschnittenen Datteln und Feigen verzieren.

Wiener Küche

»Coctores werden allzuhier mehr hoffiert wie doctores«, wetterte Abraham a Santa Clara von der Kanzel des Stephansdomes und blickte grimmig auf seine wohlbeleibte Gemeinde. Denn der wortgewaltige Prediger kannte seine Wiener und ihre Kochtöpfe. »Das rechte Mass ist verbannisiert worden. Olla Suppen, Krebs Suppen, Hühner Suppen, Sardellen Suppen, dünne und dicke, gestoßne, polnische, französische Suppen, Kräuter Suppen und Hader Suppen. Ay, was für Suppen für ein einzig Maul!«

Die Predigt zeigt, das barocke Wien hatte die Kochkunst entdeckt. Daß gerade die Suppen aufs Korn genommen werden, verweist auf eine Besonderheit. Ende des 17. Jahrhunderts waren sie eine Hauptmahlzeit; unsere heutigen Suppen, etwa die Fleischbrühe, wären als Krankenkost betrachtet worden. Die damaligen österreichischen Köche legten auf den Grund der Schüssel meist Semmelschnitten, darauf gekochtes oder gebratenes Fleisch, garnierten das Ganze und übergossen es mit einer Brühe. In der Hofküche bestand die Kunst zudem darin, daß der Koch aus ein oder zwei Fleisch- bzw. Fischarten gleichzeitig gebratene Stücke, Knödel oder Würstchen herstellte und diese in den Suppentopf legte. Suppenkönig war Kaiser Matthias, der jeden Vormittag seine Kapaunensuppe verlangte.

Während der Hof in Wien praßte, gingen dem Kaiser die Mahnungen von Abraham a Santa Clara ziemlich an die Nieren. So erfand Leopold das Amt des »Häferlguckers«, der darüber wachen sollte, daß sich nicht allzu Üppiges in den Kochtöpfen seiner Untertanen befand. Sogar Diener sollten für entsprechende Anzeigen ihrer Herrschaft belohnt werden.

Schon zwei Generationen später waren die kulinarischen »Standesunterschiede« zwischen Adel und gehobenem Bürgertum weitgehend zusammengeschmolzen. Das Wien von Leopolds Enkelin Maria Theresia wurde zum Mekka für alle Liebhaber der »gut bürgerlichen Küche« Die Kaiserin fand es nicht unter ihrer Würde, mit der berühmtesten Wiener Köchin, Eva Müllbauer aus dem Gasthaus »Zum wilden Mann«, stundenlang übers Kochen zu reden. Und manchmal – sehr zum Verdruß der Hofküche – ließ sie auch dort zubereitete Speisen holen.

Der besondere Reiz Wiens bestand in seiner kulinarischen Grenzsituation. Unzählige böhmische Mägde gaben den Speisen ihre Note, und die adeligen Herren aus Mähren, Kroatien, Slowenien und Ungarn brachten ihre Köche in die Residenzstadt mit. Eine Kochkulturnation wird dabei oft übersehen, die Türken, die ja lange Zeit späteres habsburgisches Gebiet besetzt und auch kulinarisch geprägt hatten. Was wäre die ungarische Küche ohne Paprika, ohne das raffinierte Würzen? Hier leisteten die Türken einen wichtigen Beitrag zur Zivilisierung Europas, nicht nur durch das Beutegut Kaffee, durch das Wien zum Mittelpunkt einer Kaffeehauskultur wurde.

Ein kleines Abendessen beim Erzreichskanzler

»Die Zahl der Gäste überschreite zwölf nicht, denn jeder Gast soll an der Unterhaltung teilnehmen können … Die Herren seien geistreich, aber nicht anmaßend, die Frauen liebenswürdig, anmutig, jedoch nicht allzu kokett … die gebotenen Gerichte seien sorgfältig ausgewählt, doch nicht allzu zahlreich, die Weine unbedingt erstklassig …
Man lasse den Gästen Zeit, es zu genießen. Sie sollten sich als Reisende fühlen, die das Ziel des Tages erreicht haben. Der Kaffee sei heiß, und die Auswahl der Liköre beweise den exquisiten Geschmack des Hausherrn.«

»Die Entdeckung einer neuen Speise ist nützlicher für das Glück der Menschheit als die Entdeckung eines neuen Gestirns.«

(Jean-Anthelme Brillat de Savarin
in seiner »Physiognomie des Geschmacks«)

Vor dem Palais des Herzogs von Parma fahren die Kutschen vor, der »Erzreichskanzler« Jean Cambacérès hat zu einem kleinen Abendessen geladen. Livrierte Diener öffnen die Tür und führen die zwölf Gäste in den Spiegelsaal, wo unter einem hundertkerzigen Kristalleuchter ein ovaler Tisch mit einem Dutzend gepolsterter Stühle zu sehen ist. Die formvollendete Dekoration verrät die Hand des Meisters, der – wie so oft – das Bankett für Cambacérès ausgerichtet hat: Antoine Maria Carême läßt zuerst Schnecken, dann korsische, mit Myrthenbeeren gemästete Wachteln servieren, es folgen Krammetsvögel aus den Pyrenäen, ein Poulet à la Marengo, Schinken aus Mainz, gespicktes Hirschragout, Apfel Charlotte, Gänseleberpastete aus Straßburg, Curaçao aus Amsterdam und Schwarzwälder Likör. Bei all diesen Köstlichkeiten beugen sich die Herzöge und Grafen der Marotte des Gastgebers, während des Essens zu schweigen: Kein Geplauder dürfe vom Genuß der Speisen ablenken, postuliert er. Während der Pausen zwischen den Gängen flanieren die Gäste im Wintergarten oder nehmen eine Pfeife im Rauchsalon.

Charles-Maurice Herzog von Talleyrand-Périgord steht an einem der hohen Fenster und scheint gedankenverloren in die Nacht zu blicken. »Eure Miene ist so undurchdringlich wie eh und je, Talleyrand«, nähert sich ein Mann mit einem geschliffenen Kelchglas, »dabei habt Ihr doch heute eine große Ehre erfahren!« – »Wie meint Ihr das, Fouché?« fragt der Außenminister irritiert. »Schnecken à la Talleyrand, Euer Name ziert nun ein köstliches Gericht. Ich wette, das Rezept wird man bald an allen europäischen Höfen ausprobieren!« – »Vermutlich wird man sich eher an mich als einen Gourmet als einen Diplomaten erinnern«, sagt Talleyrand düster, lächelt dann aber: »Im Grunde habe ich doch nur den richtigen Koch. Und der hält mich bei Laune, indem er ab und zu irgendein Gericht nach mir benennt.« – »Carême ist wirklich ein Meister seines Fachs«, stimmt der Polizeichef zu, »Cambacérès kann sich glücklich schätzen, daß Ihr ihn für das heutige Souper ausgeliehen habt!« Ein Diener bringt auf einem Tablett brennende Pfeifen, die beiden Männer nehmen sie und ziehen den Rauch tief ein.

»Ach ja, ich habe Euch noch gar nicht zu Eurem neuen Titel gratuliert, Ihr seid zum Herzog von Otranto ernannt worden«, meint Talleyrand zu Fouché, der nach Jahren der Ungnade wieder von Napoleon zum Polizeiminister ernannt und dabei gleichzeitig zum Herzog gemacht worden ist. »Der Herr hat's genommen, der Herr hat's gegeben«, meint der Meister über alle Spitzel des Kaiserreichs, »ist es nicht merkwürdig, daß – mit Ausnahme von Euch, Monsieur Talleyrand – lauter Grafen, Herzöge, Erzkurfürsten mit unserem Erzreichskanzler an der Spitze tafeln, die noch vor zehn Jahren nichts anderes als einfache Soldaten, Bankiers oder Waffenhändler waren?« – »Siegreiche Soldaten, erfolgreiche Bankiers und gewiefte Waffenschieber, mein lieber Fouché«, meint der Außenminister süffisant, »getreu dem Wahlspruch unseres Meisters, daß man mit Titeln und Orden

Charles Maurice de Talleyrand-Périgord

Menschen fängt! Und außerdem bin ich ja seit neuestem auch Fürst von Benevent.«

Wieder schweigen die beiden auch im Aussehen so unterschiedlichen Männer. Der kleine, auf seinen Stock gestützte Außenminister im silbergrauen Rock mit langen Schößen, der über dem Seidenhemd noch ein kurze Weste, ein blaues »Gilet« trägt, und der große, knochige Polizeichef mit dem taillenlangen »Spencer«, einem an den Ellenbogen abgewetzten Lederjäckchen, darüber eine unscheinbare Robe. »Ihr solltet einmal zu Beau Brummel gehen, um Euch einkleiden zu lassen«, rät Talleyrand, »Napoleon legt Wert darauf, daß seine Minister gut gekleidet sind!« – »Solange er mehr Wert auf die Erfolge ihrer Arbeit legt, werde ich mich nicht zu dem blasierten Engländer begeben, der sich hier in Paris als Modepapst aufspielt!« brummt Fouché. »Außerdem habe ich den Verdacht, daß dieser Schuldenmacher Brummel vor allem die Kleidung gut findet, die teuer ist. Und dann Provisionen von unseren Schneidern kassiert, wenn sie unseren neuen Herzögen, Grafen und Exzellenzen teure Gewänder verkaufen ...«

»Die beiden mächtigsten Männer des Reiches. Nach unserem vielgeliebten Souverän natürlich«, unterbricht da eine tiefe Stimme ihr Gespräch. Der Baß gehört einem Mann, der mit gut zwei Metern wohl der längste dieser Abendgesellschaft ist. »Ich fürchte, Ihr seid einflußreicher als wir. Monsieur Fouché mag mit seinem Polizeiapparat Furcht einflößen, ich kurzfristige Verträge mit Gold und Zungenfertigkeit abschließen, Eure Zunge aber entscheidet über den Geschmack, Ihr eröffnet den Menschen eine neue Welt der Sinne.« – »Immer müßt Ihr übertreiben, Talleyrand«, wehrt Anthelme Brillat de Savarin ab, »ich versuche nicht mehr, als die Menschen zu lehren, das gut und mit Überlegung zu tun, was sie sowieso tun müssen, nämlich essen.« – »Ihr seid aber«, wirft Fouché ein, »einer der wenigen, die ihrem Programm seit der Revolution treu geblieben sind. Ich erinnere mich noch gut, als Ihr im Nationalkonvent aufstandet und den Deputierten ins Gewissen redetet: ›Laßt uns in unserem Staate eine Ordnung errichten, die jedermann die Möglichkeit gibt, nicht nur sich satt zu essen, sondern dabei auch gut zu speisen!‹« – »Was ist falsch daran, den Menschen das Genießen beizubringen, wobei ich auch nicht überall Erfolg habe, beim ersten Esser unseres Landes beispielsweise ...« Brillat-Savarin beugt sich vor, so daß ihn nur die beiden verstehen: »Ich sage Ihnen, Napoleon ißt nur, um sich den Magen zu füllen. Eine Schande! Bei ihm Koch zu sein ist eine Strafe für jeden Meister.« – »Und doch labt sich das ganze Land am Poulet à la Marengo, selbst auf Carêmes Tafel heute durfte es nicht fehlen.« – »Aber ihr wißt, wie Maitre Dunant dieses Gericht kreiert hat?« fragt Brillat-Savarin und beantwortet seine Frage gleich selbst: »Am Nachmittag des 14. Oktober 1800 schien die Schlacht von Marengo verloren, Napoleon blies zum Rückzug, und auch Leibkoch Dunant dachte nur noch an seine eigene Haut und packte seine Sachen zusammen. Doch ein glücklicher Zufall rettete den Tag, den Sieger verlangte es mit seinen Generälen zu speisen. Also raffte Dunant alles zusammen, was noch irgendwie vorhanden war, und zauberte daraus das Poulet Marengo. Wer für den Kaiser kocht, muß ein Improvisationskünstler sein.« – »Wer kann schon einen Feldherrn verpflegen, der in 20 Tagen zwölfmal sein Hauptquartier verlegt!« wirft Talleyrand ein: »Vielleicht hat das eine ja mit dem anderen zu tun. Andere Feldherren werden besser verpflegt, verlieren aber die Schlacht, weil sie weniger beweglich sind.« -

»Darf ich Euch unseren Gastrosophen entführen«, mischt sich da die Dame des Hauses ein, deren hochgestecktes Haar von Spangen, einem Diadem und einem goldenen Kamm blitzt. »Und wie findet Ihr unser kleines Essen, Monsieur Brillat de Savarin?« – »Die Gerichte waren sorgfältig ausgewählt, nicht zu zahlreich, aber erlesen. Wie sollte es bei Carême auch anders sein? Die Weine waren exquisit, vielleicht am Anfang noch zu schwer, aber insgesamt fühle ich mich bei Euch wie ein Reisender, der das Ziel des Tages erreicht hat ...«

Talleyrand lauscht den beiden, die sich entfernen, kurz nach und lenkt dann Fouchés Aufmerksamkeit mit einem amüsierten Blick und einem Nicken auf die Kleidung der Gastgeberin, deren weit geschlitztes Überkleid reichlich Durchblick auf ihren gut gebauten Körper gibt, der nur von einem dünnen, fast durchsichtigen Chemisestoff verhüllt wird. »Das nennt man gut ausgezogen, nicht gut angezogen!« – »Oh, wir verstehen ausgezeichnet, uns und unser Kaiserreich zu feiern, noch!« Die Miene des Polizeiministers verdüstert sich. »Aber die Verlustmeldungen aus Spanien, die immer größere Anzahl von Krüppeln auf unseren Straßen, das dämpft die Stimmung, da helfen auch Feste und Feuerwerke auf Dauer nicht!« – »Sprecht Ihr nicht ein wenig zu offen?« fragt Talleyrand halb spöttisch, halb ernst, »Ihr, als Herr der Geheimen Polizei, solltet doch wissen, daß die Sprache dem Menschen nicht dazu gegeben ist, seine Gedanken auszudrücken, sondern sie zu verbergen.« – »Aber ich vertraue Euch doch«, sagt Fouché mit einem Augenzwinkern, »so wie Ihr mir anvertrauen könnt, zu welchen Ergebnissen Eure Verhandlungen mit den Engländern geführt haben ...« – »Ich hätte mich gewundert, wenn Ihr davon nicht erfahren hättet, Monsieur Fouché«, antwortet der Außenminister, ohne eine Miene zu verziehen. »Ihr wißt, meine ganze Loyalität gehört Frankreich!« Fouché nickt und hebt das Glas. »Frankreich, von wem es auch immer regiert wird ...«

(Talleyrand und Fouché werden in den nächsten Jahren weiter Frankreich dienen, aber zweimal den Herrn wechseln. Nach Napoleons Abdankung und Verbannung auf die Insel Elba dienten sie Ludwig XVIII., um sich dann wieder dem Korsen nach seiner Rückkehr während seiner hunderttägigen Herrschaft anzuschließen. Nach der endgültigen Niederlage Bonapartes nahmen sie erneut Platz im Kabinett Ludwigs.)

Ein Menü für Talleyrand und Fouché

Schnecken à la Talleyrand

Vorbereitung: *15 Min. + 2 Std.*
Kochzeit: *10 Min.*
Für vier Personen:

1 Zweig	Kerbel
1 Zweig	Petersilie
1 Zweig	Rosmarin
1	Knoblauchzehe
1	Schalotte
100 g	Butter
100 ml	Rinderbouillon
1 TL	Zitronensaft
1 Msp	Cayennepfeffer
1 Msp	weißer Pfeffer
	Salz
24	Schnecken mit Häuschen (fertig präpariert vom Delikatessengeschäft)
	Toastbrot

Zubereitung: Die Kräuter, den Knoblauch und die Schalotte ganz fein hacken und in der Butter andämpfen. Mit Rinderbouillon ablöschen, mit Zitronensaft, Cayennepfeffer, Pfeffer und Salz abschmecken, ca. 5 Min. köcheln lassen und im Kühlschrank erstarren lassen. In jedes Schneckenhaus etwas Kräuterbutter geben, eine Schnecke einsetzen und mit Kräuterbutter verschließen. Die Schnecken wenn möglich in Schneckenpfännchen geben und im Backofen bei 200 Grad 10 Min. erhitzen. Zusammen mit in Streifen geschnittenem, getoastetem Weißbrot servieren.

Hähnchen à la Marengo

Vorbereitung: *20 Min.*
Kochzeit: *40 Min.*
Für vier Personen:

1,5 kg	Hähnchen in Stücke geschnitten
	Salz und Pfeffer
2 EL	Olivenöl
2	Knoblauchzehen
250 g	kleine Champignons
2	Petersilienzweige
1	Lorbeerblatt
1	Thymianzweig
50 ml	Cognac
200 ml	Weißwein trocken
300 ml	Geflügelbouillon
3	Tomaten
1 EL	Olivenöl
2 TL	Maisstärke
1/2 TL	Zucker

Zubereitung: Die Pouletstücke mit Salz und Pfeffer würzen und im Olivenöl kräftig anbraten. Das Fleisch aus der Pfanne nehmen und warm stellen. Im gleichen Öl die Knoblauchzehen und die ganzen Champignons andünsten, die Pouletstücke und das Bouquet garni aus Petersilienzweige, Lorbeerblatt und Thymianzweig zugeben. Den Cognac in einem Pfännchen erwärmen, anzünden und das Fleisch damit flambieren, mit Weißwein und Geflügelbouillon ablöschen und zugedeckt ca. 30 Min. auf kleinem Feuer garen. Die enthäuteten, entkernten und klein geschnittenen Tomaten im heißen Olivenöl 10 Min. andämpfen. Die Pouletstücke und die Champignons auf einer Platte anrichten. Die Sauce durch ein Sieb zu den Tomaten geben, aufkochen, mit Maisstärke binden, mit Salz, Pfeffer und einer Prise Zucker abschmecken und über das Fleisch verteilen.

Gespicktes Hirschragout

Vorbereitung: *20 Min. + 3 Tage*
Kochzeit: *90 Min.*

Für vier Personen:

500 ml	Rotwein		Salz und Pfeffer
200 ml	Wasser	2 EL	Bratbutter
1	Lorbeerblatt	2	Zwiebeln
6	Pfefferkörner	2	Sardellenfilets
6	Wacholderbeeren	2 TL	Maisstärke
1 TL	Ingwer frisch	1 EL	Kapern
800 g	Hirschbraten mit Speck gespickt	1	Gewürzgurke
		2 EL	Portwein
		1 TL	Zitronensaft

Zubereitung: Rotwein und Wasser mit Lorbeerblatt, Pfefferkörnern, Wacholderbeeren und Ingwer 15 Min. kochen. Abkühlen lassen und den gespickten Hirschbraten im Kühlschrank 3 Tage darin beizen. Das Fleisch gut abtrocknen, in Stücke schneiden, mit Salz und Pfeffer würzen und in Bratbutter kräftig anbraten. Die gehackten Zwiebeln zugeben, kurz mitdünsten und mit 5 dl Beize ablöschen. Zugedeckt bei kleinem Feuer ca. 60 Min. köcheln lassen. Evtl. hie und da etwas Beize nachgießen. Das Fleisch, sobald es gar ist, aus der Pfanne nehmen und warm stellen. Die fein gehackten Sardellenfilets und die Maisstärke zur Sauce geben und 10 Min. köcheln lassen. Durch ein Sieb zum Fleisch gießen, Kapern und klein geschnittene Gewürzgurke zugeben und mit Salz, Pfeffer, Portwein und Zitronensaft abschmecken. Nochmals aufkochen und 10 Min. köcheln lassen.
Dazu passen Eierspätzle, Kastanien und Rotkraut ausgezeichnet.

Apfel-Charlotte

Vorbereitung: *60 Min. + 60 Min.*
Backzeit: *40 Min.*

Für vier Personen:

40 g	Hefe	500 g	Weißmehl
1 EL	Zucker	2 kg	Äpfel
300 ml	Milch	50 g	Zucker
3	Eier	50 g	Butter
250 g	Butter	1/2 TL	Zimt
1 Msp	Salz	1	Zitrone (unbehandelt)
		50 g	Aprikosenkonfitüre
			Vanilleeis

Zubereitung: Die Hefe mit dem Zucker mischen, bis sie flüssig ist, zusammen mit der lauwarmen Milch, den verquirlten Eiern, der weichen Butter und dem Salz zum Mehl geben. Kräftig kneten, bis der Teig Blasen wirft, und unter einem feuchten Tuch an einem warmen Ort 60 Min. aufgehen lassen. In eine Kasten- oder Springform füllen und im vorgeheizten Backofen bei 200 Grad ca. 40 Min. zu einer Brioche (feines frz. Hefegebäck) backen. Die Äpfel schälen, entkernen, in Scheiben schneiden und mit dem Zucker und 50 g Butter auf kleinem Feuer ca. 20 Min. kochen. Etwas auskühlen lassen und mit Zimt, abgeriebener Schale einer Zitrone und Aprikosenkonfitüre vermischen. Die Brioche in 1 cm dicke Scheiben schneiden, die Rinde entfernen und aus einigen Scheiben Herze ausstechen. Die restlichen Scheiben in Streifen schneiden. Eine Kuchenform mit Butter bestreichen, den Boden mit den Herzen belegen und die Wände mit den Streifen auskleiden. Das Apfelmus darauf verteilen, mit den restlichen Streifen bedecken und im vorgeheizten Backofen bei 200 Grad ca. 40 Min. backen. Die Apfel-Charlotte aus dem Ofen nehmen, etwas abkühlen lassen, auf eine Tortenplatte stürzen und noch heiß zusammen mit Vanilleeis servieren.
Statt selbstgebackene Brioche können auch Löffelbiskuits verwendet werden.

Küche im Empire

Wenn er sich auch sonst in fast alle kulturellen Belange – von der Literatur über die Kunst bis zur Mode – einmischte, eines interessierte Napoleon nicht: die Kochkunst. Essen war für ihn die unwichtigste Nebensache der Welt. Hatte er Hunger, schlang er irgend etwas hinunter, was langfristig selbst seinen eisernen Soldatenmagen ruinierte. Und dies sollte sich, so merken einige Historiker an, durchaus rächen: In seinen letzten Schlachten, vor allem in Waterloo plagten ihn Magenkrämpfe und trugen zu seiner Niederlage bei ...

Die Elite Frankreichs paßte sich darin Bonaparte nicht an, im Gegenteil: Kaiserin Josephine, Talleyrand oder Cambacérès gaben oft und gerne große Essen, wobei sie die besten Köche des Empire mieteten. Und diese »Grand Chefs« schafften schließlich, was Napoleon auf dem Schlachtfeld nicht gelang: Ihre Rezepte eroberten Europas Küchen.

Der berühmteste, Antoine Maria Carême, war im zarten Alter von 17 Jahren bereits Pasteten-Chefkoch in einem bekannten Pariser Restaurant. Seine eigentliche Passion galt der Dekoration, und seine Maxime war, »alles muß zueinander passen«: Tischtuch, Porzellan und Speisen hatten farblich zu harmonieren, ja der Anlaß der Einladung sollte in der Dekoration seinen Ausdruck finden. Dazu fertigte er aus Teig, Zucker und Marzipan passende Figürchen, Bauten, ja ganze Paläste an. Carême war später Chefkoch bei Talleyrand, kochte für die Höfe in London, Petersburg und Wien, bis er sich nur noch seinen weltbekannten Kochbüchern widmete.

Entscheidend war, daß sich die Liebe zum gepflegten Essen nicht nur bei der Hautevolee, sondern auch bei der bürgerlichen Mittelschicht etablierte. Wichtig dabei waren die vielen Restaurants, die in Paris seit 1800 wie Pilze aus dem Boden schossen. Im Frankreich des 19. Jahrhunderts ging man essen, die gute Küche verlagerte sich aus den Palais und Bürgerhäusern in die Speiselokale. Ironischerweise trug auch die Niederlage Napoleons dazu bei, daß Frankreich und speziell Paris für lange Zeit zum kulinarischen Zentrum der Welt wurde. »Als die Briten, Deutschen, Mohren und Skythen in Frankreich einbrachen, brachten sie einen riesigen Appetit und Mägen von ungewöhnlichem Kaliber mit. Sie wollten sich mit der offiziellen Bewirtung ... nicht zufrieden geben, strebten nach höheren Genüssen, und bald war Paris ein einziges Speisehaus ...«

Dies schrieb Jean Anthelme Brillat de Savarin, erster Gastrokritiker des Landes. Der Reiz seiner »Physiognomie des Geschmacks« und der der Werke anderer Gastrosophen oder Kulinographen – in Deutschland sollte Karl Friedrich von Rumohr mit seinem »Geist der Kochkunst« der erste sein – liegt in der Mischung von gelehrten, oft humorvollen Betrachtungen, Anekdoten, Rezepten und Vorschriften, all dies in eleganter, geistreicher Sprache.

Krönung in Budapest

»Dann fingen die Leute Pauke an zu spielen und Papa und Mama kamen herein. Mama gieng auf eine Art Thron. Papa gieng zum Altar und kniete sich nieder und man las viel Lateinisch … Andrassy und Primas setzten ihm die Krone auf.«

(Der achtjährige Kronprinz Rudolph
über die Krönung von Franz Joseph
und Elisabeth von Österreich
zum König und zur Königin von Ungarn)

Die 21 Kanonenschüsse vom Gerhardusberg haben Elisabeth an diesem 21. Juni 1867 schon um vier Uhr früh geweckt. Nun steht sie seit Stunden in ihrem Ankleidezimmer in der Burg Buda umgeben von einem Kranz der Hofdamen. Schon zum drittenmal gibt sie der Schneiderin die Anweisung, das weiße, fließende Kleid mit der langen Schleppe noch ein wenig enger zu drapieren. »Das ist mein Brautkleid«, denkt sie, während die Friseuse ihr langes Haar bürstet, »Österreich, das war und ist eine Zwangsehe, Ungarn dagegen eine Liebesheirat!«

Sisi sieht hinüber zum noch immer nicht ganz hergestellten rechten Flügel der Burg, dessen Mauern noch Brandspuren von der Belagerung während der Revolution 1848 aufweisen. »Wir werden die ganze Burg wieder völlig herstellen lassen. Die alten Wunden sollen endgültig verheilen, liebste Ida«, sagt sie zu ihrer engsten Vertrauten auf Ungarisch. Insgeheim freut es sie, wie einige der Wiener Hofdamen, die ihre Schwiegermutter Sophie mitgeschickt hat, zusammenzucken. Sie verstehen diese Sprache nicht.

»Böhmisch mußt du lernen, mein Kind«, hatte ihr die Erzherzogin noch vor ihrer Hochzeit mit Franz Joseph befohlen. Denn in Wien gaben die böhmischen Adelsgeschlechter den Ton an; die Prager Universität galt als die erste des Landes. Die Ungarn dagegen wurden als Parias angesehen, erst recht, seit sich auch ihr Adel 1848 gegen Habsburg aufgelehnt hatte. »Auch ich wurde von dieser arroganten Hofgesellschaft lange wie ein Paria behandelt«, erinnert sich die Kaiserin, »aber ich habe mich nicht unterkriegen lassen. Böhmisch kann ich gerade bis zehn zählen, aber ungarisch spreche ich perfekt, fast perfekt!«

Eine junge Frau reicht ihr eine Silberschale mit Gebäck. »Krebsgermnudeln«, sagt sie, »Ihr müßt etwas essen, Herrin. Sonst kippt ihr noch in der Kirche um.« Liebevoll sieht Sisi auf Ida Ferency. Irgendwann war ihr Name auf einer Liste möglicher ungarischer Hofdamen, die sie angefordert hatte, aufgetaucht, mit krakeliger Schrift von unbekannter Hand hinzugefügt. Als sie nachfragte, erhielt sie vom ebenfalls überraschten Hofkämmerer die Antwort, es handle sich um eine niedrige Landadelige. Gegen den Willen ihrer Umgebung hatte sie diese »nicht standesgemäße Person« kommen lassen und auf den ersten Blick lieb gewonnen. Und weil die Hofetikette es nicht zuließ, sie als »Dame«, als »Gesellschafterin« einzustellen, wurde sie als »Vorleserin der Kaiserin« engagiert. »Inzwischen habe ich nur Ungarinnen um mich«, resümiert Sisi für sich, »wer etwas von mir will, muß diese Sprache beherrschen. Erst recht, wenn ich Königin von Ungarn bin.«

Stunden später, es ist sieben Uhr, steigt Elisabeth in die goldene Kutsche; junge Mädchen sorgen dafür, daß ihre Schleppe den Boden nicht berührt. Von der Burgmauer sind Fanfaren zu hören, an der Spitze des Krönungszuges setzen sich elf Fahnenträger, alle Mitglieder des ungarischen Hochadels, in Bewegung. Vor der Kutsche reitet in ungarischer Uniform Kaiser Franz Joseph, umgeben von den »Bannerherren«, die die Reichsinsignien auf roten Samtpolstern tragen. Und

Elisabeth im ungarischen Krönungskleid

neben der Kutsche, das Großkreuz des Stephansordens auf der prächtigen Reiteruniform und die Stephanskrone in Händen, der Ministerpräsident Ungarns Graf Andrassy.

»Gyula, was für ein Mann!« Und Sisi erinnert sich an ihre erste Begegnung im Januar 1866 im Audienzsaal der Hofburg. Da sah sie inmitten der Delegation des ungarischen Abgeordnetenhauses einen hochgewachsenen, schneidigen Mann im goldbetreßten Rock, ein Tigerfell über den Schultern und darüber noch einen edelsteinfunkelnden Mantel. Sie wußte sofort, daß dies der berüchtigte Andrassy sein mußte, jener adelige Rebell, der von ihrem Mann in Abwesenheit zum Tode verurteilt, 1857 dann begnadigt worden war. Und dieser verwegen gut aussehende Mann verlangte vor dem Kaiser nicht mehr und nicht weniger als die Wiederherstellung der alten Verfassung, Ungarn sollte ein eigenes Königreich, Budapest zweite Hauptstadt werden.

Sisi sah, wie ihr Mann über diese in seinen Augen unverschämten Forderungen blaß vor Ärger wurde und entschloß sich, selbst einzugreifen. Franz Joseph hatte sich schon geärgert, daß sie zum Empfang in ungarischer Landestracht gekommen war. Und so trat sie vor in ihrem bestickten Samtmieder mit weißem Kleid, Spitzenschürze und Häubchen, darüber ein Diadem, und sagte in makellosem Ungarisch: »Wir werden Euer Anliegen wohlwollend prüfen und Euch persönlich in wenigen Wochen in Budapest Bescheid geben.«

Franz Joseph hatte ihr nachher wegen ihrer Eigenmächtigkeit Vorwürfe gemacht, was sie nicht beeindruckte. Sie hatte sich trotzdem zu einem Abendessen mit Andrassy getroffen und sogar gegen ihre Gewohnheit beim Essen zugelangt. Vermutlich, weil es ungarische Speisen waren, Gulasch und Paprikakartoffeln, nicht die Raffinessen der Wiener Hofküche, die sie einfach nicht hinunterbrachte. Sie wollte ja nicht so aufgeschwemmt werden wie diese ganzen Matronen, wie Maria Theresia! Und dann schrieb sie ihrem Mann, daß Andrassy ein Ehrenmann sei, »... was er hat, seinen Verstand, seinen Einfluß wird er Dir zu Füßen legen. Zum letzten Mal bitte ich Dich im Namen unseres Sohnes Rudolph, versäume den Moment nicht!« Und Franz Joseph hatte nachgegeben.

Die Kutsche hält am Dom, ein Diener öffnet die Tür, vorsichtig steigt Sisi nach außen, weißgekleidete Mädchen nehmen ihre Schleppe, Franz Joseph reicht ihr den Arm. Die Glocken beginnen zu läuten, unter dem Jubel der Menge schreitet das Kaiserpaar auf einem roten Teppich bis zum Altar, wo zwei gotische Lehnstühle für sie stehen. Während der Priester auf lateinisch die Messe liest, schweifen Elisabeths Gedanken erneut ab.

Jetzt werden sie mich endlich ernst nehmen, ich bin nicht mehr das kleine Mädchen aus Bayern. Aber ich habe es ihnen gezeigt! Sie schaut auf ihren Mann neben sich, auf Franz Joseph. Auch er hat lernen müssen, daß ich nicht seine willenlose Dienerin bin, denkt sie stolz. Ich habe seine Affären nicht einfach hingenommen, ich bin erst weg aus dem Schlafzimmer und dann sogar aus Wien. Aber jetzt haben sie mich gebraucht, weil ich die einzige war, die verhindern konnte, daß auch noch Ungarn verlorengeht. Erst der Krieg in Italien, dann die Preußen. Nach der furchtbaren Schlacht von Königgrätz bin ich mit den Kindern gleich nach Budapest geflohen. Und da war es klar, Franz Joseph mußte den Ausgleich mit Ungarn suchen. Und ich habe ihn vermittelt …

Der Erzbischof bittet das Königspaar, sich zu erheben. Wieder läuten die Glocken, Graf Andrassy tritt vor und setzt dem Kaiser die ungarische Stephanskrone aufs Haupt. Dann nimmt er von einem roten Samtkissen die Diamantkrone für Elisabeth, reicht sie Franz Joseph, der sie seiner Frau aufsetzt. In diesem Moment fühlt sich Sisi voll von Glück und Dankbarkeit; sie hat eine politische Aufgabe, und vielleicht kann sie ihrem Mann auch wieder Frau sein. Als sie nach dem Segen des Bischofs die Kirche verlassen, bietet sich ein prächtiges, ja phantastisches Schauspiel. Der gesamte ungarische Adel ist zu Pferde angetreten, in Ritterrüstungen und bunten Phantasiegewändern, über und über mit Schmuck behangen, der in der Sonne funkelt. Sie begleiten das neue ungarische Königspaar im Triumphzug durch die Stadt, Sisi bemerkt belustigt, daß einige Bischöfe und Kardinäle – wohl ungeübte Reiter – auf ihren Pferden festgebunden wurden, damit sie nicht herunterfallen.

Reiten, denkt sie, das werde ich in Zukunft ausgiebig tun. Die Ungarn haben ihr Schloß Gödöllö zur Krönung geschenkt, dort will sie ihre Pferde züchten und einen Parcours aufstellen. Und vielleicht begleitet sie ja auch Andrassy, der ihr einen Damenrevolver mit ihrem in Gold eingravierten Namen geschenkt hat. Er ist mein bester Freund, denkt Sisi, auch wenn die Neider am Hof sich schon wieder ihre Mäuler zerreißen. Sie können sich eben nicht vorstellen, daß ich diese Freundschaft nicht durch Liebe vergiften lassen will …

(Kaiser Franz Joseph ernannte Graf Andrassy, obwohl er ihn gefühlsmäßig als Rivalen um die Gunst seiner Frau empfand, zu seinem Außenminister. Elisabeth von Österreich näherte sich ihrem Mann kurzzeitig wieder an, Ergebnis war die Tochter Marie-Valerie, die »Einzige«, was hieß, das einzige Kind, das nach ihrem Willen erzogen wurde. Zur Geburt reiste sie nach Budapest, was in Wien einen Riesenskandal verursachte. Aus dem Vielvölkerstaat war die kleinere k. u. k. Monarchie geworden, die letzte Etappe des alten Habsburgerreiches hatte begonnen.)

Ein paar Häppchen für Sisi

Hefegebäck mit Krebsfüllung (Gewickelte Krebsgermnudeln)

Vorbereitung: *20 Min. + 1 Std.*
Backzeit: *20 Min.*
Für vier Personen:

200 g	Krebs- oder Hummerfleisch gekocht
40 g	Krebsbutter
200 g	Weißmehl
25 g	Butter
50 ml	Milch
1	Ei
10 g	Hefe frisch
	Salz
50 ml	Rahm

Zubereitung: Das Krebsfleisch fein hacken und mit der Krebsbutter mischen. Mehl, flüssige Butter, lauwarme Milch, Eigelb, in etwas Milch aufgelöste Hefe und eine Prise Salz mischen und zu einem Teig kneten. An einem leicht warmen Ort mit einem feuchten Tuch zugedeckt 45 Min. aufgehen lassen. Den Teig dünn auswallen, in längliche Stücke schneiden, die Füllung fingerdick darauf verteilen und den Teig einrollen. Auf ein eingefettetes Kuchenblech legen, nochmals 15 Min. aufgehen lassen, mit erwärmtem Rahm bestreichen und im vorgeheizten Backofen bei 180 Grad ca. 20 Min. backen.

Kaiser-Gulasch

Vorbereitung: *5 Min.*
Kochzeit: *60 Min.*
Für vier Personen:

100 g	Speckwürfelchen fett
4	Zwiebeln
800 g	Kalbsragout
4	Zitronenscheiben
1 TL	Kapern
	Salz und Pfeffer
200 ml	Rinderbouillon
200 ml	saurer Halbrahm
1 TL	Maisstärke
1 Msp	Zucker
	Zitronensaft

Zubereitung: Die Speckwürfelchen in einer Bratpfanne auslassen, die gehackten Zwiebeln zugeben und glasig werden lassen. Speckwürfelchen und Zwiebeln herausnehmen und auf die Seite stellen. Das Kalbsragout im verbleibenden Fett kräftig anbraten, Zitronenscheiben und Kapern zugeben, mit Salz und Pfeffer würzen und zugedeckt ca. 5 Min. schmoren lassen. Die Zitronen wieder entfernen, heiße Rinderbouillon zugießen, Speckwürfelchen und Zwiebeln dazugeben und 45 Min. schmoren lassen. Den sauren Halbrahm mit der Maisstärke verquirlen, zum Fleisch geben und die Sauce damit binden. Mit Salz, Pfeffer, einer Prise Zucker und einigen Tropfen Zitronensaft abschmecken.

Paprikakartoffeln *(Paprikás Burgónya)*

Vorbereitung: *30 Min.*
Kochzeit: *30 Min.*
Für vier Personen:

1 kg	Kartoffeln festkochend
1	Tomate
1	Peperoni (Paprika) grün
1	Zwiebel
2	Knoblauchzehen
1 EL	eingesottene Butter
2 EL	Paprika edelsüß
400 ml	Hühnerbouillon
1/2 TL	Kümmel
	Salz und Pfeffer

Zubereitung: Die Kartoffeln in der Schale 10 Min. kochen, auskühlen lassen, pellen und in dünne Scheiben schneiden. Die Tomate enthäuten, entkernen und in kleine Würfel schneiden. Die Peperoni ebenfalls entkernen und in kleine Stücke schneiden. Die Kartoffeln in eine Kasserolle schichten und mit den Tomatenwürfeln und der Peperoni bedecken. Die gehackte Zwiebel und die gehackten Knoblauchzehen in eingesottener Butter hellbraun anbraten. Vom Feuer nehmen, mit Paprika bestreuen, Hühnerbouillon zugeben, mit Kümmel, Salz und Pfeffer würzen und nochmals aufkochen. Über die Kartoffeln gießen und zugedeckt ca. 30 Min. bei geringer Wärmezufuhr kochen lassen.

Zucchini in Dill

Vorbereitung: *15 Min. + 30 Min.*
Kochzeit: *15 Min.*
Für vier Personen:

800 g	Zucchini
2 EL	Bratbutter
1/4 l	saurer Halbrahm
2 TL	Maisstärke
1/2 TL	Zucker
1/2 EL	Essig
1 EL	Dill
	Salz und Pfeffer

Zubereitung: Die jungen Zucchini in Streifen oder Scheiben schneiden. Mit Salz bestreuen, ca. 30 Min. stehen lassen und mit Küchenpapier trocken tupfen. In der heißen Butter 10 Min. garen. Die saure Sahne und etwas Wasser mit der Maisstärke gut verrühren, über die Zucchini verteilen und nochmals aufkochen. Die Zucchini mit Zucker, Essig und gehacktem Dill würzen und mit Salz und Pfeffer abschmecken.

Kaiserschmarrn

Vorbereitung:	*15 Min. + 30 Min.*	1/2 l	Milch
Kochzeit:	*20 Min.*	1 TL	Vanillezucker
Für vier Personen:		150 g	Weißmehl
50 g	Rosinen	5	Eiweiß
4 EL	Rum	4 EL	Butter
4	Eigelb		Puderzucker
50 g	Zucker		Zwetschgen- oder
	Salz		Aprikosenkompott

Zubereitung: Die Rosinen für 30 Min. in Rum einlegen, etwas ausdrücken und mit Haushaltpapier trocken tupfen. Eigelb, Zucker und eine Prise Salz so lange umrühren, bis eine hellgelbe Creme entsteht. Nun nach und nach mit Milch, Vanillezucker und Mehl mischen, Rosinen zugeben und sehr steif geschlagenes Eiweiß darunter ziehen. 1 EL Butter in einer großen Bratpfanne erhitzen und die Hälfte des Teigs ca. 5 Min. bei kleiner Hitze anbraten. In einer zweiten Bratpfanne ebenfalls 1 EL Butter erhitzen und den Pfannkuchen von der ersten Bratpfanne in die zweite stürzen. Mit der zweiten Hälfte des Teigs gleich verfahren. Den fertigen Kaiserschmarren mit zwei Gabeln in Stücke reißen und auf einer Platte anrichten. Mit Puderzucker bestreuen und zusammen mit einem Kompott warm servieren.

Die k. u. k. Küche

Die gemütliche kulinarische Behäbigkeit Wiens endete mit dem Kongreß 1814. Kaiser und Könige sowie unzählige weitere Potentaten hielten sich in der Donaustadt auf: mit Gefolge mehr als 100 000 Fremde, die ernährt werden wollten, und zwar nicht schlecht.

Die Spitzendiplomaten und -beamten trafen sich, wenn es keinen Ball, kein Diner oder Souper gab, zum Abendtisch im »Hotel Elisabeth« oder im »Zuckercasino« am Michaelerplatz, belauscht von Spitzeln aller Seiten. Die erlauchtesten Häupter trafen sich allerdings bei Fürst Metternich und dem französischen Außenminister Talleyrand. Im französischen Pavillon wartete die doppelte Verführung in Gestalt der schönen Nichte Talleyrands, der Herzogin von Dino, und des berühmtesten Pariser Küchenchefs, Antoine Maria Carême. Zar Alexander versuchte vergeblich, ihn abzuwerben. Fürst Metternich lockte mit Franz Sacher, der sich jeden Tag etwas Neues einfallen lassen mußte, ein Ergebnis war die berühmte »Sachertorte«.

Kulinarische Anregungen holten sich Österreichs Adel und Bürgertum aber auch in der unmittelbaren Umgebung. Da gab es zunächst die böhmisch-mährische Küche mit Fleisch, sahnigen Saucen und »knedliky« (Knödeln). Und die bekannten süßen Mehlspeisen wie Nockerln, Schmarrn oder Strudel wurden durch neue, exotisch klingende Varianten wie Golatschen oder Dalken ergänzt.

Mit Franz Joseph I. bestieg ein eher bescheidener Monarch den Thron, seine Frau Elisabeth liebte zwar große Feste, weniger dafür das Essen – sie neigte zur Magersucht. Zweimal im Jahr allerdings entfaltete das Habsburger Kaisertum seine volle Pracht: beim »Hofball« und beim »Ball zum Hof«. Dort gab es riesige kalte Buffets, und am Ende durften die Offiziere noch ihre Taschen mit »Zuckerln vom Hofball« füllen, um sie Freunden, Verwandten oder der Angebeteten weiterzuschenken.

Nach dem Selbstmord des Thronfolgers Rudolph und der Ermordung seiner Frau reiste Franz Joseph quasi als Symbol des gealterten Habsburgerreichs durch seine Lande. Eines Tages – so eine Anekdote – habe er auf einer Wanderung Rast gemacht in einer kleinen Almhütte. Die »Kaser« dort setzten ihm einen Schmarrn vor. Und weil ihm der besonders gut schmeckte, meinte Franz Joseph gutgelaunt: »Dieser ›Kaserschmarrn‹ wäre würdig, ›Kaiserschmarrn‹ genannt zu werden.«

Als König von Ungarn ließ er sich gern ungarische Kost servieren. Auf einer Reise von Budapest nach Wien bereitete ihm sein ungarischer Koch noch auf Heimatboden ein scharfes Paprikahähnchen. Das schmeckte zwar vortrefflich, doch wenig später wurde ihm unwohl. Woraufhin man den Zug langsam wieder rückwärts auf ungarischen Boden rollen ließ. Franz Joseph ging es bald wieder besser und er meinte: »Paprikahähnchen sind für den König von Ungarn goldrichtig, für den Kaiser von Österreich doch ein bisserl zu scharf gewürzt.«

Ein Brief aus Berlin

»Nicht durch Reden, Vereine und Mehrheitsbeschlüsse werden die großen Fragen der Zeit entschieden – das war der Fehler von 1848/49. Nein, ein ernster Kampf wird nicht zu vermeiden sei, ein Kampf, der nur durch Eisen und Blut entschieden wird.«

(Der soeben zum preußischen Ministerpräsidenten ernannte Otto von Bismarck am 30. September 1862)

»Ich habe noch zu viel Romantisches im Leibe«

(Otto von Bismarck)

Liebes Rösli,

gerade habe ich meinen Artikel über den ersten Auftritt des neuen preußischen Ministerpräsidenten im Telegraphenbüro übermittelt. Wenn Du diesen Brief erhältst, hast Du meinen Namen also wieder einmal auf der Titelseite der »Züricher Zeitung« lesen können. In dieser für alle Korrespondenten so aufregenden Zeit habe ich durch einen Hinweis von Kollegen eine Oase der Ruhe finden können. Der Weinhändler Berthold Kempinski hat vor einigen Monaten ein Lokal aufgemacht, in dem man vorzüglich speisen, aber auch trinken und verweilen kann. Vor mir steht ein »Bismarck«, das neueste Modegetränk der Berliner. In einem Litergefäß – wie ich es sonst nur aus München kenne – wird ein halber Liter dunkles Bier mit einem halben Liter Sekt gemischt. Es ist sehr erfrischend, natürlich nur in Maßen genossen! Warum es Bismarck heißt? Angeblich, weil der neue starke Mann in Berlin es erfunden hat und ihm oft und gerne zuspricht, wie ihm ja überhaupt nachgesagt wird, daß er im Essen und Trinken unmäßig ist. Aber davon redet heute natürlich niemand, sondern alle zerreißen sich den Mund darüber, daß er sein neues Amt mit einem Paukenschlag angetreten hat.

»Nicht durch Reden und Majoritätsbeschlüsse werden die großen Fragen unserer Zeit entschieden, sondern durch Eisen und Blut.« Das hat er gestern abend in der Budgetkommission des preußischen Abgeordnetenhauses erklärt und ist damit genau so aufgetreten, wie viele von ihm erwarteten. Daß Otto von Bismarck bei diesem ersten Parlamentsauftritt als Regierungschef nicht ganz zu unrecht meinte, die deutsche Einung ließe sich mit bloßen Reden und Beschlüssen nicht erreichen, nahmen Freunde und Feinde nicht wahr. Der Junker aus Pommern polarisierte, und alle münzten seine Worte vor allem auf die aktuelle Innenpolitik. Aber das hast du ja schon alles in meinem Bericht für die »Züricher Zeitung« gelesen …

Passend zum Geschehen servieren sie im Kempinski heute als ersten Gang einen »Bismarck-Hering«. Das ist in Salz eingelegter Hering mit vielen Gewürzen und Zwiebeln, Gurken und einer säuerlichen Sauce. Offenbar hat der Koch ihm das Gericht gewidmet, weil diese Mischung aus Bodenständigkeit und Pikanterie zu ihm paßt. Aber daß ich seinem Namen hier auf der Speisekarte fast so oft begegne wie in der Diskussion mit Berlinern, vom Droschkenkutscher bis zum höheren Beamten, zeigt mir, daß dieser neue Ministerpräsident niemanden kalt läßt. Alle fragen wie auch Du in Deinem letzten Brief: Wer ist denn dieser Bismarck?

Ich habe in den letzten Wochen und Monaten viel über ihn herausgefunden, indem ich mit Freunden, Bekannten, Untergebenen gesprochen habe und mit seinen Feinden, die natürlich kein gutes Haar an ihm ließen. Ich konnte sogar zweimal mit ihm selbst reden, weil er sich für die Lage in unserem Land und unsere Verfassungsdiskussion interessiert hat. Nach ein paar Gläschen Schnaps gab er auch einige Stückchen aus seinem Leben zum Besten. Selbstredend kann ich das nicht für die Zeitung verwenden. Aber Dir, meine Liebe, kann ich natürlich ein paar Antworten auf die Frage geben: Wer ist denn eigentlich dieser Bismarck?

Ein preußischer Junker, einer von denen, die ihre Ahnenlinie mehr als 500 Jahre zurückverfolgen können. Ein Landkind, am 1. April 1815 auf dem väterlichen Gut Schönhausen in der Mark Brandenburg geboren, das ein Jahr später mit den Eltern nach Kniephof in Hinterpommern umsiedelte, weil die Familie dort umfangreiche Güter geerbt hatte. Der Vater, den er liebt, ist mit Leib und Seele Gutsherr und will auch nicht mehr sein. Damit findet sich die Mutter, Tochter eines hohen Beamten, hochgebildet und ehrgeizig, wohl nie ab.

Den Gegensatz dieses Paars spiegelt der Sohn. Die Sehnsucht nach stiller Natur und ländlicher Ruhe teilt er mit dem eher schwachen Vater. Ihn liebt er, anders als die Mutter, die er als hart und kalt empfindet. Sie, die die wichtigen Entscheidungen für die Familie trifft, bewundert er ob ihrer Schönheit und ihres kalten Intellekts, und wie sie ist er getrieben von einem brennenden Ehrgeiz, der über das ruhige Landleben hinausweist.

Freilich, als Zögling in einem Berliner Internat sieht er heimwehkrank auf die Felder vor der Stadt. Er steht die ersten Schuljahre irgendwie durch, etwas besser geht es auf der höheren Schule. Er absolviert sie, ohne zu glänzen, ebenso wie das Studium der Jurisprudenz, unerläßlich für eine Beamtenlaufbahn, die ihn eigentlich nicht interessiert.

Ganz anders das Studentenleben, wo er schnell in Kontakt zu vornehmeren schlagenden Verbindungen kommt. Fechten und Trinken, das ist für den von seinen Kommilitonen »Kassube« genannten Bismarck erstmals das wirkliche Leben, in dem er sich austoben kann. Immerhin ist er nicht nur der in allen Mensuren fast unschlagbare »Achilleus, der Unverwundbare«, sondern auch einer, der Goethe und Heine, Shakespeare und Byron liest, wenn auch eher unsystematisch. Er war Draufgänger, Kavalier und Frauenheld. 1835 und 1836 besteht er seine juristischen Examen, das dazu nötige Wissen hat er sich beim Repetitor einpauken lassen. Die folgenden Referendardienste – ein Versuch in Aachen und dann zwei in Potsdam – hält er nicht aus, er ruiniert sich körperlich durch übermäßiges Trinken und finanziell durch Spielschulden.

Um die unehrenhafte Entlassung kommt er nur herum, indem er sich in die noch ausstehende Ableistung seiner Militärpflicht rettet. Zurück behält er nur einen tiefgehenden Abscheu gegenüber der als »Perücke und Zopf« bezeichneten Bürokratie. Schließlich kommt das Angebot seines Vaters, die Bewirtschaftung eines der pommerschen Güter zu übernehmen. 1839 – die Mutter ist inzwischen fünfzigjährig an Krebs gestorben – beginnt er im Alter von 24 Jahren die Arbeit als Gutsherr »mit der vollen Unwissenheit eines ungelehrten Stadtkindes«. Und dafür macht er sie nicht schlecht.

Das kräftige Schnitzel Holstein, das sie mir jetzt im Kempinski servieren, liebt er wie das Landleben, das ihn aber nicht ausfüllt. Immer wieder bricht er aus, auch wenn wir nicht wissen, ob all die Anekdoten stimmen, die man sich später vom »tollen Bismarck« auf dem von hämischen Gegnern aus Kniephof in »Kneiphof« umgetauften Gut erzählt. Angesichts seiner Begabungen, gesteuert von seinem Ehrgeiz, kann er als Agronom, Landwehroffizier und Herr über ein winziges Königreich nicht zufrieden sein.

Dennoch findet er fand in diesem Landleben auch Stärke. Die Leute, vor allem seine Adelsgenossen, waren noch nicht angekränkelt von all den modischen Zeiterscheinungen, die seiner Ansicht nach am preußischen Staatswesen nagen, von Liberalismus, Parlamentarismus und dem Drang zur deutschen Einheit. In Pommern, da gilt der Glaube an König und das Vaterland Preußen noch etwas, wie überhaupt der Glaube an den Gott der Väter. Otto von Bismarck ist kein Frömmler, aber ein religiöser Mensch, wobei ihm der Gott des Alten Testaments näher liegt als der des Neuen. Und später wird er sagen: »Man kann nur immer darauf achten, ob man den Herrgott durch die Weltgeschichte schreiten sieht, dann zuspringen und sich an seines Mantels Zipfel klammern …«

Die zweite Kraftquelle wird seine Frau Johanna, die er 1847 heiratet. Vermutlich ist sie ihm geistig unterlegen, er wünscht sich auch keine jener politisierenden Frauen, wie sie in den Großstädten Mode werden. Johanna ist – von einer anfänglichen Verliebtheit vielleicht abgesehen – keine große Liebe, deshalb ist er – wie er in einem unbedachten Moment sagte – vor einer »brutalen Sinnlichkeit, die mich so nahe an die größten Sünden führt«, nicht gefeit. Erst vor kurzem hatte er wohl eine Affäre mit der jungen Frau eines russischen Diplomaten. Aber seine Johanna gibt ihm Zärtlichkeit und uneingeschränkte Liebe, sie ist ihm gegenüber so treu wie nachsichtig, sie verteidigte ihn vehement gegen alle Kritik.

Nach dem Holstein-Schnitzel mit Kartoffelfladen ein Fürst-Pückler-Eis! Ein Menü-Ausgang, der auch auf Bismarcks bisherige Karriere paßt, die nun alles Ländlich-Behäbige verliert. Die Revolution von 1848 bringt dem 32jährigen, der eigentlich schon am Ende seiner Karriere scheint, das Feld, auf dem er reüssieren kann, als Berufspolitiker nämlich. Die Anfänge sind bescheiden: Im Landtag verschafft er sich schnell den Ruf eines erzkonservativen Junkers, bekämpft leidenschaftlich die Revolution und kritisiert dabei sogar die zögerliche Haltung des Monarchen, betont aber immer seine unbedingte Loyalität ihm gegenüber.

Als Belohnung ernennt ihn der König zum Gesandten des wiedereröffneten deutschen Bundestages in Frankfurt. Durch seine Tatkraft, durch seine klare Sprache wurde er schnell zum Feindbild aller deutscher Karrierediplomaten, die ihn nach Kräften anzuschwärzen versuchten. Aber der König schätzt seine Geradlinigkeit sowie sein konservatives und traditionsgebundenes Denken, auch wenn ihm sein flexibles und unkonventionelles Handeln manchmal unheimlich ist.

Kann er handeln, dann lebt er auf. Und deshalb sind es die Krisen, die Bismarck den Weg ebnen. Dann läuft er zur Hochform auf, während er in Zeiten des Wartens von tiefer Verzweiflung geplagt wird. Das beste Beispiel ist seine jetzige Berufung. Da kommt es wegen der Heeresreform zum Krach. Bismarck, damals Gesandter in Rußland, wird nach Berlin zurückgerufen. Alle rechnen mit ihm als neuem Ministerpräsidenten, er wohl auch. Aber König Wilhelm, vermutlich auf Betreiben seiner Frau Augusta, zaudert. Bismarck kann kaum stillhalten, drängelt, droht. Der König ernennt ihm zum Gesandten in Paris, eine Beförderung zwar, aber nicht der ersehnte Posten. Bismarck glaubt, Paris ist nur eine Zwischenstation, erwartet jeden Tag den Ruf aus Berlin. Der aber kommt nicht, er fällt in Depressionen, stürzt sich in eine Affäre! Endlich, vor gut einer Woche, kommt das entscheidende Telegramm und zwei Tage darauf das entscheidende Gespräch mit dem König. Bismarck erhält »carte blanche« und ist sofort wieder voll in seinem Element.

Habe ich Dir schreiben können, wer dieser Bismarck ist, mein liebes Rösli? Vermutlich habe ich viel zu sehr von der Person, von der Persönlichkeit und zu wenig vom Politiker, von seinen politischen Ansichten berichtet. Aber ich glaube, daß nicht seine Ansichten, sondern die Art und Weise, wie er denkt und handelt, ihn zu so einer interessanten Gestalt machen, nicht nur für uns Zeitungsschreiber.

In der Hoffnung, Dich und die Kinder an Weihnachten wieder in die Arme schließen zu können umarme ich Dich,

Dein Urs

(In drei Kriegen gegen Dänemark, gegen Österreich und gegen Frankreich schafft Bismarck das preußisch dominierte Deutsche Reich. So widersprüchlich Bismarck schon bis zu seinem Amtsantritt war und wirkte, sein höchst effizientes und erfolgreiches Wirken als Regierungschef wird von Paradoxen gekennzeichnet sein. Bismarck läßt sein geliebtes Preußen militärisch triumphieren und nutzt den Sieg, um es mit der Gründung des deutschen Reiches in die politische Bedeutungslosigkeit zu stürzen. Als »roter Reaktionär« bekämpfte er die Revolution und wurde selbst zum Architekten der »Revolution von oben«. Obwohl der »weiße Revolutionär« Parlament und Parlamentarier verachtete, schuf er mit dem Reichstag das erste demokratisches Organ in Deutschland, das auf dem allgemeinen Wahlrecht beruhte. Und im erbitterten Kampf gegen die Arbeiterschaft entstand der Sozialstaat. Kaum einer nutzte wie er den Krieg als Mittel der Politik und suchte zugleich – von Alpträumen geplagt – mit allen Mitteln den Frieden zu erhalten.)

Ein Menü im Kempinski

Bismarck

Für vier Personen:

500 ml	dunkles Exportbier	500 ml	Sekt trocken

Zubereitung: Große Gläser halb mit Bier füllen und den Sekt vorsichtig dazugießen.

Bismarckheringe

Vorbereitung: *15 Min. + 12 Std.*
Kochzeit: *5 Min.*
Für vier Personen:

8	Heringsfilets
	Salz
2	Zwiebeln
2	Lorbeerblätter
8	Wacholderbeeren
12	schwarze Pfefferkörner
200 ml	Weißwein trocken
200 ml	Weißweinessig
300 ml	Wasser
2 EL	Dill
4	Gewürzgurken
1	Apfel
200 ml	saurer Rahm

Zubereitung: Die Heringsfilets mit Salz bestreuen und 12 Std. im Kühlschrank stehen lassen. Danach abwaschen, gut trocken tupfen, in einen Kochtopf schichten, mit Zwiebelringen, Lorbeerblättern, Wacholderbeeren und Pfefferkörnern überstreuen. Weißwein, Essig und Wasser aufkochen, leicht salzen und über die Filets gießen. Den Topf zudecken und die Heringe kurz aufkochen. Die Heringsfilets werden mit gehacktem Dill aufgetragen und können warm oder kalt zusammen mit Gewürzgurken, feinen Apfelstückchen und saurem Rahm serviert werden.

Schnitzel »Holstein«

Vorbereitung: *10 Min.*
Kochzeit: *10 Min.*
Für vier Personen:

4	Kalbsschnitzel à 150 g
	Salz und weißer Pfeffer
1 EL	Mehl
2	Eigelb
6 EL	Paniermehl
4 EL	Bratbutter
4	Eier
1 Msp	Paprika
	Salz und Pfeffer
4	Sardellenfilets
4	Kapernfrüchte
1 EL	Kaviar
8	Cornichons

Zubereitung: Die Kalbsschnitzel mit Salz und Pfeffer würzen, in Mehl, verquirltem Eigelb und Paniermehl wenden und in der heißen Bratbutter langsam goldbraun braten. Die Eier als Spiegeleier braten und mit Salz, Pfeffer und Paprika würzen und auf die Schnitzel legen. Die Sardellenfilets um je eine Kapernfrucht rollen, ebenfalls auf die Schnitzel geben und mit Kaviar und Cornichons garnieren.

Kartoffelfladen

Vorbereitung: *20 Min.*
Kochzeit: *15 Min.*
Für vier Personen:

800 g	Kartoffeln
	Salz und Pfeffer
2	Eier
1	Zwiebel
2 EL	Majoran
3 EL	eingesottene Butter

Zubereitung: Die geschälten Kartoffeln fein raspeln, mit Salz und weißem Pfeffer würzen und zugedeckt 10 Min. ziehen lassen. Danach gut ausdrücken, mit verquirlten Eiern, fein gehackter Zwiebel und Majoran mischen und in heißer Bratbutter zu kleinen, runden Fladen backen.

Fürst-Pückler-Eis

Vorbereitung: *20 Min. + 60 Min.*
Gefrierzeit: *8 Std.*
Für vier Personen:

3/4 l	Rahm
150 g	Puderzucker
200 g	Erdbeeren
100 g	Mandelmakronen
2 EL	Maraschino
80 g	Bitterschokolade
1 EL	Wasser
2 EL	Kirsch
100 ml	Schlagrahm
1 TL	Vanillezucker

Zubereitung: Den Rahm steif schlagen, den Puderzucker unter ziehen, in drei gleiche Teile trennen und mit der jeweiligen Geschmacksrichtung versehen. Für das Erdbeer-Eis die Erdbeeren im Mixer pürieren, unter den Rahm ziehen, in die Eisbomben-Form (oder Gugelhopf-Form) geben und mindestens 30 Min. im Tiefkühlgerät anfrieren. Die Mandelmakronen hacken, mit Maraschino parfümieren, unter den Rahm ziehen, auf dem Erdbeer-Eis verteilen und ebenfalls 30 Min. anfrieren. Die Schokolade zusammen mit dem Wasser erwärmen, mit Kirsch parfümieren, etwas auskühlen lassen, unter den Rahm ziehen, als letzte Schicht verteilen und mindestens 8 Std. gefrieren. Vor dem Servieren die Form kurz in heißes Wasser tauchen, auf eine Platte stürzen, den Schlagrahm mit Vanillezucker aromatisieren und die Eisbombe damit verzieren.

Zwischen Kneipe, Kempinski und Adlon

»Essen tue ich hier großartig. Wir haben hier alle Küchen Europas. Die österreichische bei feinen Wiener Restaurants, französische, russische, schlesische, hamburgische und Berliner Küche. Dabei billiger, viel billiger als in München! Nahe meiner Wohnung esse ich im schlesischen Restaurant um 1 Mark Suppe, Fisch, Braten und Mehlspeise. Bei Krziwonek ist die Mehlspeise so gut wie im besten Hotel Wiens. Es tut einem Junggesellen wohl, für anständiges Geld gutes Essen zu kriegen, nicht den schmutzig servierten Schlangenfraß von München!«

Der von den Berliner Gaststätten schwärmende Grantler war der Bayer Ludwig Thoma. Und er hatte recht: Spätestens seit 1871 konnte man in der Reichshauptstadt vorzüglich speisen.

Fangen wir ganz einfach und »unten« an. Bald an jeder Ecke gab es eine Kneipe, den Abendtreffpunkt der Straße. Essen konnte man dort vielleicht eine Schmalzstulle oder einen Teller warme Suppe. Die meisten Gäste verzehrten freilich nichts oder Mitgebrachtes, worüber der Wirt hinwegsah. Er verdiente am Bier und den Schnäpsen.

Als erstes Speiselokal der unteren Preiskategorie etablierte sich Ende des 19. Jahrhunderts das »Aschinger«: Die Bayern Karl und August Aschinger servierten in ihrer »Bierquelle« preiswerte und gute Gerichte wie Erbsensuppe mit Speck oder alle Arten von Würstchen. Brötchen gab's gratis, so trafen sich hier die Hungerleider, Studenten, verarmte Literaten und Arbeiter.

Ein anderer berühmter Name ist das »Kempinski«. Der Weinhändler Berthold Kempinski hatte 1862 sein erstes Restaurant eröffnet, später ein zweites größeres Unter den Linden. Dort dinierten im »Kaisersaaal« Politiker und Wirtschaftsmagnaten; die elegante bürgerliche Welt besuchte die Restaurants im »Grandhotel de Rome« oder im »Bristol«, die reichen Kaufleute saßen im »Ressource«, die bekannten Künstler, Schauspieler oder Opernsänger speisten im »Westminster«, die Herren Offiziere dinierten im »Offizierscasino« des ehemaligen Palais Wrangel am Pariser Platz. Gastronomischer Höhepunkt wurde das 1907 eröffnete »Hotel Adlon«, in dessen französischem Restaurant französische Kellner servierten. Weil Kaiser Wilhelm II. gern gesehener Ehrengast war, nannte sich der Besitzer Lorenz Adlon – in Anlehnung an César Ritz, den »Hotelier der Könige« – ganz bescheiden »Hotelier der Kaiser«!

Im »Adlon« dominierte nach wie vor die französische Küche, aber auf Wunsch Seiner Majestät wurde zumindest die Speisenfolge in Deutsch angegeben. Zugleich versuchte der kaiserliche Hof durch Bücher und Zeitschriften den Deutschen zahlreiche Rezepte aus der Hofküche schmackhaft zu machen. Die Popularität und praktische Wirksamkeit einer Henriette Davidis erreichten diese Bemühungen aber bei weitem nicht.

Deutsche Frauen an den Herd

(Ein Vortrag von Frau Henriette Davidis)

»›Schon wieder die Anzahl der Kochbücher vermehrt‹ – wird mancher sagen, der die Anzeige dieses Buches erblickt. Wohl gibt es deren viele und ohne Zweifel auch gute; doch werden die praktischen Hausfrauen und Köchinnen mir beistimmen, daß die Rezepte der meisten Kochbücher durchgängig nicht mit Sicherheit anzuwenden sind, auch mitunter zu sehr aus kostbaren, fremdartigen Teilen bestehen, die sich nur für wenige Küchen eignen und zugleich nur unter der Hand geübter Köchinnen gelingen, indem häufig dabei die nötige Anleitung der Anfängerinnen fehlt … Möge denn dies Buch von geschickten Hausfrauen gut beurteilt und jungen Anfängerinnen so nützlich werden, wie ich es wünsche und hoffe.
Sprockhövel, im November 1844. Die Verfasserin«

(Henriette Davidis in der Einleitung
zur ersten Auflage ihres »Praktisches Kochbuch
für die gewöhnliche und feinere Küche«)

Sehr geehrte Damen,

lassen Sie mich zunächst sagen, daß ich mich freue, vor Ihnen in Ihrer schönen Stadt sprechen zu dürfen. Ihr zahlreiches Erscheinen ist für mich Beweis genug, daß Sie auch in großer Zeit – die Feiern zur glorreichen Ausrufung unseres geliebten deutschen Reiches sind erst ein paar Tage her – um die Notwendigkeit gesunder Ernährung und erfüllten Familienlebens wissen. Gerade in solch herrlichen Zeiten soll und muß die deutsche Frau an Herd und im Heim ihren Mann stehen.

Junge Frauen stellen sich das Eheleben manchmal zu einfach vor. Ich habe es oft genug erlebt, daß Mädchen, die zu mir in die Haushaltslehre kamen, glaubten, daß Liebe, Sanftmut und Gehorsam gegenüber dem Ehemann für ein gedeihliches Zusammenleben genügten. Aber die Liebe geht bekanntlich durch den Magen. Und wenn dann das Gericht zum zweitenmal angebrannt, die Suppe versalzen und der Braten fad gewürzt ist, dann wird auch das entzückendste Lächeln beim gestrengen Ehemann nichts mehr nützen. Meist ebenso unterschätzt wird von den angehenden Ehefrauen, daß sie lernen müssen, mit einem knappen Budget haushalten zu können. Wie oft habe ich erlebt, daß die junge unerfahrene Hausfrau ihrem Mann eine außergewöhnliche Speise zubereiten wollte, um ihm eben eine außergewöhnliche Freude zu machen. Selbst wenn dies durch eine gelungene Zubereitung glückte, verwandte sie gewöhnlich weit mehr an kostbaren Zutaten, als das ihr zugeteilte Geld eigentlich erlaubte. Der Katzenjammer und oft auch die Schläge kamen dann am Ende des Monats. Es gibt noch andere Fallstricke in einer jungen Ehe, viele von den anwesenden Damen werden sie kennen, aber ich möchte mich lieber dem Positiven zuwenden.

Lassen sie mich quasi als Leitfaden einige Grundsätze für die aufmerksame und erfolgreiche Köchin, Hausfrau und Gattin aufstellen.

Das erste Prinzip, um wohlschmeckend und fein zu kochen, ist die Reinlichkeit. Sie gilt es sich schon als Anfängerin einzuüben, dann wird sie in den langen Ehejahren zur lieben Gewohnheit. Sie beginnt mit der gründlichen Sauberkeit der Hände, sie sollten auch schon gewaschen werden, bevor das Gemüse geputzt oder das Kraut für die Krautsuppe geschnitten wird. Die Gemüse selbst müssen wie viele andere Zutaten auch gründlich gesäubert und gewaschen werden. Aber auch die Anrichte, die Tische, ja die gesamte Küche und alle Geräte sollten blitzsauber sein. Und hierzu noch ein ganz praktischer Rat: Die praktisch denkende Hausfrau sollte nach dem Essen darauf achten, alles Geschirr, alle Küchenutensilien und die ganze Küche wieder in den allerbesten Zustand zu bringen und sofort alle wiederverwertbaren Speisereste gut zu versorgen, da sie sonst oft unwiederbringlich verloren sind. Viele junge Dinger sinken aber nach einem guten Essen in die Arme ihres Mannes und stehen dann am nächsten Morgen in ihrer Küche buchstäblich vor einem Scherbenhaufen. Hier sollte es der klugen Hausfrau auch gelingen, mit sanftem Zureden ihren Mann zu erziehen …

Töchterinternat (um 1885)

(Gelächter)

Das zweite Prinzip, ich bin vorher in den Beispielen darauf eingegangen, ist die Sparsamkeit. Ein Übermaß an Zucker, Butter oder Gewürzen macht die Speisen nicht etwa wohlschmeckend, sondern verdirbt manche gute Schüssel. Auch bei feineren Gerichten wie etwa einem Schinken in Madeirasauce macht ein Zuviel an Madeira keine bessere Speise, das falsche Maß an Pfeffer mag das Gericht gar verderben. Und der schlechtere Geschmack kostet nur noch mehr Geld. Sparsamkeit heißt auch, konsequent alle Reste wiederzuverwenden, die im übrigen in anderer Gestalt wieder angenehme Gerichte liefern.

Das dritte Prinzip ist, die Speisen genau zur rechten Zeit und im rechten Kochgeschirr aufs Feuer zu bringen. Endivien etwa dürfen nur eine ganz bestimmte Zeit dünsten, sonst verlieren sie den Biß oder bleiben hart. Und sie dürfen auch nicht von denen, die noch keine der modernen Sprungherde haben, zu tief ins Feuer gestellt werden, weil sie sonst einen unangenehmen Nebengeschmack erhalten oder gar unten anbrennen. Es ist auch eine nicht gering zu schätzende Kunst, das Feuer gehörig zu besorgen, so daß die Speisen gleichmäßig, nicht zu stark, doch auch nicht zu wenig kochen oder gar aus dem Kochen kommen. Zudem muß die Größe der Töpfe mit der Größe der Portionen im richtigen Verhältnis stehen, was besonders bei Fleischstücken wichtig ist.

Das vierte – und hier beginnt schon die hohe Schule der Kochkunst – ist die richtige Planung, bevor man überhaupt mit der Arbeit beginnt. Da gilt es zunächst alle nötigen Bestandteile heranzuholen und mit ruhiger Überlegung zu verarbeiten. Vor allem aber achte man darauf, daß sich kurz vor dem Fertigstellen der Gerichte und dem Anrichten die Arbeit nicht häufe und man dann keine Zeit mehr habe, für das feine Anrichten der Speisen die nötige Sorgfalt zu verwenden. Was nützt der feinste Teig und das beste Pflaumenmus, wenn ein Kenziger aufgerollter Kuchen auf dem Teller daherkommt wie eine geplatzte Weißwurst …

(Gelächter)

Ein Wort noch zu dem, was vielen Köchinnen die größten Schwierigkeiten zu bereiten scheint: Das Würzen! Im Prinzip kann man die Gewürze so anwenden, wie sie der Familie zusagen. Die gute Hausfrau entwickelt dafür mit der Zeit ein Gespür und sie hört auch auf ihren Ehemann! Lediglich mit dem Pfeffer sollte man sparsam umgehen, da er, im Übermaß angewendet, der Gesundheit sehr nachteilig ist. Man lasse sich hier auch nicht zu viel von fremden Rezepten beeinflussen und gehe nach dem Grundsatz vor: Das Gehörige will jede Speise haben, das Zuviel aber nimmt ihr das Natürliche und den feinen Wohlgeschmack.

Wenn Sie mich heute vor Ihnen stehen sehen, werden manche von ihnen nicht glauben, daß ich mein siebzigstes Lebensjahr hinter mir habe, ich bin im Jahre 1800 als zehntes von dreizehn Kindern eines evangelischen Gemeindepastors geboren worden. Bei uns zu Hause ging das Feuer nie aus, und der Herd dort war mein erstes und wichtigstes Exerzierfeld und Laboratorium. Die Erfahrungen und viele Rezepte nahm ich mit auf die Mädchenarbeitsschule in Sprockhövel, die ich später leiten sollte. Daß ich aber so gesund und munter vor ihnen stehe, verdanke ich neben der Gnade Gottes einer gesunden Ernährung und der Vermeidung des Teufels Alkohol. Wenn irgendwo die Erziehung der Männer, von der manch angeblich so moderne Frau zu fabulieren beginnt, ansetzen sollte, dann auf diesem Gebiet.

Lassen Sie mich zum Schluß noch einmal auf mein Kochbuch hinweisen. Nicht weil ich heute noch um den Erfolg bangen müßte, obwohl ich doch vier Jahre gesucht habe, bis ein Verleger den Mut hatte, mein Buch anzunehmen. Aber das war noch vor der unglückseligen Revolution und vor dem glorreichen Kriege, der zu unserem einigen deutschen Vaterlande führte. Heute wird dieses mein Kochbuch vom Nordseestrande bis zur Zugspitze verkauft und hat die achtzehnte Auflage erlebt. Es dient allen Frauen, die – welchen Standes auch immer – eine Zierde ihres Geschlechts werden wollen. Bei all diesen Rezepten, deren Vorschriften von mir selbst erprobt und von eigener Hand immer wieder verbessert wurden, habe ich auf die fremdartigen und oft zu kostbaren Bestandteile verzichtet. Vielmehr habe ich auf möglichste Sparsamkeit geachtet, darauf sind auch alle Angaben berechnet. Ich erlaube mir auch nur noch auf eines meiner Kochbücher hinzuweisen, alle aufzuzählen verbietet meine Bescheidenheit und würde Ihre Zeit versäumen, verehrte Damen. Mit dem Bändchen »Die Puppenköchin« versuche ich schon die jüngsten unter uns auf spielerische Weise auf ihre künftige Aufgaben vorzubereiten. Ich habe es mir zur Aufgabe gemacht, mich nicht, wie die meisten Kochbücher, nur an geübte Köchinnen zu wenden, sondern ich will nicht unbedingt Kindern, aber doch jungen Anfängerinnen durch die nötige Anleitung Gelegenheit geben, sich in ihren ersten Ehejahren das Lob des Gatten, ja der ganzen Familie zu verdienen. Der Platz der deutschen Frau ist am Herd, dort soll und muß *sie* ihre Siege erringen zu Wohl und Gedeihen unseres ganzen Volkes.

(Langanhaltender Beifall)

(Henriette Davidis starb 1876 als gefeierte Lehrmeisterin einer ganzen Nation. Ihr »man nehme« wurde geradezu sprichwörtlich. Bis zum Ersten Weltkrieg erlebte ihr »Praktisches Kochbuch«, das als »Davidis« bekannt war und von zwei Köchinnen weitergeführt wurde, insgesamt 48 Auflagen.)

Kleines Menü für die sparsame Hausfrau

Russische Sauerkrautsuppe

Vorbereitung: *10 Min.*
Kochzeit: *45 Min.*

Für vier Personen:

1 EL	Mehl
2 EL	Butter
1 l	Rinderbouillon
250 g	Sauerkraut
100 g	Siedfleisch gekocht
2	Eigelb
	Salz und Pfeffer

Zubereitung: Das Mehl in der heißen Butter leicht bräunen, mit der heißen Rinderbouillon ablöschen und mit dem Schwingbesen umrühren. Das ausgedrückte und gehackte Sauerkraut dazugeben und 40 Min. kochen. Kurz vor Ende der Kochzeit das kleingeschnittene Siedfleisch darunter mischen. Den Topf vom Herd nehmen, die verquirlten Eigelbe zugeben, nochmals erwärmen, aber nicht mehr kochen. Die Suppe mit Salz und Pfeffer abschmecken.

Schinken in Madeirasauce

Vorbereitung: *5 Min.*
Kochzeit: *40 Min.*

Für vier Personen:

2 EL	Butter
2 EL	Mehl
1/2 l	Rinderbouillon
2	Zitronenscheiben
1 EL	Weinessig
100 g	Champignons
1 Msp	Cayennepfeffer
200 ml	Madeira
600g	Schinken am Stück (geräuchert und gekocht)
250 g	Trockenreis
1 EL	Madeira
2 EL	Rahm
1	Eigelb
50 g	Parmesan

Zubereitung: In der heißen Butter das Mehl bräunen, mit der heißen Rinderbouillon ablöschen, mit Zitronenscheiben und Essig würzen und 30 Min. unter gelegentlichem Umrühren kochen. Danach die Zitronenscheiben entfernen. Die Champignons in Scheiben schneiden und zusammen mit dem Cayennepfeffer und dem Madeira zur Sauce geben und nochmals 5 Min. köcheln. Den Schinken in ca. 5 mm dicke Scheiben schneiden, in die Sauce legen und erwärmen. Den Reis 15 Min. in Salzwasser kochen, abgießen und etwas Madeira, den Rahm, das Eigelb und den geriebenen Parmesan darunter ziehen. Auf einer Platte den Reis zu einem Ring formen und den Schinken mit der Sauce in der Mitte anrichten.

Gedünstete Endivien

Vorbereitung:	*10 Min.*	$^1/_2$ l	Gemüsebouillon
Kochzeit:	*30 Min.*	1 Msp	Muskatnuß
Für vier Personen:		2 TL	Zitronensaft
2	Endivien	2 EL	Paniermehl
2 EL	Butter		Salz und Pfeffer

Zubereitung: Die Blätter der Endivien in ca. 5 cm große Stücke schneiden. Butter erwärmen, die Blätter darin kurz andünsten, Gemüsebouillon, Muskatnuß, Zitronensaft und Paniermehl zugeben und zugedeckt ca. 30 Min. köcheln. Abgießen und mit Salz und Pfeffer abschmecken.
In verschiedenen Ländern wird der Chicorée oder Brüsseler auch unter der Bezeichnung Endivie angeboten. Bei den von uns verwendeten Endivien handelt es sich um Salatköpfe mit großen, krausen Blättern.

Kenziger aufgerollter Kuchen

Vorbereitung:	*30 Min.*		
Backzeit:	*20 Min.*	100 g	Weißmehl
Für vier Personen:		1 TL	Butter
7	Eier	400 g	Pflaumenmus
120 g	Zucker		Puderzucker

Zubereitung: Die Eigelb mit dem Zucker schaumig rühren, bis die Masse hellgelb ist. Nach und nach das Mehl beimischen und das steif geschlagene Eiweiß darunter ziehen. Ein viereckiges Kuchenblech mit einem Backpapier auslegen oder mit Butter einfetten, den Teig darauf verteilen und im vorgeheizten Backofen bei 180 Grad ca. 20 Min. backen. Den Kuchen noch warm mit Pflaumenmus bestreichen und zu einer Roulade zusammenrollen. Erkalten lassen und mit Puderzucker bestreuen.

Die Ära der Hausfrauen beginnt

Das 1784 anonym erschienene Kochbuch »Unterricht für ein junges Frauenzimmer das Küche und Haushaltung selbst besorgen will« wurde alles andere als ein Bestseller, war doch die kochende Hausfrau eine Seltenheit in deutschen Landen. Bei den Unter- und Mittelschichten mußten die Frauen arbeiten oder zumindest mitarbeiten, größere Handwerksbetriebe und Bauernhöfe sowie Bessergestellte leisteten sich Küchenpersonal.

Im Laufe des 19. Jahrhunderts änderten sich die ökonomischen Verhältnisse. Die breiter werdende Mittelschicht konnte sich den »Luxus« einer Nur-Hausfrau (mit maximal einem Dienstboten) leisten. Viele Frauen empfanden das Konzept: Mutter, Erzieherin und Hausfrau – so ketzerisch das heute klingen mag –, als Ende der Doppelbelastung und als durchaus angenehm. Deshalb waren es nicht die konservativen, sondern die modernen Familien, die ihre Töchter auf eine der Mädchenarbeitsschulen wie die der Henriette Davidis in Sprockhövel schickten. Erst kurz vor der Jahrhundertwende sollte es in Deutschland zu einem einheitlichen Mädchenschulwesen kommen.

Henriette Davidis – sie hatte acht Jahre lang an ihrem Buch geschrieben – gelang es nur mit großer Mühe, überhaupt einen Verleger zu finden, bis 1844 die erste Auflage erschien. Dann aber wurde das Buch immer wieder nachgedruckt; bis zu ihrem Tod im Jahre 1876 erschienen 20 Auflagen. Der Erfolg lag sicherlich darin, daß das Buch zur rechten Zeit kam, im Trend lag. Dann aber auch, daß es sich bewußt an die ungeübte Hausfrau wandte, zugleich aber der erfahrenen Köchin noch einige »Schmankerl« bieten konnte; und der Rest der Leserinnen durfte aufgrund der genauen Anleitungen hoffen, zu kulinarischen Höhenflügen ansetzen zu können. Vor allem, das Kochbuch hielt, was der Titel versprach, es war ein »Praktisches Kochbuch«. Alle Rezepte waren erprobt, jeder Handgriff erläutert, und in jeder neuen Ausgabe wurden Fehler verbessert und die Rezepte modernisiert. Die »Davidis« und ihr »man nehme« wurden sprichwörtlich.

Nach ihrem Tod setzten Luise Rosendorf und dann Luise Holle die Arbeit an dem Werk fort. Die 32. Auflage (1891) erschien folgerichtig unter dem Doppelnamen »Davidis-Holle«. Als der Erste Weltkrieg ausbrach, war die 48. Auflage erreicht. Der Entwicklung angepaßt, kam nun ein »Kriegskochbuch« mit Gerichten wie »Steckrübenpudding« oder »Kriegskartoffelklöße« auf den Markt, das bis 1918 immerhin sieben Auflagen erreichte.

Nach dem Krieg erschienen unter dem Namen Davidis im charakteristischen roten Einband zahlreiche Bücher, vor allem, nachdem die Schutzfrist abgelaufen war, und erreichten gute Auflagen. Der Name »Davidis« war zu einer Marke geworden.

Paris leuchtet

»Eine solche Fläche für eine einzige Saison in einen wunderschönen Park mit einer Stadt umzuwandeln und mit allen Kostbarkeiten der Erde fast zu bedecken, dazu gehört allerdings französische Energie, französischer Reichtum und die Anziehungskraft der Stadt Paris, welche erwarten ließ, daß der Strom der schaulustigen Fremden die ungeheuren Kosten decken werde.«

(Aus einem Bericht von F. F. von Dücker,
Königlich Preußischer Bergassessor in Fürstenwalde,
in der Beilage zu Nr. 31 der Zeitung
»Der Berggeist«, Zeitung für Berg-, Hüttenwesen
und Industrie, 1868)

»Den ersten Appetit verspürt ein nüchterner Mensch als übermächtiges Gefühl, das keinen Anspruch an das stellt, das ihm zur Befriedigung geboten wird. Der zweite Appetit kommt, wenn sich ein Mensch, ohne eigentlich rechten Hunger zu haben, zu Tisch begibt und von einem sehr schmackhaften Gericht kostet. Der dritte endlich verdankt sein Erwachen einem ausgezeichneten Gericht, das am Ende eines Menüs aufgetragen wird, wenn die Tischgesellschaft im Begriffe ist, sich zu erheben.«

(Alexandre Dumas)

Bienvenu, welcome, willkommen – Sie sind Deutsche, n'est ce pas? – auf der Schau der Superlative, der Wunder der Technik, dem Tor in die Moderne Welt. Ich bin Jean, ihr Diener, ihr »guide« auf dem Weg durch die Weltausstellung und die schönste, modernste Stadt der Welt: Paris! Wollen Sie die Kutsche nehmen? Nein, natürlich nicht! Wir fahren mit dem Dampfomnibus, wir bewegen uns nicht mehr wie im Mittelalter …

Sehen Sie aus dem Fenster auf das neue Paris! Baron Haussmann hat lange, gerade Boulevards bauen lassen, die wie die Strahlen eines Sternes an runden Plätzen zusammentreffen. Und sie bringen unsere großartigen Bauwerke erst richtig zur Geltung. Hier die Oper! Und wenn Sie nach vorne sehen, der Arc de Triomphe. Was meinen Sie? Haussmann hat diese breiten Strassen nur anlegen lassen, damit die Truppen freies Schußfeld im Fall einer Revolution haben? Da denken Sie – verzeihen Sie mir – zu preußisch!

Und eine Revolution? Undenkbar. Wir alle sind stolz auf unser Land, auf unsere Stadt, die hier der Welt zeigt, daß wir an der Spitze des Fortschritts stehen.

Ah, wir sind am Marsfeld angekommen. Lassen Sie mich etwas zum Ausstellungsgelände sagen. In der Mitte der ovale Ausstellungspalast, der sich aus einem 110 m breiten und 348 m langen Rechteck und zwei Halbkreisen mit einem Radius von 192 Metern zusammensetzt. Aber ich will Sie nicht mit Zahlen langweilen. Manche finden überhaupt dieses riesige Gebäude, diese Eisen- und Glaskonstruktion langweilig. Was meinen Sie? Richtig, Victor Hugo hat gesagt, dem Weltausstellungspalast fehlt das, was ihm eine höhere Bedeutung geben sollte, der Geist, der »esprit«. Ja, es ist schwer, sich an ein Gebäude ohne Fassade und richtigen Giebel zu gewöhnen, das einzig und allein seinem Zweck dient. Nüchternheit, strenge Logik, Effizienz: Das ist die neue Zeit! Aber ist nicht doch in diesem so rationalen, effizienten Bauwerk eine tiefe, innere Symbolik verborgen: Wir machen eine Tour in diesem Palais mit seinen beiden Hälften, die die südliche und die nördliche Hemisphäre bedeuten. Wir umschreiten buchstäblich einmal die Welt. Alle Völker sind gekommen. Die Feinde leben Seite an Seite.

Und bedenken Sie: Diese Weltausstellung bietet nicht nur nationale Leistungsschauen, sondern zeigt auch alte und neue Fertigungsweisen und Kulturgüter. Hier gibt es eine Vielzahl von Ständen, wo vor Ihren Augen schnell und geschickt Schmuck und Gebrauchsgegenstände hergestellt und verkauft werden, von Billardkugeln über Spielkarten, Korbwaren bis hin zur Pomade. Und was die bildende Kunst betrifft, hier ist alles, was in Europa und darüber hinaus Rang und Namen hat. Auch noch nicht bekannte Künstler versuchen, auf sich aufmerksam zu machen.

Aber lassen Sie uns ein wenig durch den Palast schlendern. Beleuchtet wird – allerdings erst am Abend – alles von Gaslampen. Nicht völlig neu, aber hier werden Sie Gaslampen für jeden Zweck innerhalb und außerhalb des Hauses finden. Da drüben eine Maschine, in die man vorn Kaninchenfelle stopft, und die am anderen Ende Filzhüte ausspuckt. Und dort Stahlbetonkästen, die nach dem neuentwickelten Bessemer-Verfahren hergestellt werden. Ah, natürlich, Sie interessieren sich für die 50 Tonnen schwere Kanone der Firma Krupp. Ein Wunderwerk der Technik, fürwahr, aber auch ein häßliches Monstrum. Lassen Sie uns lieber zum französischen Pavillon gehen, zu schöneren Industrieprodukten wie Lokomotiven und riesigen Schiffsmotoren. Besonders liebe ich die »Galerie des Machines«, folgen Sie mir in diesen Kasten, keine Angst! Merken Sie, wir werden mit diesem Aufzug auf das Dach des Ausstellungsgebäudes transportiert, es ist ein sogenannter hydraulischer Aufzug. Der Fahrkorb wird direkt von einem unter ihm befindlichen Hydraulikzylinder angetrieben. Solche Aufzüge sind viel sicherer als die alten Fahrkörbe, wir haben schon zahlreiche Anfragen von Hoteliers und Warenhausbesitzern.

Ah, von hier oben können wir auch in den Park sehen, der das Ausstellungsgebäude umschließt. Dort sind noch weitere Pavillons. Da unten stehen die Leute Schlange, um einen patentierten Schaukelstuhl aus Amerika auszuprobieren. Fünf Minuten, und alle Müdigkeit nach dem langen Gang durch die Ausstellung ist verflogen! Gleich daneben werden in 25 Minuten Schuhe hergestellt und dann verkauft. Eine Maschine fertigt nach Maß alles vor, den letzten Schliff geben dann doch die Schuster vor Ort. Ja, alles können Maschinen eben doch nicht! Dort drüben, der russische Pavillon, den müssen Sie sich unbedingt ansehen, er ist voll und ganz mit byzantinischen Schmuckelementen ausgekleidet. Die Österreicher bringen viel Kunst, verschwenden aber damit auch viel Platz. Johann Strauß hat hier sogar seinen Walzer »An der schönen blauen Donau« persönlich dirigiert. China und Japan, das sind viele Stände mit Kleinkunst, richtige Kramläden, die Amerikaner mit zahlreichen Maschinen, wobei es ihnen auf Schönheit und Ordnung nicht recht ankommt. Ja, der Geist der Länder zeigt sich darin, wie sie sich ausstellen …

Verstehe ich Sie recht, Sie sind besonders am Kulinarischen interessiert. Ja, da sollten Sie sich im äußeren Gebäudering die Galerie der Lebensmittel ansehen. Dort gibt es auch Restaurants, in denen Mädchen und Jungen in Nationaltracht die Gäste bedienen. Ich kenne Gäste, die gehen zu den Engländern frühstücken, trinken bei den Russen ihren Tee und kehren schließlich bei den Österreichern zu Bier und Heurigem ein. Ja, wir sind hier in einem richtigen Allerwelts-Wirtshaus. Aber Sie wollen lieber in der Stadt gut französisch essen gehen? Sie haben recht, das ist auch die beste Küche der Welt.

Gehen wir durch den Ausstellungspark zum Dampfboot, das uns in die Stadt zurückbringt! Schauen Sie rechts, ein sogenanntes Fertighaus mit einem gußeisernen Skelett aus Ständern und Rundbögen, die Flächen werden mit Hohlziegeln gefüllt. Ist natürlich eher für Leute mit kleinem Geldbeutel gedacht, es soll

3000 Francs kosten. Da finde ich die anderen Häuser schon schöner, das chinesische Teehaus, den indischen Tempel oder das tunesische Kaffeehaus und, nicht zu vergessen, der maurische Kiosk – übrigens vom Berliner Baumeister Diebitsch gebaut –, der schon einen Liebhaber gefunden hat. Man sagt, König Ludwig von Bayern sei bereit, fast jeden Preis für ihn zu zahlen.

Ja, nicht weniger als 80 regierende Fürsten sind hier, nur der Papst und Königin Victoria haben abgesagt. Vermutlich weigert sich die englische Monarchin zu sehen, daß unsere Weltausstellung noch schöner ist als die, die ihr geliebter Mann Albert in London organisiert hat. Dafür können Sie hier den Zaren Alexander, den Khedive von Ägypten oder den Bruder des japanischen Tenno finden. Drehen Sie sich noch einmal um, schauen Sie auf den denkwürdigen Palast und den großen Park! Und dann wenden wir uns – wie ein bekannter Zeitgenosse gesagt hat – »vielfach belehrt, auf vieles stolz, in manchem zurechtgewiesen, in allem gefördert« – wieder Paris zu.

Sie wollen also gut dinieren und haben dafür auch das nötige Kleingeld. Also, wenn Sie sehr viel Geld ausgeben wollen, dann kann ich Ihnen hier in der Rue de Marivaux das »Café Anglais« empfehlen. Dort werden allein für 80000 Francs im Jahr Zigarren verkauft, und der Koch verdient mit 25000 Francs mehr als ein Minister des Kaisers. Vor wenigen Tagen dinierten hier übrigens Zar Alexander II., der Zarewitsch, und Ihr König Wilhelm I. Und dann kam Graf Bismarck – übrigens zu Fuß. Die Leute hier schrien: »Vive Bismarck!«, das war ihm aber peinlich, so daß er seinem König und dem Zaren diplomatisch sagte, er hätte nur »V'la Bismarck« rufen gehört. Aber selbst wenn Sie hier essen wollten: Während der Weltausstellung ist hier jeder Tisch ausgebucht.

Gegen ein spezielles Entgelt könnte ich ihnen aber noch einen Platz im »Restaurant Pascal« verschaffen. Genau, das ist der Ort, wo sich der berühmte »Klub der großen Mägen« jeden Samstag um sechs Uhr trifft und dann ohne Pause bis zum nächsten Mittag diniert. Kommen Sie, legen Sie die Mäntel ab. Sie müssen unbedingt die Terrine Maison probieren. Das ist ein Gedicht aus unterschiedlichem Fleisch und Innereien mit einem Hauch Weinbrand. Grande cuisine eben! Und dann natürlich die Krevettensuppe nach einem Rezept von Alexandre Dumas persönlich. Der Vater der »Drei Musketiere« und des »Grafen von Monte Christo« kommt gelegentlich hierher, auch wenn er jetzt in einem winzigen Nest in der Bretagne wohnt und an einem Lexikon der Kochkunst schreibt. Von ihm stammt übrigens auch das Rezept des »rôti à l'impératrice«: Man entkernt eine Olive und füllt sie mit einem Sardellenstückchen, legt die Olive in eine Lerche, diese in eine Wachtel, steckt selbige in ein Rebhuhn, das sich in einem Fasan versteckt, der Fasan verschwindet in einem Truthahn und dieser flüchtet sich in ein Spanferkel. Dieses wird gebraten und liefert, wohl durchgegart, das absolute Maximum der Kochkunst, wobei der wahre Feinschmecker nur die Olive und die

Sardelle ißt. Das hätten Sie allerdings vorbestellen müssen, es hätte auch nur die Kleinigkeit von 500 Francs gekostet.

Nehmen Sie also lieber die getrüffelten Gänseleberschnitten und dann vielleicht ein Kalbsrisotto mit Spinat!

So, jetzt sollten Sie den ersten Appetit hinter sich haben. Naturellement, Sie kennen dieses geflügelte Wort von Monsieur Dumas. Schauen Sie vorsichtig zu dem runden Tisch an der Ecke. Der Dicke, das ist der Prince of Wales, er wird einmal König sein, wenn seine Mutter stirbt. Aber er lebt und ißt fast ständig hier in Paris. Und sein Humor – very british! Neulich fragt ihn der »chef de cuisine«, ob ihm das Menü zugesagt habe. Prince Edward lächelte und meinte: »Der Wein war ausgezeichnet!« Das Gesicht des Maitre wirkte wie versteinert, dann schüttelte der Engländer den Kopf und erklärte: »Ein größeres Kompliment kann ich Ihnen doch gar nicht machen. Denn ich weiß, daß ein Gericht nur dann vollkommen ist, wenn der Wein gut ist. Erreichen die Speisen aber nicht den höchsten Grad der Vollkommenheit, dann ist auch der beste Wein miserabel und schal!« Nirgendwo auf der Welt kann man besser essen als hier in Paris, und das wird auch die moderne Zeit nicht ändern. Ah, sehen Sie das Dessert-Buffet. Kommt der dritten Appetit? Dann empfehle ich zum Abschluß noch eine »Mousse au Chocolat«.

(Die Weltausstellung war das letzte grandiose Schauspiel des französischen Kaiserreichs. Die Kanone von Krupp, über die manche gespöttelt hatten, sollte nur vier Jahre später Paris beschießen. König Ludwig II. konnte 1876 für 10000 Gulden den maurischen Pavillon kaufen und ließ ihn im Schloßpark von Linderhof aufstellen. Paris blieb, was es war: der kulinarische Mittelpunkt der Welt.)

Terrine Maison

Vorbereitung: *45 Min.*
Kochzeit: *120 Min. + 8 Std. zum Erkalten*

Für 8 Personen:

300 g	Schweinespeck frisch
500 g	Schweinefleisch
500 g	Kalbsleber
200 g	Kalbfleisch
1	Schalotte
1	Knoblauchzehe
5 EL	Butter
150 g	Hühnerleber
50 ml	Weinbrand
2 EL	Rahm
1 TL	Zitronensaft
2 EL	Mehl
1	Ei
1 Msp	Nelkenpulver
120 g	Schinkenwürfel gekocht
1 EL	Salz
1/2 TL	Pfeffer
200 g	Speckscheiben
1	Lorbeerblatt

Zubereitung: Das Fleisch vom Metzger ganz fein durch den Fleischwolf drehen lassen. Schalotte und Knoblauchzehe fein hacken, in 3 EL Butter andünsten und mit dem Fleisch gut mischen. Die Hühnerleber in 2 EL Butter ca. 4 Min. anbraten und danach aus der Bratpfanne nehmen. Den Bratenfond mit dem Weinbrand aufkochen, auf 2 EL reduzieren und zum Fleisch geben. Die Fleischmasse mit Rahm, Zitronensaft, Mehl, Ei, Nelkenpulver, Schinkenwürfeln, Salz und Pfeffer mischen und gut durchkneten. Eine Terrinen-Form mit Speckscheiben auslegen, die Hälfte der Fleischmischung in der Form verteilen, kräftig andrücken, die zerteilte Hühnerleber darauf verteilen und die restliche Fleischmasse darüber geben. Gut andrücken, mit Speckscheiben abdecken und mit einem Lorbeerblatt belegen. Mit Alufolie abdichten und mit dem Deckel zudecken. Die Terrinen-Form in eine große Schmorpfanne stellen, mindestens bis zur halben Höhe der Form mit kochendem Wasser auffüllen und im vorgeheizten Backofen bei 180 Grad ca. 2 Stunden garen. Die Terrine aus dem Ofen nehmen, den Deckel entfernen, ein Gewicht von mindestens 2 kg auf das Fleisch legen, die Terrine erkalten lassen und danach immer noch beschwert im Kühlschrank fest werden lassen.

Potage Crevette à la Dumas (Krevettensuppe)
wird Alexandre Dumas (1802–1870) zugeschrieben

Vorbereitung:	*20 Min.*	1/2 TL	Zucker
Kochzeit:	*50 Min.*		Salz und Pfeffer
Für vier Personen:		1 kg	Krevetten in der Schale
800 g	Tomaten	200 ml	Weißwein trocken
500 g	Zwiebeln	300 ml	Wasser
2 EL	Olivenöl		Salz und Cayennepfeffer
1 l	Gemüsebouillon	200 ml	Crème fraîche

Zubereitung: Die geschälten, entkernten und in Würfel geschnittenen Tomaten und die in dünne Scheiben geschnittenen Zwiebeln in einer zugedeckten Kasserolle sehr langsam ca. 45 Min. im Olivenöl schmoren. Danach mit dem Mixer pürieren, Bouillon zugießen, aufkochen und mit Zucker, Salz und Pfeffer abschmecken. Die Krevetten in Weißwein und Wasser 5 Min. aufkochen, mit Salz und Cayennepfeffer würzen, aus dem Sud nehmen und aus der Schale pulen. Nochmals in den Sud geben und ca. 5 Min. bei kleiner Hitze ziehen lassen. Die Krevetten abtropfen lassen, in die Suppe geben und mit einem Löffel Crème fraîche garniert servieren.

Escalopes de foie gras Périgueux (Getrüffelte Gänseleberschnitten)

Vorbereitung:	*10 Min.*		
Kochzeit:	*5 Min.*	1	Ei
Für vier Personen:		10 g	Trüffel
200 g	Gänseleber	1 EL	Butter
	Salz und Pfeffer		Madeirasauce

Zubereitung: Die rohe Gänseleber in Scheiben schneiden, mit Salz und Pfeffer würzen, in verquirltes Ei tauchen, in feingehackten Trüffeln wenden und gut andrücken. Kurz in Butter anbraten und zusammen mit einer Madeirasauce servieren.

Kalbsrisotto mit Spinat
wird Claude Monet (1840–1926) zugeschrieben

Vorbereitung:	20 Min.	1 kg	Spinat
Kochzeit:	20 Min.	1 EL	Butter
Für vier Personen:		1 EL	Sonnenblumenöl
1	Zwiebel	1/2 TL	Sardellenpaste
1/4	Sellerieknollen	1	Knoblauchzehe
1/2	Karotte	1	Zwiebel
1 EL	Butter	50 g	Butter
100 ml	Weißwein trocken	300 g	Risottoreis
250 g	Kalbfilets	100 ml	Weißwein trocken
1 EL	Bratbutter	1 l	Gemüsebouillon

Zubereitung: Das Gemüse hacken, in Butter langsam andünsten, mit Weißwein ablöschen und zugedeckt ca. 10 Min. schmoren. Das Kalbfleisch in kleine, feine Streifen schneiden, in Bratbutter anbraten und zum Gemüse geben. Den Spinat putzen und in reichlich Salzwasser 5 Min. kochen. Butter, Öl, Sardellenpaste und gehackten Knoblauch erwärmen, den abgetropften Spinat zugeben und nochmals aufkochen. Die gehackte Zwiebel in Butter andünsten, den Reis zugeben und umrühren bis die Körner glasig sind. Mit Weißwein ablöschen und einkochen lassen, die Hälfte der heißen Gemüsebouillon zugießen und ca. 15 Min. kochen. Immer umrühren und hie und da Bouillon dazugeben. Den fertigen Risotto mit dem Fleisch mischen, auf einer Servierplatte als Kranz anrichten und den Spinat in die Mitte geben.
Auch mit Trockenreis zubereitet schmeckt das Gericht ausgezeichnet.

Mousse au Chocolat

Kochzeit: *25 Min. + 4 Std.*

Für vier Personen:

4	Eigelb
80 g	Puderzucker
2 EL	Weinbrand
200 g	Schokolade zartbitter
3 EL	starker Kaffee
100 g	Butter
4	Eiweiß
1/4 l	Rahm

Zubereitung: In einer Wasserbadpfanne oder feuerfesten Rührschüssel die Eigelbe und den Zucker schaumig rühren, den Weinbrand zugeben und im Wasserbad über fast kochendem Wasser schlagen, bis die Masse heiß ist. Danach in ein kaltes Wasserbad stellen und nochmals einige Minuten schlagen und etwas abkühlen lassen. Die Schokolade zusammen mit dem Kaffee in einer Pfanne schmelzen, die Butter stückweise darunter ziehen, zur Eicreme geben und gut mischen. Die Eiweiße sehr steif schlagen und unter die abgekühlte Schokolademischung ziehen. Im Kühlschrank mindestens 4 Std. fest werden lassen und mit geschlagenem Rahm servieren.

Grande cuisine

Drei Jahre nach der Weltausstellung von 1867 hungerte man im von den Deutschen belagerten Paris. In einer Mischung aus Wut und Trotz wurde (angeblich) in einem der Feinschmeckerlokale ein »Diner Parisien« angeboten, das mit einem scharfen Süppchen, einer »potage Bismarck« begann. Dann folgten »rats à la crapuadine«, »Consommé de tire de fiacre« (Bouillon aus einem alten Lederriemen eines Droschkengauls), »Cheval à la mode«, schließlich wurde auf die Bestände des Tierparks im Bois de Boulogne zurückgegriffen: »Elefantenfilet«, »Gebratenes Kamel à l'anglaise« oder »Bärenschinken in Schießpulver paniert«, das Dessert bestand aus einer »Eisbombe à la Krupp«.

Phantasie entwickelte auch der Chef de cuisine im Hauptquartier der französischen Rheinarmee in Metz. Die versprochenen Lebensmittellieferungen waren ausgeblieben, und Auguste Escoffier hatte nur ein paar Kaninchen erstehen können. Aber er machte aus der Not eine Tugend, tranchierte die Tiere, bräunte die Einzelteile in Fett, goß zu gleichen Teilen Cognac und Weißwein darüber und ließ alles 20 Minuten schmoren. Die bekochten Offiziere gerieten ob dieses (be-)trunkenen Kaninchens ins Schwärmen. Zwei Jahre später kam Escoffier nach Paris, und er sollte die Metropole kulinarisch wieder an die Spitze bringen.

Mit der Revolution und dem ersten Kaiserreich wurden die öffentlichen Restaurants zur Wirkungsstätte der großen Chefs. Gastrosophen wie Brillat-Savarin und Schriftsteller wie Balzac oder Dumas machten diese Gourmettempel bekannt, und auch der dritte Napoleon speiste regelmäßig dort.

Der wohl wichtigste Fortschritt in der Zeit war eigentlich nur ein formaler: Küchenchef Urbain Dubois machte den »russischen« Service-Stil in Frankreich populär. Er servierte das Menü in einzelnen, aufeinander folgenden Gängen. Damit konnte Carêmes Postulat – jede Speise in der richtigen Temperatur und Konsistenz, mit passenden Aromen und Garnituren – besser umgesetzt werden als auf den großen, überbordenden Tafeln.

Dubois ging nicht so weit wie Prosper Montagné, der vorschlug, alles, was nicht Nahrung und notwendiges Eßhilfsmittel sei, von der Tafel zu verbannen. Immerhin wurde nun »geschmackvolle Einfachheit« zum Prinzip erhoben. Weniger, aber edler und raffinierter wurde zum Markenzeichen der »Grande Cuisine«.

Das Ende des Zweiten Kaiserreichs markierte zugleich den Beginn der großen Periode der klassischen französischen Küche. Mit Auguste Escoffier fand sich ihr Vollender und ihre Gallionsfigur. »Vollkommenheit« war für ihn das stets anzustrebende Ziel. Das begann bei der klar definierten Arbeitsteilung in der Küche. Die Speisenfolge sollte abwechslungsreich, aber aufeinander abgestimmt sein. Nun endlich verband sich im Abendland kulinarische Raffinesse mit der Eleganz der Darbietung.

Interview mit dem Märchenkoch

»Es war eine herrliche sternenhelle Winternacht, der König wählte für den Fernstein immer eine solche, weil er dorthin mit dem goldenen Schlitten fuhr. Der Schlitten wurde von vier Pferden gezogen, auf den Sattelpferden saßen zwei Reitknechte, die, ebenso wie der Vorreiter, in schwerem Rokoko-Kostüm blau oder rotsamt gekleidet waren, mit weißen Zöpfen, Stulpstiefeln und Schiffhüten. Entweder bestand die Garnitur aus Schimmeln, dann war die ganze Ausstattung blau, oder der König befahl Rappen, dann wurde eine rote Garnitur gewählt. Die nächtlichen Fahrten glichen in ihrer blitzartigen Geschwindigkeit einem Märchenbild, das den wenigen Augenzeugen ein unvergänglicher Anblick, ein überirdisches Begegnis war.«

(Theodor Hirneis in seinen Erinnerungen
an seine Zeit in der Hofküche Ludwigs II.)

Es »schmöckt« oder – denkt Urs Ricklin, wie die Leute aus dem großen Kanton im Norden sagen – es »riecht« unbeschreiblich! Der Duft kommt irgendwo her aus den Dosen und Kistchen, die in den Regalen im Hinterzimmer der Delicatessen-Handlung stehen. Ist es Kakao, Koriander oder ein Hauch von Cognac, der dem Redaktor der »Züricher Zeitung« in die Nase steigt? Und in der Mitte des Raums, fast verloren hinter einem gewaltigen Schreibtisch, ein kleiner, wohlgenährter Mann mit einem Backenbart.

»Ich weiß nicht, ob ich mit Euch sprechen soll.« Theodor Hierneis ringt die Hände: »Ich bin Hoflieferant und wenn da einem Beamten irgend etwas in die falsche Kehle gerät?« – »Aber Ihr wollt doch auch, daß zum 20. Todestag Ludwigs II. nicht noch mehr Unsinn in den Gazetten steht. Meine Landsleute wollen gerne Wahres über den Monarchen erfahren, der inzwischen schon oft als ›Märchenkönig‹ bezeichnet wird und der auch mein Land, die Schweiz, so oft besucht hat!« – »Ich weiß, Herr Redakteur, Ihr seid keiner dieser Zeilenschmierer von der ›Gartenlaube‹ oder widerlichen Spötter vom ›Simpl'‹ ...« – »... ich habe sogar eine Empfehlung vom Sekretariat des Fürsten von Bülow, von der Reichskanzlei«, unterbricht ihn Ricklin. »Preußische Empfehlungen sind hier in Bayern wenig wert«, knurrt Hierneis, sagt aber dann freundlicher. »Also, weil Sie extra aus Zürich gekommen sind. Vielleicht bekomme ich ja ein paar neue Kunden aus der Schweiz.«

Urs Ricklin legt sich ein paar Seiten Papier zurecht und nimmt einen seiner immer gespitzten Nürnberger Bleistifte aus dem Etui. »Angefangen hat alles im Jahr 1882, Herr Hierneis. Da seid Ihr als Küchenjunge eingestellt worden.« – »Als Hofkücheneleve. Das war natürlich die Chance für einen jungen Burschen wie mich, nirgendwo in Bayern konnte ich mehr lernen als beim Rottenhöfer! Rede ich Euch zu schnell?« Urs Ricklin lächelt. »Ich schreibe das alles in Kurz- oder Engschrift auf. Johann Rottenhöfer war ja schon Hofkoch bei Ludwigs Vater Maximilian. Wie unterschied sich denn das Essen bei beiden Monarchen?« Hierneis überlegt einen Augenblick: »Maximilian, das war regelmäßiges Essen mittags und abends und ziemlich karg. Ludwig, das war immer ein gutes Essen, aber wir mußten uns auf alle möglichen Zeiten einstellen und immer parat sein.«

»Aber das Essen war gut, besser als bei König Max?« – »Dafür haben wir schon gesorgt«, sagt Theodor Hierneis mit sichtlichem Stolz, »der König war ja ein großer Verehrer von Ludwig XIV., dem Sonnenkönig, also haben wir viel französisch kochen müssen. Anstelle eines auf dem Rost gebratenen Steckerlfisches bei König Max gab es bei Ludwig dann einen Saibling in Champagnersauce!«

»Stimmt es, daß der König meist nur nachts wach war?« fragt Ricklin. »Zwischen sechs und sieben Uhr abends hat er gefrühstückt, das Diner fand zwischen ein und zwei Uhr nachts statt, und das Souper wurde zwischen sechs und sieben Uhr früh aufgetragen. So gegen acht Uhr morgens ging der König zu Bett!« –

»Aber es kamen doch auch Beamte aus München, Leute von der Regierung, Staatsgäste!« – »Die Beamten mußten sich anpassen oder konnten den König nicht sprechen, was dem nur recht war. Am liebsten hat er sie nämlich gar nicht empfangen, und so hat er seine Wünsche nur über Zettel oder über Diener ausrichten lassen«, erzählt Hierneis und kratzt sich am Kopf. »Manchmal mußte er natürlich mit den Ministern speisen, da war er immer grantig. Aber er hat sich dann einen Spaß mit ihnen gemacht. Er war nämlich ein sehr schneller Esser und als König ist ihm natürlich jeder Gang zuerst serviert worden. Und wenn er fertig war, mußten auch alle Gäste ihr Besteck beiseite legen. Also haben die Leute von der Regierung kaum einen Bissen bekommen.«

»Aber bei Staatsgästen konnte er das kaum machen?« – »Zumindest in meiner Zeit, ich war seit 1882 bei ihm, hat er auch wenige empfangen«, erinnert sich Hierneis, »und wenn, bevorzugte er den kleinen Kreis, zu zweit mit seiner Cousine Sisi, der Kaiserin von Österreich, oder mit einem seiner Künstlerfreunde. Wirklich groß auftragen mußten wir nur beim Georgi-Fest, der König war ja Großmeister dieses Ritterordens. Da kamen dann die ganzen Herren mit königsblauen Rittermänteln aus schwerem Samt in einen extra geschmückten Saal der Residenz oder von Linderhof, alles in Kerzenlicht getaucht, an der Wand in einem Kranz von Lorbeer und Immergrün das bayerische Wappenschild und unter einem Baldachin der König, das war ein Schauspiel, das hat er geliebt ...«

Ricklin unterbricht ihn und lenkt das Gespräch auf ein anderes Thema: »Wann haben Sie eigentlich zum ersten Mal persönlich mit ihm gesprochen? Hat er Sie gekannt?« Hierneis überlegt eine Weile: »Das ist wirklich schwer zu sagen. Als Rottenhöfer uns Neue vorgestellt hat, hat er kaum vom Schreibtisch aufgeblickt. Aber wenn er an uns einmal vorbeigegangen ist, hat er jeden freundlich gegrüßt, aber immer so, als ob er in Gedanken weit weg war. Das erste Mal hat er mich – ich war schon gut einen Monat im Dienst – in Linderhof angesprochen. Ich mußte nämlich immer die Menükarte auf das Tischleindeckdich legen ...« – »Das Tischleindeckdich?« fragt Ricklin. »Ah, das wissen Sie natürlich nicht. Weil er manchmal keinen Menschen sehen wollte, hatten wir in Linderhof im Keller einen Tisch, der über eine mechanische Vorrichtung in den kleinen Speisesaal gehievt wurde. Wie ich also die Menükarte auf diesen Tisch lege, da steht hinter mir der König und fragt: ›Filets Mignons de veau à l'Allemagne‹, was ist das?‹ Ich sage, daß es sich hierbei um das zarteste Fleisch vom Kalb, direkt unter dem Rücken handelt. ›Und warum heißen sie à l'Allemagne?‹ fragt er weiter. Ich erkläre, daß sie in den deutschen Landesfarben mit Trüffel, Speck und roter Zunge gespickt sind. Der König nickt und will wissen, ob es solche Filets auch ›à la Baviere‹ gebe. Und ich Unglücksrabe sage noch, die Farbe Blau gebe es als Küchenfarbe nicht, Rottenhöfer hat mich ganz schön ausgeschimpft.« Hierneis greift hinter sich und zeigt Ricklin ein Glas. »Das hier sind kandierte Veilchen. Mit denen haben wir zahlreiche Gerichte verschönert, auch mit Veilchenblüten, das war dann blau. Überhaupt hat Ludwig wohl mehr mit dem Auge als mit der Zunge gegessen.« – »Wie meinen Sie das?« – »Alle Desserts mußten einfach toll aussehen, mehrmals hat der König moniert, daß unsere Baiser-Schwäne nicht wie Schwäne aussehen. Und wie schnell hat er sie dann verputzt! Oder die Pfauen, die er eigens aus Rom kommen ließ, wo die beste Zucht war. Der König liebte Pfauen, aber ...«, Hierneis räuspert sich, »... für uns war der königliche Wunsch immer eine Heidenarbeit. Zuerst mußte das kostbare Gefieder ganz vorsichtig entfernt werden, dann wurde das Tier mit Trüffeln gefüllt und ein paar Tage im Keller aufgehängt, bis das ganze Fleisch vom Trüffelaroma durchdrungen war. Am Tag der Zubereitung werden die Trüffeln wieder herausgenommen und mit einer Farce vermengt wieder eingefüllt. Die eigentliche Arbeit kam erst, als der Pfau dann gebraten war. Die Tiere kamen auf einen Sockel aus Brotteig und dann drapierten wir wieder kunstvoll das Gefieder darauf, brachten alles in den Speisesaal und stellten uns zu zwölft mit unseren silbernen Platten auf, bis der König kam und gnädig nickte.«

»Ludwig liebte also die französische Küche. Wie hielt er es mit der bayerischen Kost?« – »Ludwig war deftigen Gerichten aus unserer Heimat nie abgeneigt. Nur schön aussehen mußten sie. Aber ein kräftiges Ochsenschwanzragout liebte er, und zur Fasanenbrust wünschte er Sauerkraut. Und da langte er kräftig zu. Er soll ja in seiner Jugend ein sehr schöner Mann gewesen sein. Wie ich ihn aber zum ersten Mal sah, da war er ...« Hierneis zögert ein wenig, »nur noch stattlich. Aber es ging doch eine große Ausstrahlung von ihm aus, ich sage Ihnen, seine Augen, das waren Bergseen ...« -

»Apropos Berge und Seen, der König war doch in den letzten Jahren praktisch dauernd mit Kutsche oder Pferdeschlitten in den Bergen und zwischen seinen Schlössern unterwegs. Und ganz selten in München!« Hierneis nickt. »Für uns war das natürlich alles nicht leicht. Immer mit den Küchenwagen hinter dem König her, mindestens sieben Gänge, also Suppe, eine Pastete, Fisch oder Muschelragout, Siedfleisch, ein Kotelett, ein Braten, ein Dessert und natürlich Kaffee mußten wir immer parat halten. Dann kam einer seiner Leibdiener und sagte, der König wünsche in der oder jener Alphütte zu speisen, und da mußten dann die Damastdecken, das Silbergeschirr und die Kristalleuchter ausgepackt werden. Und passen mußte natürlich auch noch alles. In der Hundinghütte in Linderhof gab es natürlich nur Met, in Fernstein in Tirol mußte es Fisch, vorzugsweise Hecht sein. In Herrenchiemsee alles à la Sonnenkönig und in der Blauen Grotte ...« –

»Herr Hierneis«, unterbricht Urs Ricklin, »in der Rückschau, zwanzig Jahre danach: Wenn Sie das so schildern, könnte man schon annehmen, der König sei ein wenig krank, ein wenig verrückt gewesen. Würden Sie dem in aller Vorsicht zustimmen?« Theodor Hierneis' Lippen werden schmal. »Mit aller Entschiedenheit! Seine Majestät war nicht in dem Sinne krank oder verrückt, wie seine Feinde behauptet haben. Körperlich war er wie gesagt ein stattliches, kräftiges Mannsbild. Das einzige, was eine Schwierigkeit für uns darstellte, war, daß er so schlechte Zähne hatte. Zu viel Lakritz und Zuckergebäck in der Jugend! Aber verrückt?« Hierneis schüttelt den Kopf, »Ja, ein bisserl gesponnen hat er schon, aber eigentlich nicht schlimm. Manchmal haben wir ihm für vier oder sechs Personen decken müssen, etwa den Ludwig XIV., die Madame Pompadour oder die Dubarry, und mit denen hat er sich dann unterhalten, auf französisch. Aber ansonsten hat er genau gewußt, was er wollte; daß man ihn dann entmachtet und nach Schloß Berg gebracht hat, das war nicht recht!«

»Vielen Dank, Herr Hierneis, Sie haben mir sehr geholfen.« Urs Ricklin packt seine Notizen zusammen und schaut dann dem Koch direkt ins Gesicht. »Eines interessiert mich doch noch, auch wenn ich es für meinen Artikel nicht verwenden werde. Wie ist der König gestorben? Die offizielle Version ist ja, daß der König Selbstmord begehen wollte, durch den Psychiater Dr. Gudden daran gehindert wurde und beide dabei ertranken. Glauben Sie daran?« Theodor Hierneis seufzt. »Das werden wir wohl nie wissen. Die ganzen Verschwörungstheorien, daß es ein Attentat der Hofkamarilla, der Preußen oder gar der Rosenkreuzler war, halte ich für ziemlich unsinnig. Daß der König Selbstmord begehen wollte, glaube ich auch nicht ...«

»Aber was dann?« – »Ein Unfall! Ich denke, Gudden wollte Ludwig an der Flucht hindern. Der König war kräftig, wehrte sich und so kam der Arzt – eher ungewollt – ums Leben. Der König war überhitzt, er sieht den leblosen Körper Guddens und in dieser Situation setzt sein Herz aus ...« – »Eine tragische Verkettung von Umständen, daran glaube ich auch, obwohl mir bei meinen Recherchen schon die tollsten Theorien aufgetischt wurden. Nochmals vielen Dank, und vielleicht sollten Sie einmal Ihre Memoiren schreiben ...«

(Theodor Hierneis hatte nicht nur großen Erfolg als Koch und Delikatessenhändler, sondern auch mit seinem Bericht über seine Zeit bei Ludwig II. Dessen Tod ist bis heute ein Rätsel, und es gibt unzählige Theorien, die die Menschen, zumindest in Bayern, immer noch beschäftigen. Denn mit seinen Schlössern, die von Millionen Menschen in aller Welt besucht werden, ist der »Kini«, der »Märchenkönig«, in seinem Lande nach wie vor allgegenwärtig.)

Saibling in Champagner-Sauce

Vorbereitung: *15 Min.*
Kochzeit: *20 Min.*
Für vier Personen:

1	Karotte
100 g	Lauch (nur das Weiße)
50 g	Sellerieknollen
2	Schalotten
300 g	Fischreste oder 2 dl Fischfond
50 g	Butter
50 ml	Noilly Prat (trockener Wermut)
250 ml	Champagner
200 ml	Wasser
	Salz und weißer Pfeffer
250 ml	Doppelrahm
1 TL	Zitronensaft
1 Msp	Cayennepfeffer
2 TL	Maispulver
4	Saiblinge à 200 g
1 EL	Zitronensaft
	Salz und weißer Pfeffer
50 g	Butter
1 Bund	Petersilie

Zubereitung: Das Gemüse vorbereiten, klein schneiden und zusammen mit den Fischresten in Butter andämpfen. Mit Noilly Prat ablöschen, Champagner, Wasser und Gewürze zugeben und ca. 20 Min. köcheln lassen. Danach absieben, zusammen mit dem Doppelrahm wieder aufkochen, mit Zitronensaft, Cayennepfeffer und Salz abschmecken und mit Maispulver binden. Die pfannenfertigen Fische mit Zitronensaft beträufeln, mit Salz und Pfeffer würzen und in heißer Butter goldbraun braten. Auf einer Platte anrichten, mit der Sauce bedecken und mit gehackter Petersilie bestreuen. König Ludwig wurden dazu Blattspinat und Frühlingskartoffeln gereicht.

Fasanenbrust auf Sauerkraut

Vorbereitung: *5 Min.*
Kochzeit: *15 Min.*
Für vier Personen:

4	Fasanenbrüste
	Salz und Pfeffer
2 EL	Butter
200 ml	Rotwein
250 ml	Wildfond (aus dem Glas)
100 g	Speckwürfelchen
1 EL	Butter
2	Toastbrotscheiben
250 g	Trauben
500 g	Weinsauerkraut (fertig gekocht)
1 Zweig	Petersilie

Zubereitung: Die Fasanenbrüste mit Salz und Pfeffer würzen und in Butter auf beiden Seiten ca. 4 Min. schonend anbraten. Aus der Pfanne nehmen und zugedeckt warm stellen. Den Bratenfond mit Rotwein und Wildfond stark einkochen und mit Salz und Pfeffer abschmecken. Die Speckwürfelchen in Butter anbraten, die Toastbrotscheiben zu Würfel schneiden, dazugeben und goldbraun rösten. Am Schluß die Traubenbeeren zugeben und kurz erwärmen. Die Fasanenbrüste in Scheiben aufschneiden und auf dem heißen, fertig gekochten Sauerkraut anrichten. Mit der Sauce begießen, mit Speckwürfelchen, Brotwürfeln und Trauben garnieren und mit gehackter Petersilie bestreuen.

Ochsenschwanz-Ragout

Vorbereitung: *30 Min.*
Kochzeit: *180 Min.*
Für vier Personen:

4	Zwiebeln
3	Karotten
1	Fenchelknolle
2	Stangenselleriestengel
1 kg	Ochsenschwanz
	Salz und Pfeffer
2 EL	Mehl
4 EL	Distelöl
1 TL	Zucker
300 ml	kräftiger Rotwein
1 Zweig	Majoran
2	Lorbeerblätter
300 ml	Rindfleischbouillon

Zubereitung: Die Zwiebeln vierteln, die Karotten in Würfel und die Fenchelknollen und Stangensellerie in Scheiben schneiden. Den Ochsenschwanz vom Metzger in Stücke teilen lassen, mit Salz und Pfeffer würzen und im Mehl wenden. Das Fleisch im Öl kräftig anbraten, beiseite stellen. Zwiebeln und Karotten ebenfalls anbraten, mit Zucker bestreuen und karamellisieren lassen. Fenchel, Sellerie und Fleisch zugeben, kurz mitbraten und mit Rotwein ablöschen. Mit Majoran und Lorbeerblättern würzen und nach und nach mit Fleischbouillon aufgießen. Zugedeckt bei kleiner Hitze ca. 3 Std. schmoren. Majoranzweig und Lorbeerblätter entfernen und mit Salz und Pfeffer abschmecken.
Dazu passen Serviettenknödel.

Baiser-Schwäne mit Vanilleeis und Crème Bavaroise mit Erdbeeren

Vorbereitung: *60 Min.*
Kochzeit: *60 Min. + 12 Std.*
Für vier Personen:

1	Eiweiß
50 g	Zucker
500 g	Erdbeeren
100 g	Zucker
50 ml	Orangenlikör
2 TL	Crème de cassis
1 Msp	Pfeffer
1/2 TL	Zitronensaft
2 Blatt	Gelatine
500 ml	Milch
1 Msp	Salz
1	Vanilleschote
4	Eigelb
100 g	Zucker
8 Blatt	Gelatine
250 ml	Rahm
	Vanilleeis

Zubereitung: Das Eiweiß steif schlagen und den Zucker nach und nach vorsichtig darunterziehen. Mit einem Spritzbeutel 8 Flügel und 4 Hälse für die Schwäne auf Backpapier spritzen. Im nicht ganz geschlossenen Backofen bei 70 Grad ca. 60 Min. backen. Die Erdbeeren waschen und putzen, vierteln, mit Zucker bestreuen und 60 Min. ziehen lassen. Mit dem Mixer pürieren, durch ein Sieb streichen und mit Orangenlikör, Crème de cassis, Pfeffer und Zitronensaft aromatisieren. Unter ständigem Rühren erhitzen und eingeweichte und ausgedrückte Gelatine darin auflösen. Abkühlen lassen und hie und da umrühren, damit keine Haut entsteht. Die Milch zusammen mit dem Salz und der aufgeschnittenen Vanilleschote zum Kochen bringen. Die Eigelb schaumig schlagen und nach und nach den Zucker beigeben. Unter stetigem Rühren die heiße, abgesiebte Vanille-Milch darunter mischen, die eingeweichte und ausgedrückte Gelatine darin auflösen und nochmals erwärmen, jedoch ohne zu kochen. Im kalten Wasserbad weiter rühren, bis die Creme abgekühlt ist. Den Rahm steif schlagen und unter die Creme ziehen. Etwa ein Drittel davon in eine zweite Schüssel geben, mit 4 EL der Erdbeermasse mischen und mit einem Spritzbeutel in die Mitte der Vanillecreme spritzen. Im Kühlschrank 12 Std. fest werden lassen, auf eine Platte stürzen und mit der restlichen Erdbeercreme umgeben. Mit je einer Kugel Vanilleeis, zwei Flügeln und einem Hals vier Schwäne formen und zusammen mit der Crème Bavaroise servieren.

Regionalküchen I: Die bayerische Küche

Wie in vielen Regionen war auch die altbayerische Küche nur selten originell, sondern deftig, ökonomisch und sparsam. Verwendet wurde, was der heimische Ackerbau und die Jahreszeiten hergab. Ganz anders die Hofküche, in der vor allem der französische Einfluß dominierte. Dazwischen lag die Küche des mittleren und einfachen Adels sowie der städtischen Oberschicht, die eine oft reizvolle Kombination darstellte.

Im Falle Altbayerns beginnt die eigentliche Eßkultur nicht bei den großen Mahlzeiten, sondern bei der »schönsten Zeit«, der Brotzeit. Ja, seit dem 19. Jahrhundert gilt sogar eine Art Brotzeitfahrplan: zwischen acht und neun Uhr Leberkäs mit rescher Kruste, dazu vielleicht »Remische«, das sind Roggensemmeln mit Kümmel. Von zehn Uhr an sind die Weißwürste an der Reihe: Der Altbayer taucht sie in süßsauren Senf und »zutzelt« sie aus der Haut, vornehmere Gemüter entfernen die Haut mit ein paar geschickten Messerschnitten. Daß die Weißwürste frisch sein müssen und das »Zwölfuhrläut'n net derleb'n« dürfen, versteht sich von selbst. All dies wird mit einer Halben Bier oder Weißbier »obag'schwemmt« ebenso wie das Tellerfleisch mit Kren (Meerrettich) oder das »Saure Züngerl«. »Brotzeiten« gibt es im übrigen auch am Nachmittag, dann sind Preßsack, Radi (Rettich) und Brez'n sowie die unvermeidliche Maß Bier angesagt. Im Sommer trifft sich dann die ganze Familie im Biergarten; die Mutter bringt ein Tischtuch und die Fressalien mit, nur der Gerstensaft wird bei der Schenke bezogen.

Diese Freizeit- und Biergartenkultur gibt es seit Beginn des 18. Jahrhunderts, und wie weiland die Könige Maximilian und in seinen ersten Regierungsjahren auch Ludwig II. finden sich auch heute die Angehörigen der Oberschicht auf Festen wie dem inzwischen völlig vertouristeten Oktoberfest ein.

Die Verschmelzung von regionaler und höfisch-internationaler Küche gelang nur begrenzt. Ludwig II. entschied sich meist für das eine oder das andere, entweder Krebse in Champagnersauce oder »Blutwurstg'röstel«. Immerhin nahm Hofkoch Johann Rottenhöfer eine Bierkaltschale in sein weltberühmtes Kochbuch auf, er und Theodor Hierneis bewiesen, daß man die regionale Küche durchaus verfeinern konnte.

Ansonsten blieb die regionale Küche, was sie war: deftig, wenig abwechslungsreich und wenig attraktiv. Erst Ende des 20. Jahrhunderts setzte – nicht nur in Bayern – eine Wende ein. Die eingesessenen Gastwirte mußten sich der Konkurrenz der Ausländer stellen, zum anderen machte die Rückbesinnung auf die eigene Region auch eine Renaissance der Regionalküche möglich. So kamen das Beste aus Großmutters Kochbuch, aber auch die Rezepte eines Theodor Hierneis oder Johann Rottenhöfer wieder zu Ehren.

Ein Essen am Zürichsee: Schatten über Europa

»Das Bedenklichste ist aber nicht der jetzige Krieg, sondern die Ära von Kriegen, in welche wir eingetreten sind, und auf diese muß sich der neue Geist einrichten …
Bestelle Dein Haus, das ist das weiseste, was wir alle tun können, in ganz Mitteleuropa. Es wird anders als es gewesen ist.«

(Der Schweizer Denker und Humanist
Jacob Burckhardt im Jahre 1870)

»Die Zeiten, wo der Deutsche dem einen seiner Nachbarn die Erde überließ, dem anderen das Meer und sich selbst den Himmel reservierte, wo die reine Doctrin thront, diese Zeiten sind vorüber. Wir wollen niemand in den Schatten stellen, aber wir verlangen auch unseren Platz an der Sonne.«

(Bernhard von Bülow 1897,
damals Staatssekretär, später Reichskanzler)

Die Abendsonne spiegelt sich im Zürichsee. Ein älterer Herr sitzt im Restaurant »Zum Eidgenoss‹« und nippt an seinem Fendant. Als sich ihm ein junger Mann nähert, steht er auf und begrüßt ihn mit Handschlag: »Ich freue mich, Sie zu sehen, Herr Weigner, bevor Sie nach Berlin abreisen!« Der Angesprochene deutet eine Verbeugung an und erwidert: »Ich würde mir nie verzeihen, meinen Korrespondentenposten angetreten zu haben, ohne mit dem ›großen alten Mann‹ der Züricher Zeitung gesprochen zu haben. Immerhin haben auch Sie Ihre Journalistenkarriere in der deutschen Hauptstadt begonnen, Herr Ricklin.« – »Die Schmeicheleien, die zu unserem Geschäft gehören, beherrschen Sie schon gut, junger Mann«, brummt Ricklin, »aber lassen Sie uns erst einmal bestellen. Garçon, zweimal das Menü bitte!«

Vor zwei Tagen, am 16. Juli 1909, ist der deutsche Reichskanzler Bernhard Fürst zu Bülow entlassen worden. Kein Wunder, daß der junge Journalist zunächst mit der Frage herausplatzt: »Warum hat Kaiser Wilhelm den Bülow in die Wüste geschickt?« – »Ich könnte sagen, es war eine Abstimmungsniederlage im Reichstag.« Der alte Zeitungsmann lehnt sich zurück: »Aber schon in Ihrer Frage liegt ein Fehler: Wer schickt eigentlich in Deutschland einen Kanzler ›in die Wüste‹? Der Kaiser? Sicher, er unterzeichnet die Entlassung. Aber da gibt es noch den Reichstag, die Hofkamarilla, Militär und Diplomatenkorps, die Parteien und nicht zu vergessen die Verbände und ...« Ricklin macht eine Kunstpause, »... sogar noch uns, die Presse, die veröffentlichte Meinung! Da sind also viele Köche, die im Brei rühren.« – »Und viele Köche verderben den Brei.«

Urs Ricklin lacht: »Also *hier* verdirbt der Koch nichts. Nehmen Sie von Ihrem Felchenfilet, es wird sonst kalt. Aber um wieder auf Deutschland zu kommen. Da hat es nur ein Meisterkoch wie Bismarck verstanden, die ›Magenverstimmungen‹ in Grenzen zu halten. Spaß beiseite, Weigner, es ist eine Tragik, daß ein großes und mächtiges Land wie das deutsche Reich eine Verfassung hat, die praktisch auf einen Mann zugeschnitten war, eben auf Otto von Bismarck! Aber große Männer versagen meist, wenn es um ihre Nachfolge und die Zeit nach ihnen geht.« Fast melancholisch ißt Ricklin nun den Rest seines Fischs.

»Aber wo sehen Sie denn die Hauptmängel der Verfassung? Auch unsere Schweizer Verfassung hat ja ihre Fehler!« fragt der junge Journalist. »Aber sie gibt den herrschenden Kompromiß zwischen den Parteien und den Sprachkulturen wieder. Vor allem, sie ist getragen vom Willen zur Einheit und Selbständigkeit. Für Deutschland gilt, was Talleyrand einmal gesagt hat, daß eine Verfassung möglichst kurz und möglichst dunkel sein soll. Merken Sie sich das Zitat, es macht Eindruck in Kommentaren! Und die deutsche Verfassung ist wirklich so dunkel wie diese Lötschentaler Linsensuppe hier! Letztlich legt sie nämlich nicht genau fest, wer die Macht im Staate hat, in mehrerlei Hinsicht. Der eigentliche Souverän ist natürlich nicht das Volk ...« Ricklin lächelt spöttisch, »insofern ist die Verfassung klar, sondern die ›verbündeten Regierungen‹, also die Länderkammer. In der Praxis bedeutet das aber die Vorherrschaft Preußens. Denn im Konfliktfall, im Ausnahmezustand, liegt die gesamte Macht beim preußischen Monarchen als Oberstem Kriegsherrn.«

»Also doch der Kaiser als Machtzentrum«, wirft Weigner ein. Ricklin rührt in seiner Linsensuppe. »Als *ein* Machtzentrum. Ihm unterstehen Heer und Außenpolitik, er ernennt die Beamten und vor allem den Reichskanzler. Daneben gibt es aber immerhin noch den Reichstag und, um das Chaos vollkommen zu machen, steht diesem Reichstag eine ›verantwortliche‹ Reichsregierung gegenüber, die im Prinzip nur aus dem Reichskanzler besteht, da alle seine Minister an seine Weisungen gebundene Beamte sind. Bismarck hat sich diese Kanzlerrolle sozusagen maßgeschneidert ...«

»Irgendwie ist mir dieser ›Eiserne Kanzler‹ unheimlich, der aus ›Blut und Eisen‹ das Deutsche Reich schmiedete.« – »Mehr als dieses überstrapazierte Blut-und-Eisen-Zitat sollte Ihnen schon einfallen, junger Mann«, schnaubt Ricklin. »Bismarck stritt zwar mit seinen innenpolitischen Gegnern bis aufs Messer. Solch friedlose Innenpolitik kontrastierte aber mit einer friedenstiftenden Außenpolitik. ›Deutschland muß sich kleiner machen als es ist‹, hat er uns Journalisten oft gesagt ...« – »Und die Annexion Elsaß-Lothringens? Und seine Ansprüche auf deutsche Kolonien?« hält Weigner dagegen.

»Daß er den Militärs in der Frage Elsaß-Lothringen nachgegeben hat, hat sich Bismarck nie verziehen. Und die Kolonialpolitik?« Urs Ricklin lächelt: »Das war wieder typisch Bismarck: Die deutschen Kolonien waren für ihn Pfänder, die er auf dem Altar der europäischen Diplomatie stets zu opfern bereit gewesen wäre. Insgesamt war es seine Politik, das Reich aus imperialen Machtkonflikten herauszuhalten und wie bei der Kongo-Konferenz sogar als ›ehrlicher Makler‹ aufzutreten. Nur eines hat er nicht geschafft: Frankreichs Interessen von Europa weg vollends nach Afrika umzulenken. Da rächte sich natürlich Elsaß-Lothringen. Vor allem aber konnte er die geographische Lage Deutschlands nicht ändern: mitten in Europa ein wirtschaftlicher und militärischer Riese, vor dem alle Angst empfanden und empfinden, ob er das nun wollte oder nicht!«

Eine Serviertochter bringt die Ossi buchi alla ticinese; beide essen das Tessiner Gericht andächtig und schweigend. Dann nimmt Felix Weigner den Gesprächsfaden wieder auf.

»Sie stellen Bismarck als Friedenskanzler dar. Aber er hat doch ständig von Krieg geredet.« – »Verstehen Sie mich richtig: Otto von Bismarck war kein friedlicher Mensch. Im Gegenteil. Aber seine gewalttätige Natur zeigte sich eher in der Innenpolitik. Und nur deshalb hat er ständig vom Krieg geredet: Mit der ›Krieg-in-Sicht‹-Drohung versuchte er, seine Innenpolitik im Reichstag durchzusetzen ...«

»Jetzt wären wir bei einem Thema, das mich sehr interessiert«, versucht Felix Weigner, der vor der Bismarck-Begeisterung des alten Journalisten gewarnt worden ist, das Gespräch in eine andere Richtung zu lenken: »Was hat denn der Reichstag wirklich zu sagen?« – »Im Prinzip wenig. Aber er ist auch ein Markt der Meinungen, und gegen die überwiegende Volksmeinung kann man heute nicht mehr regieren.« – »Gilt das auch für die Außenpolitik?« fragt Felix Weigner. »Eigentlich ist das die klassische Domäne des Monarchen und seines Kanzlers. Aber nur ein starker Politiker wie Bismarck konnte es sich leisten, für eine gewisse Zeit den Reichstag zu ignorieren. Später sind dann auch im Reichstag Forderungen nach Kolonien laut geworden, nach einer starken Flotte, nach einer größeren ›Weltgeltung‹ Deutschlands und ähnlichem. Die öffentliche Meinung setzt die Reichsregierung unter Druck.« – »Und den Kaiser!« fügt der junge Journalist hinzu. »Auf jeden Fall«, nickt Ricklin, »vor allem, wenn es ein Monarch ist, der nach dem Jubel seines Volkes giert wie Wilhelm II. Aber Sie dürfen nie den Fehler machen, die Sache nur von einer Seite aus zu analysieren. Stellen Sie sich dieses Deutsche Reich niemals als straff geführten, eben preußisch geführten Nationalstaat vor, den gibt es nur in der Propaganda. Das ist ebenso falsch wie unser Land als ›Volk von einig Brüdern‹ hochzustilisieren. Auch wenn wir jetzt in Zürich Berner Röschti essen, die Berner und die Züricher sind sich mindestens so spinnefeind wie in Deutschland die Bayern und die Preußen. Deutschland – wie auch in kleinerem Maßstab die Schweiz – ist zerrissen in wirtschaftliche Einflußgruppen und Parteien, rivalisierende militärische und zivile Bürokratien. Jede versucht, ihre Interessen durchzusetzen, und dafür ist das Parlament eine gute Börse. Aber auch wir Journalisten werden ausgenutzt! Sie werden das noch merken, wenn Sie in Berlin von Gott und der Welt zu sogenannten ›Hintergrundgesprächen‹ eingeladen werden. Aber es gibt natürlich noch andere Ebenen; am Hof etwa: Da gibt es das Spiel: ›Wer hat Einfluß auf den Kaiser?‹. Und der muß wieder Rücksicht nehmen auf das Militär, die öffentliche Meinung, die Bürokratie, den Reichstag ...«

Urs Ricklin wischt sich den Schweiß von der Stirn, Felix Weigner nutzt die Gelegenheit, ihn brüsk zu unterbrechen: »Aber wer führt dann die deutsche Außenpolitik?« Der alte Journalist läßt ein Stück Glarner Pastete im Mund zergehen und zuckt mit den Achseln. »Sie müssen die Frage viel weiter fassen: Was hält dieses Land eigentlich zusammen? Da gibt es ja nicht nur die alten Gräben zwischen Nord und Süd, protestantisch und katholisch, Adel und Bürgertum, und in letzter Zeit immer krasser empfunden zwischen arm und reich. All diese Risse werden zugespachtelt mit dem Kitt der Weltpolitik und mit dem Nationalismus. Dem einen soll er Geltung, dem anderen Wohlstand, dem dritten Arbeitsplätze verschaffen. Und deshalb«, ereifert sich Ricklin, »ist der Admiral von Tirpitz mit seinem Flottenbauprogramm so populär bis in die Arbeiterschaft hinein! Dieser ganze Nationalismus, dieses Stolzsein auf Deutschland als technische Weltvormacht, dieses Geschrei nach einem ›Platz an der Sonne‹, all das kommt beim Volk an. Aber wenn Sie bald in Berlin mit den Säbelrasslern, den Propagandisten der Weltmachtträume vertraulich reden, werden Sie merken, daß sie hoffen, es möge alles ohne Krieg abgehen, und ich glaube, das ist ehrlich gemeint. Wobei die Deutschen natürlich nicht als einzige vom Fieber des Nationalismus befallen sind ...«

Felix Weigner räuspert sich: »Bei allem Respekt, Herr Ricklin. Sie beurteilen mir da die Außenpolitik unseres nördlichen Nachbarn allzu milde. Sie zeichnen ein Kompetenzchaos und charakterisieren die Exponenten des Systems als Zögerer, die nach außen den Mund zu voll nehmen. Mir scheint da mehr System dahinter zu stecken, nämlich der planmäßige Versuch der größten europäischen Kontinentalmacht, nach der Weltmacht zu greifen.«

Ricklin, der sich eine Zigarre angezündet hat, zieht an ihr und schüttelt nachdenklich den Kopf: »Sie haben wohl recht und unrecht zugleich. Das Kriegsgewitter am Horizont Europas sehe ich auch, leider! Und ich verkenne auch den Wunsch des Deutschen Reiches nach mehr ›Weltmacht‹ nicht. Nur kann ich dabei, offen gesagt, kein System erkennen. Ich befürchte, die Deutschen und die übrigen Europäer werden in einen Krieg hineinschlittern, den die politisch Verantwortlichen eigentlich gar nicht wollen. Die Bündnisse sind inzwischen so verhärtet, die Militärmechanismen so eingespielt, daß der große Krieg, wenn es einen Anlaß dafür gibt, fast automatisch eintritt. Denn keinem läßt es Nationalstolz und Prestige zu, den ersten Schritt hin zum Ausgleich und Kompromiß zu machen. Und dann gehen für uns alle die Lichter aus!«

(1914 begann der so lange befürchtete erste europäische Bürgerkrieg. Der Abstieg Europas und seines Kolonialreichs begann und zugleich der Aufstieg der lange in Isolation verharrenden Vereinigten Staaten von Amerika. Die Schweiz, Sitz des Völkerbundes, des ersten gescheiterten Versuchs einer friedlichen Weltordnung, konnte sich aus dem Krieg heraushalten.)

Filets de féras au Féchy (Felchenfilets)

Vorbereitung: *5 Min.*
Kochzeit: *20 Min.*
Für vier Personen:

1 EL	Butter
1 EL	Weißmehl
100 ml	Gemüsebouillon
300 ml	Féchy (trockener Weißwein)
8	Felchenfilets
	Salz und Pfeffer
2 EL	Weißmehl
4 EL	Butter
1	Eigelb
100 ml	Rahm

Zubereitung: Die Butter erwärmen, das Mehl zugeben und andünsten, ohne daß es Farbe annimmt. Mit der Gemüsebouillon und dem Weißwein ablöschen und unter stetigem Rühren ca. 10 Min. köcheln. Die Felchenfilets mit Salz und weißem Pfeffer würzen, mit Mehl bestäuben und in der Butter goldgelb braten. Das Eigelb mit dem Rahm verquirlen, mit etwas Sauce gut mischen, zur restlichen Sauce geben und nochmals erwärmen, aber nicht mehr kochen. Die Sauce über die fertigen Felchenfilets anrichten. Dazu passen Salzkartoffeln.

Lötschentaler Linsensuppe

Vorbereitung: *15 Min.*
Kochzeit: *70 Min.*
Für vier Personen:

1	Lauchstengel
1	Zwiebel
1 EL	Schweineschmalz
2 l	Wasser
200 g	braune Linsen
400 g	Rippchen (Kassler)
400 g	Kartoffeln
1 Zweig	Thymian
1 Zweig	Bohnenkraut
1 dl	Fendant (trockener Weißwein)
1 Bund	Petersilie
	Salz und Pfeffer

Zubereitung: Den Lauch in feine Rädchen schneiden, die Zwiebel hacken und beides zusammen im heißen Schweineschmalz andünsten. Mit dem Wasser ablöschen und zusammen mit den Linsen, dem Rippchen, den kleingeschnittenen Kartoffeln und den Kräuterzweigen aufkochen und ca. 60 Min. auf kleinem Feuer kochen lassen. Die Kräuterzweige entfernen und das Fleisch herausnehmen und in mundgerechte Stücke schneiden. Die Suppe mit dem Mixer pürieren, mit Fendant und gehackter Petersilie würzen. Das Fleisch zugeben, mit Salz und Pfeffer abschmecken und alles nochmals aufkochen. Dazu serviert man ein kräftiges Roggenbrot.

Ossi buchi alla ticinese (Kalbshaxen)

Vorbereitung: *20 Min.*
Kochzeit: *65 Min.*
Für vier Personen:

1 kg	Kalbshaxen geschnitten
	Salz und Pfeffer
2 EL	Mehl
2 EL	Sonnenblumenöl
1	Zwiebel
1	Knoblauchzehe
2	Karotten
1/2	Sellerieknolle
1	Lauchstengel
200 ml	Weißwein
500 ml	Fleischbouillon
1 Zweig	Majoran
1 Zweig	Thymian
1 Zweig	Rosmarin
2 EL	Tomatenpüree
1 Bund	Petersilie
1 TL	Zitronenschale

Zubereitung: Die Kalbshaxen mit Salz und Pfeffer würzen, mit Mehl bestäuben und in einer Kasserolle im heißen Öl kräftig anbraten. Zwiebel und Knoblauch hacken, das Gemüse klein schneiden und kurz mitdünsten. Mit Weißwein und Fleischbouillon ablöschen, Kräuter und Tomatenpüree darunter ziehen und zugedeckt im vorgeheizten Backofen bei 180 Grad ca. 60 Min. schmoren. Die Kräuterzweige entfernen, das Fleisch warm stellen und die Sauce im Mixer fein pürieren. Nochmals aufkochen, mit gehackter Petersilie und fein gehackter Zitronenschale würzen, mit Salz und Pfeffer abschmecken und über die Kalbshaxen anrichten.

Berner Röschti

Vorbereitung: *10 Min. + 48 Std.*
Kochzeit: *20 Min.*
Für vier Personen:

1 kg	Kartoffeln (mehlig kochende Sorte)
1 TL	Salz
100 g	Speckwürfeli
2 EL	eingesottene Butter
2 EL	Schweineschmalz

Zubereitung: Die Kartoffeln in der Schale 48 Stunden vor dem Gebrauch nicht zu weich kochen. Mit einer Röschtiraffel die Kartoffeln kleinreiben und mit Salz und Speckwürfeli vermengen. Das Fett in einer Bratpfanne erhitzen, die Kartoffeln zugeben und knusprig anbraten. Mehrmals vorsichtig wenden und evtl. nochmals etwas Fett zugeben. Für die letzten 5 Min. die Kartoffeln etwas zusammen schieben, andrücken und mit einem Teller zudecken. Die Röschti direkt auf diesen Teller stürzen, so daß die knusprige Seite nach oben kommt.

Glarner Pastete

Vorbereitung:	*40 Min. + 12 Std.*	80 g	Zucker
Backzeit:	*50 Min.*	1	Ei
Für vier Personen:		1	Eigelb
250 g	Dörrzwetschgen	1/2	Zitrone (Saft und Schale)
1 EL	Puderzucker	150 g	Mandeln fein gerieben
1 Msp	Zimt	500 g	Blätterteig
50 g	Butter	1	Eiweiß

Zubereitung: Die Zwetschgen mit kochendem Wasser übergießen und über Nacht zugedeckt stehen lassen. Danach abgießen, entsteinen, mit dem Mixer fein pürieren und mit Puderzucker und Zimt mischen. Butter und Zucker schaumig rühren, Ei, Eigelb, Zitronensaft und abgeriebene Zitronenschale zugeben und die Mandeln darunter mischen. Aus Papier eine Schablone herstellen: Einen Kreis von ca. 30 cm Durchmesser ausschneiden, diesen zusammenfalten und den Rand so schneiden, daß das Papier blumig gelappt ist. Die Größe der einzelnen »Blumenblätter« ergibt die Größe der Tortenstücke. Eine Hälfte des Teigs auswallen und mit Hilfe der Schablone zuschneiden. Den Teig auf ein Kuchenblech legen und je zur Hälfte mit Zwetschgen- und Mandelfüllung bedecken. Rundherum muß ein Rand von ca. 2 cm freigelassen werden, der mit Eiweiß bestrichen wird. Den restlichen Teig ebenfalls auswallen und mit Hilfe der Schablone zuschneiden, in der Mitte ein kleines Loch ausstechen und mit einem Messer bei jedem Bogen von innen nach außen gleichmäßige Einschnitte anbringen. Diesen Deckel genau auf den Teigboden legen und die Ränder gut andrücken. Im vorgeheizten Backofen bei 200 Grad ca. 50 Min. backen. Die Torte auskühlen lassen und mit Puderzucker bestreuen.

Regionale Küchen II: Die Schweiz

Die »Ächti Schwizer Chuchi« – so der Titel des wohl bekanntesten eidgenössischen Kochbuchs der letzten Zeit – ist eigentlich nur eine Fiktion. Die Eidgenossenschaft ist eine Willensnation, der Zusammenschluß von inzwischen 26 Kantonen, in denen der nicht ohne Koketterie beschworene »Kantönligeist« herrscht. Und wie jeder Kanton einen oder mehrere Dialekte hat, auf die er stolz ist, gibt es dort auch eine oder mehrere »Nationalspeisen«.

Gleichzeitig erleichtert das Bewußtsein der gemeinsamen eidgenössische Identität auch den Austausch nicht aller, so doch vieler dieser Speisen. Obwohl Züricher und Berner sich selbst eine höchst unterschiedliche Mentalität zuschreiben, essen doch beide gerne »Zürigschnetzeltes« und »Berner Röschti«. Letztere auch diesseits des »Röschtigrabens«, also in der französischsprachigen Schweiz, die wiederum in Bern wie in der ganzen Deutschschweiz als leuchtendes kulinarisches Vorbild gilt. Und auch Bündner und Tessiner Gerichte finden in den deutsch- und französischsprachigen Landesteilen Beachtung. Dies hat auch damit zu tun, daß die Schweiz schon im 19. Jahrhundert zum Tourismusland wurde und damit gehobene Gastronomie zu bieten hatte. Das damals noch nicht im Ausland, sondern vielleicht im Nachbarkanton rekrutierte Küchenpersonal brachte die Rezepte mit und erhöhte zumindest kulinarisch die interkantonale Akzeptanz.

Der frühe Tourismus war auch ein weiterer Grund dafür, daß auf dem Gebiet des Essens »Kantönligeist« und »Internationalismus« eine Verbindung in Richtung »Grand cuisine« eingingen. Zuvor war der Internationalismus durch den »Export« Schweizer Söldner gefördert worden. Und die Hauptleute und ihre Männer – so sie denn überlebten – brachten den Geschmack der großen weiten Welt, hauptsächlich aus Frankreich und Italien, mit. Als mit dem Niedergang des Söldnerwesens Hotels, Restaurants und Banken wichtige Einnahmequellen wurden, war so zumindest im Bereich des Essens schon eine hervorragende Basis vorhanden. Den Gästen wurde eine qualitativ hochstehende internationale Küche serviert, verbunden mit einigen regionalen Spezialitäten. Hervorzuheben wären Käsespezialitäten wie Raclette und Fondue, dessen Urform – noch mit Ei und Butter – schon Brillat-Savarin gewürdigt hat.

So konnte für lange Zeit der zahlende Gast damit rechnen, für zugegebenermaßen viel Geld auch hohe Qualität an Speisen und erstklassigen Service geboten zu bekommen.

Erst in den letzten Jahren hat eine neue Entwicklung eingesetzt. Zwar hat sich der Schweizer Standard nicht verändert, aber die anderen haben aufgeholt …

Die Konferenz der Ureinwohner

»Jeder hat das Recht auf einen Lebensstandard, der seine und seiner Familie Gesundheit und Wohl gewährleistet, einschließlich Nahrung, Kleidung, Wohnung, ärztliche Versorgung und notwendige soziale Leistungen ...«

(Aus Artikel 25 der Charta
der Vereinten Nationen)

Genf, Place des Nations, mitten im internationalen Sektor. Von der Avenue de la Paix umzogen liegt hier ein wuchtiger Monumantalbau, mit 25 000 Quadratmetern Grundfläche der zweitgrößte Gebäudekomplex Europas – nach dem Versailler Schloß. In diesem wuchtigen, kantigen »Palais des Nations« sollte nach dem Willen der Erbauer einmal die Weltregierung tagen. Aber der Völkerbund scheiterte, und so dient der Palast der zweiten zwischen Erfolgen und Enttäuschungen lavierenden Weltorganisation als wichtigste Nebenstelle. So auch an diesem 25. April 2005 – das Datum wurde auf Wunsch der französischen Delegation gewählt –, wo die »globale Konferenz zur Rettung bedrohter Speisen« tagt.

Die Glocke des Tagungspräsidenten hat zum dritten Mal geläutet, die letzten Teilnehmer eilen zwischen europäischen Marmorsäulen und Granit aus Finnland zum Ratssaal. Während sie ihre Plätze zwischen den Wandgemälden in Gold und Sepia einnehmen, reichen junge Frauen in langen, bunten Gewändern auf Holztabletts mit einer schwarzen Paste bestrichene Fladenbrotstückchen. Während diese – oft mit spitzen Fingern – zum Mund geführt werden, hat der Vertreter Äthiopiens das Wort ergriffen.

»Verehrte Anwesende. Ich darf hier als erster das Wort ergreifen. Auch wenn es das Los so bestimmt hat, so ist es doch ein schöner, ein trefflicher Zufall. Hier in Afrika, vor allem in dem Teil, den zu repräsentieren ich die Ehre habe, hat der Mensch den aufrechten Gang gelernt und seinen Blick über das Savannengras zu neuen Horizonten gerichtet. Heute ist diese Wiege der Menschheit in anderen Erdteilen weitgehend unbekannt, in den Augen der meisten Menschen ist es zwar ein Land von urwüchsiger Schönheit, aber ansonsten geplagt von Hunger, Seuchen und Bürgerkriegen.

So gibt es auch – bis auf das Vorurteil, daß es eine Armenküche sei – wenig Wissen über die afrikanische Küche, die eben außerordentlich vielfältig ist. Selbst wenn ich es auf Ostafrika eingrenze, so gibt es dort Wüsten und Regenwälder, gewaltige Seen und Hochebenen, überragt von schneebedeckten Bergen, Meeresküsten und Sümpfe. Dadurch gab es verschiedene Nahrungsmittel und Lebensbedingungen und natürlich auch unterschiedliche Küchen. Diese wurden auch durch die Geschichte geprägt und verändert: Wanderungen, aber auch Handel, Eroberung und Kolonialismus hinterließen ihre Spuren. Römer, Ägypter, Araber, Inder, Portugiesen und Italiener lebten und kochten hier und brachten manche Speise mit, die heute als ostafrikanisch gilt, auch Nahrungsmittel, Früchte, Gewürze und mit ihnen Anregungen für ihre Küche.

Vielleicht sind unsere heimischen Gerichte nicht so erlesen und raffiniert wie die in den Gourmettempeln Genfs. Aber die afrikanische Eßkultur hat etwas anderes zu bieten. Wir essen zusammen, wir freuen uns über das Essen, wir teilen. Das Mahl schafft eine fröhliche, ungezwungene Gemeinschaft. Nahrung ist so Medizin für die Seele und auch für den Körper. Wir sind fest davon überzeugt, daß die scharfen Gewürze, die manchen Weißen Schwierigkeiten machen, den Körper von Giftstoffen reinigen und neue Energie freisetzen. Und da will ich nur noch eine Frage stellen: Ist ein Hamburger Medizin?«

Während einige Delegierte klatschen oder auf die Tische klopfen, hat die Delegierte Finnlands das Rednerpodium betreten: »Ich möchte im Auftrag des Organisationskomitees mitteilen, daß wir die weiteren Speisen dann gemeinsam im Speisesaal einnehmen werden, um sie wirklich genießen zu können. Also auch unsere Sämische Lachssuppe. Eine ›sämische‹ Suppe, keine aus Lappland. Wir lieben diesen Namen, der uns Samen mit einem unserer Kleidungsstücke bezeichnet, nicht so sehr. Außerdem ist Lappland eben eine Bezeichnung für einen Teil Finnlands, Samen leben aber auch in anderen skandinavischen Ländern.« Einige der Delegierten aus Afrika und Asien lachen, Sie kennen offenbar das Problem. »Nun, auch die Minderheiten im alten Europa hatten und haben ihre Schwierigkeiten, wobei im letzten Jahrhundert doch große Fortschritte erzielt wurden. Finnland hat dies übrigens erlebt, wir wurden von Schweden und Russen, wenn nicht immer direkt beherrscht, so doch dominiert.

Was sich natürlich auch in der Küche widerspiegelt, wenn ich auch sagen würde, daß in diesem Bereich die Einflüsse unserer schwedischen und russischen Nachbarn auf unsere Kultur am erträglichsten waren. Und unsere sämische Küche hat inzwischen auch nachhaltigen Einfluß im gesamten Land entwickelt, es ist ein Beispiel für eine gute Integration einer Minderheitenküche in die nationale Küche. Unser Rentiergeschnetzeltes wird inzwischen jedem Touristen vorgesetzt, entscheidend aber – da verrate ich Ihnen ein Geheimnis – ist dabei das traditionell von Hand zubereitete Kartoffelpüree, nicht das aus dem Beutel angerührte! So hat durch Nahrungsmittel wie Lachs, Elchkäse, Schneehuhn oder die goldfarbenen Moltebeeren das sämische Element in der finnischen Küche einen wichtigen Platz.

Ich möchte aber besonders auf einen Aspekt hinweisen, der bei uns und anderswo für den weiteren Aufschwung der traditionellen Küche sorgen kann, mein Vorredner hat schon darauf hingewiesen: die Gesundheit. Unsere Regierung hat ausführliche Studien darüber gemacht, daß das Herzinfarkt- und Kreislaufkollapsrisiko bei uns niedriger ist. Das hängt nicht nur, aber auch mit dem Essen zusammen. Viel Fische, aber auch ganz traditionell aus Kiefernrinde gewonnenes Borkenmehl, Vollkornprodukte aus Roggen, Gerste und Hafer verbessern nachweislich die Gesundheit. Und hier versuchen wir denn auch mit vielen unserer Jugendlichen fast einen Pakt abzuschließen, für eine traditionelle Küche, gegen Fastfood! Das ist nicht leicht in einer Zeit, da auch bei uns die Tradition des gemeinsamen Abendessens der individuellen Schnellverpflegung aus dem Kühlschrank weicht. Aber wir versuchen es!«

Wenig später bezieht sich ein australischer Aborigine auf den finnischen Vorredner: »Mir ist der Hinweis auf die Gesundheit durch traditionelle Speisen ein wenig zu rational. So könnte ich auch anmerken, daß die Urbevölkerung Australiens, wenn sie sich traditionell ernährte, auch in Zeiten der Hungersnot nicht an Mangelkrankheiten wie Skorbut und Beriberi gelitten hat. Aber gerade im Kampf mit dem Hunger, im Kampf um das tägliche Brot haben wir gemerkt, daß wir mit der Natur eins werden, sie lieben müssen. Alle Tiere und Pflanzen wurden einst von den Traumgeistern unserer Ahnen geschaffen. Einige Nahrungsmittel wie die Honigameisen sind selbst Nahrung gewordene Geister, jeder Mensch hat ganz bestimmte Lebensmittel und Speisen, die ihm zugeordnet, die ihm gemäß sind und die er finden und daraus Regeln für sein Leben ableiten muß. Ich sehe die Skepsis auf den Gesichtern vor allem der europäischen und amerikanischen Delegierten. Sie halten das alles für Mystik, für Aberglauben. Aber es steckt tiefe Weisheit im Versuch, eins zu werden mit der Natur, alte Traditionen wieder aufzuspüren.

In diesen Traditionen steckt auch viel Erfahrung, die dann sogar abendländische Rationalität entdecken kann. Wir Aborigines wären nach der Ankunft der Europäer beinahe ausgestorben, weil uns die Weißen ihre Lebensformen und Eßkultur aufzwingen wollten. Auch die, die uns nicht als ›minderwertig‹ ausrotten wollten, gaben uns Mehl, Zucker und Tee als ›Aufbauhilfe‹, und wir wurden von dieser einseitigen Ernährung krank. Erst als wir uns wieder mehr Zugang zu unserer traditionellen, abwechslungsreichen Nahrung verschafften, ging es wieder besser. Und dann untersuchten die Universitäten in Perth und Sydney unsere Nahrung und fanden heraus, daß unsere Grassamen einen viel höheren Nährwert haben als das normale Getreide, daß unsere Wildfrüchte mehr Eiweiß, Kohlehydrate und gesündere Fette enthalten als die normalen Äpfel und Birnen und in Wüstenorangen mehr Vitamin C und andere Spurenelemente vorhanden sind als in normalen Zitrusfrüchten. Wir sind in letzter Zeit sogar dazu übergegangen, solche Lebensmittel anzubauen und zu vermarkten. Wir werden dadurch sicher nicht reich, unsere australische Küche aber reicher!«

Nach dem Aborigine tritt ein Cherokee im traditionellen Häuptlingsgewand an das Rednerpult: »Was kann ich noch Neues sagen? Daß auch wir – bevor die Weißen kamen – eine reiche, abwechslungsreiche Küche hatten? Oder daß wir – auch bei unserer Jugend – einen hinhaltenden, aber letztlich verlorenen Kampf gegen die Hamburger-Ketten führen? Ich möchte uns allen – in Abwandlung eines unserer alten Märchen – Mut machen.

Ein junger Mann verließ im Zorn seine Eltern, die ständig mit ihm stritten. ›Was macht ihr mir Vorschriften‹, sagte er, ›ich will mein Glück selbst suchen!‹ Und so machte er sich auf ins Land der Sonne. Die Eltern aber waren so traurig, daß sie die Sonne anriefen, sie möge ihr Kind zurückschicken. Also ließ ihn die Sonne auf dem Weg einen Donuts-Stand finden. Der junge Mann blieb lange dort, aß und wurde so fett wie seine weißen Mitesser. Als er sich im Spiegel sah, ekelte er sich und zog weiter. Darauf führte ihn die Sonne in ein Hamburger-

Restaurant. Der inzwischen älter Gewordene stopfte sich mit großen und kleinen Hamburgern mit oder ohne Käse voll, besann sich aber nach einiger Zeit und machte sich wieder auf, das Land der Sonne zu suchen. Schließlich legte ihm die Sonne etwas vor die Füße, was köstlich duftete, das er aber noch nie gegessen hatte, eine Topinambur. Er kostete von der Erdbirne, erinnerte sich an seine Eltern und begann sie zu vermissen. So nahm er die Topinambur und kehrte zu ihnen zurück, um sie ihnen zu zeigen und wieder mit ihnen zu leben …«

Der Indianer verneigt sich und geht auf seinen Platz. Während viele Delegierte noch über das Märchen des Cherokee nachdenken, steht die Vertreterin Indiens im blütenweißen Sari vor dem Mikrophon. »Als letzte Rednerin bilde ich hier den Abschluß, so wie unser Eis nachher das gemeinsame Mahl beenden wird. Meine Vorredner haben viel davon geredet, daß man sich zurückbesinnen müsse, daß wir aus der kulinarischen Tradition für die Zukunft lernen können. Aber als Repräsentantin eines so großen Landes wie dem meinen mit mehr als einer Milliarde Menschen muß ich doch sagen, daß vor dem wohlschmeckenden und gesunden Essen die Beseitigung der Not, der Kampf gegen Hunger, Krieg und Seuchen steht.

Ich habe bei unserer Tagung heute immer wieder auf die vier Wandgemälde geschaut, die ein spanischer Künstler 1936, kurz bevor in seinem Land ein schrecklicher Bürgerkrieg ausbrach, gemalt hat. Da vorne, beim Fenster links zeichnet er den technischen Fortschritt, den Menschen, der sich langsam von der Last körperlicher Arbeit befreit. Dann in der Mitte, Abraham Lincoln, der im Sezessionskrieg die Abschaffung der Sklaverei proklamiert. Das ist der soziale Fortschritt. Gegenüber an der Wand der wissenschaftliche Fortschritt, eine Szene aus Ägypten: Das Ende einer Pest, die dank einer groß angelegten Kampagne erfolgreich bekämpft werden kann. Und dann ganz vorne das Bild, das der Künstler ›Hoffnung‹ getauft hat. Wenn der Mensch fähig zu wissenschaftlichem, sozialem und technischem Fortschritt war, so glaubt er, sollte er doch auch in der Lage sein, Krieg, Hunger und Seuchen aus der Welt zu verbannen. Nur wenn wir daran arbeiten, dann schaffen wir auch die Grundlagen dafür, daß wir altes und neues, regionales und Internationales zu einer gemeinsamen, differenzierten und in gutem Sinne globalisierten Eßkultur zusammenführen.«

(Falls sich einer der geneigten Leser gefragt hat, warum die französische Delegation den 25. April als Datum der Tagung wünschte: Es ist der Todestag des Sonnenkochs Vatel – siehe Kapitel 17.)

Linsenaufstrich (Afrika – Äthiopien)

Vorbereitung:	*10 Min. + 12 Std.*	1	Zwiebel
Kochzeit:	*30 Min. + 30 Min.*	4 EL	Olivenöl
Für vier Personen:		2 TL	Senf
200 g	rote Linsen	2 EL	Zitronensaft
300 ml	Gemüsebouillon		Salz und Pfeffer
1	rote Peperoni	4	Fladenbrote

Zubereitung: Die Linsen über Nacht in Mineralwasser einlegen, abtropfen lassen und in Gemüsebouillon 30 Min. weich kochen. Abtropfen, pürieren und erkalten lassen. Die Peperoni entkernen und in sehr kleine Würfel schneiden, die Zwiebel fein hacken. Olivenöl, Senf und Zitronensaft mischen, mit Salz und Pfeffer würzen und zusammen mit dem Gemüse unter das Linsenpüree mischen. Mindestens 30 Min. in den Kühlschrank stellen. Zusammen mit Fladenbrot auftragen.

Sämische Lachssuppe (Europa – Lappland)

Vorbereitung:	*45 Min.*		
Kochzeit:	*40 Min.*	1 EL	Butter
Für vier Personen:		2 TL	Salz
1 kg	Kartoffeln mehligkochend		Pfeffer
1/2	Sellerieknolle	1 kg	Lachs
1	Lauchstengel (nur das Weiße)	1/4 l	Rahm
1	Zwiebel	1 Bund	Dill

Zubereitung: Die Kartoffeln ca. 35 Min. kochen, pellen und in Scheiben schneiden. Das Gemüse in mundgerechte Stücke schneiden und die Zwiebel hacken. Die Butter erhitzen, Zwiebeln und Gemüse kurz andünsten, mit 1 Liter Wasser ablöschen, mit Salz und Pfeffer würzen und 20 Min. kochen. Den ausgenommenen und geschuppten Lachs in acht Stücke schneiden und mit den Gräten in die Suppe geben und 10 Min. köcheln lassen. Den Rahm und die Kartoffelnscheiben zugeben und nochmals 5 Min. köcheln. Die Suppe abschmecken, anrichten und mit gehacktem Dill bestreuen.

Känguruhfilet mit Selleriepüree
– Peppered Kangaroo Loin with Celeriac Purée (Australien – Aborigines)

Vorbereitung:	*70 Min.*	3	Sellerieknollen
Kochzeit:	*15 Min.*	1	Thymianzweig
Für vier Personen:		1	Knoblauchzehe
600 g	Känguruhfilet		Salz und Pfeffer
	Pfeffer	2 EL	Butter
4 EL	Olivenöl		Alufolie

Zubereitung: Das Känguruhfilet mit Pfeffer einreiben und im Olivenöl 60 Min. marinieren. Die Sellerieknollen rüsten, in Scheiben schneiden, auf ein Backblech legen, mit Öl bepinseln und mit gehacktem Thymian, durchgepreßtem Knoblauch und Salz und Pfeffer würzen. Mit Alufolie zudecken und im Backofen bei 220 Grad ca. 60 Min. garen. Danach Sellerie und Butter im Mixer pürieren. Das Känguruhfilet schnell kräftig anbraten, salzen und im Backofen bei 250 Grad 10 Min. durchbraten. Aus dem Backofen nehmen, mit Alufolie abdecken und 10 Min. ruhen lassen. Danach fächerartig aufschneiden und zusammen mit dem Selleriepüree servieren.
Känguruhfilets sind in größeren Metzgereien auf Bestellung erhältlich. Das Fleisch erinnert etwas an Pferdefleisch und kann durch Pferdefilets ersetzt werden.

Topinambur – gu-ge (Amerika – Cherokee-Indianer)

Vorbereitung:	*10 Min.*	5 EL	Honig
Kochzeit:	*2 Min. + 6 Std.*	200 ml	Apfelessig
Für vier Personen:		1/2 TL	Senfkörner
800 g	Topinambur	1/2 TL	Dillsamen
1 l	Gemüsebouillon	2 EL	Dill gehackt

Zubereitung: Mit einer Bürste die Topinamburs gut reinigen, in dünne Scheiben schneiden und in kochender Gemüsebouillon 2 Min. blanchieren. Abgießen und erkalten lassen. Mit einem Schwingbesen den Honig im Apfelessig auflösen, Senfkörner, Dillsamen und gehackten Dill zugeben und über die Topinamburs gießen. Im Kühlschrank ca. 6 Std. ziehen lassen, hie und da wenden und als Beilage servieren.

Safran-, Pistazien- und Mangoeiscreme – Kulfi (Asien – Indien)

Vorbereitung:	*15 Min. + 12 Std.*	1	Mango
Kochzeit:	*10 Min. + 12 Std.*	4	Kardamonkapseln
Für vier Personen:		150 g	Zucker
20	Safranfäden	1 l	Kondensmilch ungezuckert
4 EL	Milch	1/4 l	Doppelrahm
80 g	Pistazien		Eßbare Gold- und Silberfolie

Zubereitung: Die Safranfäden mit 4 EL heißer Milch übergießen und 12 Std. einweichen lassen. Die Pistazien fein hacken und das Mangofleisch pürieren. Die Kardamomkapseln im Mörser zerdrücken und zusammen mit dem Zucker, der ungezuckerten Kondensmilch und dem Doppelrahm 10 Min. köcheln lassen. Die Mischung in drei gleich große Teile aufteilen und je mit der Safranmilch, den Pistazien und dem Mangopüree mischen. In Kulfi-Förmchen gießen und min. 12 Std. gefrieren lassen. Die Förmchen kurz in heißes Wasser tauchen, die Kulfi auf Teller anrichten und mit Gold- und Silberfolie verzieren. Kulfi-Förmchen sind längliche, konische Metallbecher. Sie können durch Joghurtbecher ersetzt werden. Eßbare Gold- und Silberfolie erhält man in großen Indien-Lebensmittelgeschäften oder bei einem Zuckerbäcker oder Konditor. Auch mit Silber oder Gold überzogene Mandeln oder Zucker-Dragées können verwendet werden.

Global(isiert)e Küche

Das 20. Jahrhundert veränderte die kulinarische Welt nachhaltig. Nicht in dem Sinne, daß sich das Urteil über das, was gute Küche sei, entscheidend weiterentwickelte. Die in Jahrhunderten auf jedem Kontinent entstandenen traditionellen Geschmacks-Vorstellungen blieben, wurden aber stärker denn je angereichert durch Impulse von außen. Neue Lebensmittel, neue Zubereitungsmethoden, neue Konservierungsmethoden eroberten die Welt, die mehr und mehr zum globalen Markplatz wird.

Vor allem seit dem Zweiten Weltkrieg veränderten sich die technischen und ökonomischen Voraussetzungen grundlegend. Die entsprechenden finanziellen Mittel vorausgesetzt, ist alles überall immer verfügbar:

– Durch neue Konservierungs- und Anbaumethoden entfällt tendenziell die Kopplung von bestimmten Lebensmitteln an bestimmte Jahreszeiten.

– Die Kochinfrastruktur in den privaten Haushalten ermöglicht tendenziell die Zubereitung auch komplizierterer und anspruchsvollerer Gerichte, die nun nicht mehr auf eine kleine Oberschicht und gehobene Restaurants beschränkt bleiben.

– Durch ein ausgefeiltes, vernetztes Verkehrssystem auf der Straße, der Schiene, dem Wasser und in der Luft ist praktisch jedes Lebensmittel überall zu erhalten, die Transportkosten halten sich dabei trotz gegenteiliger Behauptungen in Grenzen.

– Lebensmittel können dank Mechanisierung und intensiverer Landwirtschaft nicht nur billiger produziert werden, insgesamt sind die Preise im Verhältnis zu den Einkommen stark gefallen, was vor allem für die »Erste Welt« gilt. Dort können sich eine immer größere Gruppe von Menschen gutes, ja im Vergleich zu früheren Jahrhunderten luxuriöses Essen leisten.

Hinzu kommt, daß sich die im 19. Jahrhundert begonnenen (Aus-)Wanderungsbewegungen vor allem in der zweiten Hälfte des 20. Jahrhunderts fortsetzten. Im kulinarischen Bereich bedeutete dies, daß vor allem bei den Restaurants eine immer größere Durchmischung stattfand. Waren in deutschen Großstädten bis 1960 vor allem das französische, gelegentlich auch das russische oder Wiener Restaurant als exklusive, teure Gourmettempel bekannt, kamen nun den sogenannten »Gastarbeitern« folgend der »Italiener«, der »Grieche« oder der »Spanier« hinzu. Neu war hierbei, daß es sich um Familienbetriebe handelte, die in der Regel billigere und qualitativ bessere Gerichte als das »normale« Wirtshaus anboten. Waren die ersten Gäste vor allem Landsleute, kamen bald auch die Deutschen auf den Geschmack. Die Folge war, daß eine ganze Reihe alteingesessener Kneipen und Wirtschaften eingingen, während die anderen sich der Konkurrenz preislich, aber auch qualitativ stellen mußten.

Das Ergebnis war eine größere kulinarische Offenheit, die auch der zweiten ausländischen Welle zugute kam. Nun bereicherten der »Chinese«, der »Vietnamese«, der »Inder« und andere »Exoten« das Angebot. Entscheidend war erneut, daß zwar entsprechende Lokale für einen kleinen Kreis bereits in Städten wie London, Amsterdam, Paris als Folge der Kolonialisierung vorhanden waren, daß sich aber nun die Gruppe der Bevölkerung, die diese Küchen zu schätzen lernte, massiv verbreiterte. Verbunden damit entwickelte sich die Lust, solche Gerichte zu Hause einmal selbst auszuprobieren. Damit vergrößerte sich auch schrittweise das entsprechende Sortiment an den dafür benötigten Gewürzen und Lebensmitteln.

Nicht nur positiv wirkt sich ein zweiter Trend aus: Immer mehr Speisen sind als Fertiggerichte zu kaufen, zunächst waren dies Dosen, die im Wasser erwärmt wurden, dann hielt Tiefkühlkost Einzug in die private Küche. Vor allem TK-Kost zeichnet sich durch immer höhere kulinarische Qualität aus. Einerseits kommen so viele Menschen zu bisher unbekannten Speisen, ja zu neuen kulinarischen Ideen, die sie dann ausprobieren, andererseits geht der Anreiz, selbst zu kochen, zurück. Dank technischer Möglichkeiten wie dem Mikrowellenherd steigt die Tendenz, schnell und damit auch oft lieblos irgend etwas Eßbares in den Ofen zu schieben.

Dies fügt sich auch ein in neue gesellschaftliche Muster. Intensivere, dichtere Arbeit und ausufernde, verplantere Freizeit lassen weniger Zeit für genußvolles, geruhsames Essen. Zumindest eine der täglichen Mahlzeiten wird gehetzt und schnell eingenommen, in den letzten Jahrzehnten des 20. Jahrhunderts wurde das »fastfood« populär. Gefährlicher war und ist diese Bewegung, für die kommerzielle Ketten wie McDonalds stehen, für die armen Länder der Dritten Welt. Dort schädigen solche vergleichsweise billigen Angebote, deren Genuß oft zudem noch ein Statussymbol ist, die bereits durch Kolonialismus stark gestörte bis zerstörte kulinarische Tradition weiter.

In Europa sollte man all dies eher gelassener sehen. Die gleichen Jugendlichen und Erwachsenen, die sich mittags einen Hamburger und Pommes frites »reinschieben«, am Abend schnell ein Fertiggericht zu sich nehmen und erdnüßchenknabbernd vor dem Fernseher sitzen, essen am Wochenende »Peking-Ente« beim Chinesen oder laden Freunde zum – dann wieder selbst gekochten – opulenten Abendessen ein. Anregungen gibt es nicht zuletzt bei den vielen Fernsehköchen, die das Zubereiten mehr oder minder aufwendiger Gerichte zum Lifestyle-Thema gemacht haben. So haben wir zu Beginn des 21. Jahrhunderts mehr kulinarische Möglichkeiten und dank der Internationalisierung größere Offenheit für Neues. Und alles spricht dafür, daß die Menschen diese Möglichkeiten auch nutzen werden.

Literaturhinweise

Albonico, Heidi und Gerold / Pichler, Max: Brotbackbuch, Zürich, 1982.
Albonico, Heidi und Gerold: Schweizer Tafelfreuden 1, Zürich 1972.
Albonico, Heidi und Gerold: Schweizer Tafelfreuden 2, Zürich 1974.
Albonico, Heidi und Gerold: Schweizer Tafelfreuden 3, Zürich 1976.
Athenaios von Naukratis: Das Gelehrtenmahl, Stuttgart 1998.
Bach, Sibylle: Die ländliche Küche Spaniens, München 1991.
Bauer, Hans: Tisch und Tafel in alten Zeiten, Leipzig 1967.
Berger, Noémi: Das koschere Kochbuch, Stuttgart 1995.
Beusen, Paul / Ebert-Schifferer, Sybille / Mai, Ekkehard (Hg.): L'art Gourmand. Stilleben für Auge, Kochkunst und Gourmets von Aertsen bis Van Gogh, Essen 1997.
Bremness, Lesley: Das große Buch der Kräuter, Aarau 1988.
Brennan, Georganne: Genießer unterwegs. Frankreich, Rezepte und kulinarische Notizen, München 2002.
Carême, Antoine: L'art de la cuisine française au XIXe siècle, Paris 1994.
Cox, Beverly / Jacobs, Martin: Das Indianer-Kochbuch, München 1991.
Dalby, Andrew: Essen und Trinken im alten Griechenland, Stuttgart 1998.
Davidis, Henriette: Praktisches Kochbuch, Nachdruck München 1980.
Davidson, James N.: Courtesans and Fishcakes, London 1997; dt. u. d. T.: Kurtisanen und Meeresfrüchte, Berlin 1999.
Ehlert, Trude: Das Kochbuch des Mittelalters. Rezepte aus alter Zeit, Zürich/München 1990.
Elsasser, Marie: Ausführliches Kochbuch für die einfache und feine jüdische Küche unter Berücksichtigung aller rituellen Vorschriften in 3759 Rezepten, Egling a. d. Paar 1921.
Frenkel-Bloch, Käthi: Mazzen und gefillte Fisch, Baden 1995.
Hagger, Conrad: Neues Saltzburgisches Koch-Buch, Nachdruck München 1976.
Hauschild, Reinhard: Das Buch vom Kochen und Essen, Herford 1975.
Heine, Peter: Kulinarische Studien. Untersuchungen zur Kochkunst im arabisch-islamischen Mittelalter, Wiesbaden 1988.
Hierneis, Theodor: Der König speist. Erinnerungen aus der Hofküche Ludwigs II., München 1953.
Horvath, Maria: Spanische Küche, München 1964.
Jenior, Winfried: Tapas, Kassel 1991.
Jeromin, Rolf: Raffinessen aus fremden Küchen, München 1980.
Kaltenbach, Marianne / Simeone, Remo: Italienische Küche, Niedernhausen i. Ts. 1996.
Kaltenbach, Marianne: Vegetarisch für Gourmets, Bern 1988.
Kaltenbach, Marianne: Meine Fischküche, München 1998.
Kaltenbach, Marianne: Ächti Schwizer Chuchi, Bern 1977.
Keenan, Ruth: Festliche Menüs aus 2000 Jahren, München 2001.
Lagunaoui, Brahim / Gohary, Magdi / Gohary, Christine: Arabisch kochen, Göttingen 1998.
Laurioux, Bruno: Tafelfreuden im Mittelalter. Kulturgeschichte des Essens und Trinkens in Bildern und Dokumenten, übers. aus dem Franz. von G. Krüger-Wirrer, Stuttgart 1992.
Lewandowski, Norbert / Schmid, Gregor / Wolf, Rudolf: Zu Gast bei König Ludwig II., Köln 1996.
Lindt, Marion: Spezialitäten aus Ostpreußen, Leer 1988.
Mari, Oskar: Herbst in der Küche, Aarau 1994.

Mennell, Stephen: Die Kultivierung des Appetits. Die Geschichte des Essens vom Mittelalter bis heute. Aus dem Engl. von R. v. Savigny, Frankfurt a. M. 1988.
Merkle, Heidrun: Tafelfreuden. Eine Geschichte des Genießens, Düsseldorf / Zürich 2001.
Mostar, Katinka: Das große Reader's Digest Kochbuch, Stuttgart 1970.
Moulin, Leo: Augenlust und Tafelfreuden, Antwerpen 1989.
Ndam, Thebe: Die Kunst der Afrikanischen Küche, Wien 1997.
Neuber, Wolf: Die k. u. k. Wiener Küche, Wien 1975.
Norman, Jill: Das große Buch der Gewürze, Aarau 1991.
Ohmer, Margarete: Gourmets von Cäsar bis Napoleon, Bergisch Gladbach 1980.
Omar, Sanaa / Schmalz-Gaulke, Vera: Ägyptisches Kochbuch, Münster 1996.
Paczensky, Gert von / Dünnebier, Anna: Kulturgeschichte des Essens und Trinkens, München 1997.
Paston-Williams, Sara: A book of historical recipes, 1995.
Peschke, Hans-Peter von / Feldmann, Werner: Kochen wie die alten Römer, Zürich 1995.
Peschke, Hans-Peter von / Feldmann, Werner: Das Kochbuch der Renaissance, Düsseldorf / Zürich 1997.
Platina Cremonensis (Bartolomeo Sacchi da Platina): Von der Eerlichen zimlichen auch erlaubten Wolust des Leibs, aus dem Latein. übertr. von Stephanus Vigilius Pacimontanus, Augsburg 1542.
Radel, Jutta / Hug, Margrit: Höllisch gut. Himmlische Gerichte aus dem Alten und Neuen Testament, Frauenfeld 1994.
Redon, Odile / Sabban, Françoise / Serventi, Silvan: Kochkunst des Mittelalters, Wiesbaden 1991.
Rina, Valero, Israelische Küche, Tel-Aviv 1986.
Rippmann, Dorothee / Neumeister-Taroni, Brigitta: Gesellschaft und Ernährung um 1000, Vevey 2000.
Roden, Claudia: Die Küche des Vorderen Orients, München 1968.
Rontzier, Frantz de: Kunstbuch von mancherley Essen, Kommentar und Glossar von Manfred Lemmer, Faksimileausgabe nach einem Exemplar aus der Herzog-August-Bibliothek Wolfenbüttel 1598, Leipzig 1979.
Schoeller, Hannes W. A.: Jüdische Küche, München 1972.
Schraemli, Harry: Von Lucullus zu Escoffier, Bielefeld 1986.
Schuldirektion Bern: Berner Kochbuch, Bern 1961.
Seifert, Traudl / Sametschek, Ute: Die Kochkunst in zwei Jahrtausenden, München 1978.
Shedada, G. und H.: Die Küche des Arabischen Orients: Ägypten [o. O., o. J.]
Sillinger-Rindsfüsser, Marlies: Zu Gast im Reich der Zaren, Berlin 1991.
Simmen, René / Pichler, Max: Kochen und Essen im Freien, Zürich 1983.
Sofer, Zvi: Das Jüdische Kochbuch, Heidelberg 1979.
Stauffer, Hans-Ulrich: Afrikanisch kochen, Zürich 1995.
Süssenguth, Mario: Der kulinarische König. Essen und Trinken wie August der Starke, München 2002.
Tannahill, Ray: Kulturgeschichte des Essens, Wien 1973.
Tantuu, Anna-Maija / Venermo, Armi: Die finnische Küche, Helsinki 2001.
Uecker, Wolf: Das Püree in der Kniekehle der Geliebten, München 1989.
Ullmann, Stefan: Australisch kochen, Berlin 1995.
Van den Berg, Oona: Asien – Die Klassiker der fernöstlichen Küche, Köln 1999.
Verhoeven, Ursula: Grillen, Kochen, Backen, Brüssel 1984.
Wechsberg, Joseph: Die Küche im Wiener Kaiserreich, Reinbek bei Hamburg 1970.
Wiswe, Hans: Kulturgeschichte der Kochkunst, München 1970.
Wolf, Rudolf: Zu Gast bei König Ludwig II., Köln 1996.
Wolf Cohen, Elizabeth: Jüdische Küche, Köln 1995.
Wubneh-Mogessie, Ketsela: Ostafrikanisch kochen, Göttingen 1999.
Zedler, Johann Heinrich: Das Universal-Kochbuch des 18. Jahrhunderts, Lutteraler Händedruck 1992.

Zeitun, Naniman: Arabische Küche. Essen wie bei Mutter in Beirut, Hamburg 1994.
Zischka, Ulrike: Die Anständige Lust von Eßkultur und Tafelsitten, München 1994.
Arte della cucina. Libri di ricette testi sopra lo scalco il trinciante e i vini dal XIV al XIX secolo, a cura di Emilio Faccioli, Mailand 1966.
Die Küche in Frankreichs Provinzen, München 1970.
[Diverse Beiträge aus der Zeitschrift] G-Geschichte [vormals: Geschichte mit Pfiff], Nürnberg 1979–2003.

Bild- und Textnachweis

Schwarzweiß-Abbildungen

Seite 13	Michael Wolgemut, Mahl des Königs Salomon mit seinen Frauen (1491), Privatsammlung
Seite 21	Fischer – Wandgemälde von der griechischen Insel Santorin (um 1500 v. Chr.), Archäologisches Nationalmuseum Athen
Seite 37	Hannibal, Büste aus Madrid, aus: German Hafner, Bildlexikon antiker Personen, München / Zürich 1993, S. 130
Seite 53	Gänsemast im alten Ägypten, Nachzeichnung
Seite 85	al-Jazari, Miniatur eines Wasserspenders (13. Jh.), David Collection, Kopenhagen
Seite 187	Der junge Friedrich d. Gr. in der Schlacht bei Striegau, aus: Geschichte Friedrichs des Großen, geschrieben von Franz Kugler, gezeichnet von Adolph Menzel, Köln [o. J.], S. 222
Seite 197	Medaille auf die Genesung Maria Theresias, Nachzeichnung
Seite 205	Prud'hon, Talleyrand, Ölgemälde (1809), Collection Comte de Castellane, Paris
Seite 215	Elisabeth im ungarischen Krönungskleid (1867), Österreichische Nationalbibliothek, Wien
Seite 233	Josephine Steinauer im Töchterinternat, aus: Wiebke Koch-Mertens, Der Mensch und seine Kleider, Teil 1: Die Kulturgeschichte der Mode bis 1900, Düsseldorf / Zürich 2000 © St. Gallen, Staatsarchiv, Sammlung Gaudy

Farbtafeln

Tafel 1	Konrad Witz, Die Königin von Saba vor Salomo (um 1435), Öl auf Holz © Bildarchiv Preußischer Kulturbesitz
Tafel 2	Gian Batista Tiepolo, Das Gastmahl der Kleopatra (1743-1744), Ölgemälde, National Gallery of Victoria, Melbourne
Tafel 3	Festmahl nach der Schlacht von Hastings, Szene aus dem Teppich von Bayeux (11. Jahrhundert), Musée Condé, Chantilly
Tafel 4	Der obszöne Liebesgarten, mittelalterliche Buchillustration © Kunstsammlungen der Fürsten zu Waldburg-Wolfegg, Schloss Wolfegg
Tafel 5	Aphrodisische Eß- und Badefreuden, Gemälde aus dem 15. Jahrhundert © AKG, Berlin
Tafel 6	Hans F. Schorer, Bankett in einem Hofgarten (um 1639), Federzeichnung aquarelliert © Germanisches Nationalmuseum, Nürnberg
Tafel 7	Mahl der Schützengilde, Schützenscheibe aus Regensburg (um 1677), Öl auf Holz © Museum der Stadt Regensburg
Tafel 8	Adriaen van der Werff, Köchin und Jäger am Fenster (1678), Öl auf Leinwand, Privatbesitz
Tafel 9	Adolph Menzel, König Friedrichs II. Tafelrunde in Sanssouci (1848), Ölskizze über Federzeichnung © Bildarchiv Preußischer Kulturbesitz
Tafel 10	Claude Monet, Frühstück im Freien (1865-1866), Öl auf Leinwand, Musée d'Orsay, Paris
Tafel 11	Ernst Henseler, Zum Frühstück bei Bismarck (1894), Ölgemälde © Bildarchiv Peußischer Kulturbesitz
Tafel 12	Edouard Manet, Eine Bar in den Folies-Bergère (um 1881/1882), Öl auf Leinwand, Courtauld Institute Galleries, London
Tafel 13	Hans Heider, Die Fischhalle am Markt (München 1907)
Tafel 14	Daniel Spoerri, Lieu de repos de la famille Dellbeck (1960) © VG Bild-Kunst, Bonn, © Foto: Ralf Beil
Tafel 15	Andy Warhol, 100 Campbell's soup cans (1962) © Foto: Museum für Moderne Kunst, Frankfurt a. M., Ehemalige Sammlung Ströher, Darmstadt, Rudolf Nagel. © 2003 Andy Warhol Foundation for the Visual Arts/ARS, New York.
Tafel 16	Print of African Familiy with Food © Historical Picture Archive / CORBIS

Textnachweis

Das Zitat auf Seite 147 stammt aus: Reinhold Schneider, Las Casas vor Karl V. Szenen aus der Konquistadorenzeit. © 2002 Insel Verlag Frankfurt.

Nicht in allen Fällen war es möglich, die Rechteinhaber ausfindig zu machen. Rechtmäßige Ansprüche werden auf Anforderung vom Verlag abgegolten.